1920年北洋政府开征所得税中的官商博弈

——兼论财政改革的宏微观研究

梁长来　著

中国财经出版传媒集团
中国财政经济出版社

教育部本科教学工程“财政学专业综合改革试点”（项目编号：ZG340）资助项目

自 序

在博士论文选题过程中，我在国家图书馆浏览民国时期的报纸，偶然间发现在1920年后半年至1921年期间，报纸上多次刊登各地商会公开反对北洋政府开征所得税的通电。在我看来，这是个“有趣”的话题。说它“有趣”，主要基于以下几点：第一，所得税被公认为“良税”，在西方各国资产阶级反对封建地主并夺取政权的过程中，发挥了重要作用，是被认为符合资本主义经济发展方式的主要税种。为什么在北洋政府时期中国的资产阶级商会会公开反对所得税这一“良税”呢？第二，商会作为社会组织，为什么敢于和当时的中央政府——北洋政府就所得税开征问题公开叫板呢？第三，社会组织和政府进行博弈时，往往会处于弱势地位，为什么这次博弈反而以商会取得胜利告终呢？于是，我有意识地搜集了关于这次博弈事件的来龙去脉及其他相关材料，经过初步分析，我认为这件事情的背后，其实应该有很多可以深挖的“料”，也能给我们带来许多值得深思的知识点。

纵观所得税在我国的开征过程，由晚清筹议《所得税章程》，到袁世凯政府颁布《所得税条例》及相关文件，再到1920年徐世昌政府拟征所得税，直至1936年底南京国民政府成功开征所得税，其过程经历了许多曲折。从开征所得税应具备的社会基础、法律基础、经济基础及技术基础等方面来看，这是一个各项条件由不成熟到成熟的过程；但具体到每一次事件来看，都充满了争论、反对和博弈的行为，所得税难以开征的微观基础是当事人和利益集团的博弈行为，这种博弈行为反映出各项条件开征不成熟的社会背景。1920年商会和北洋政府就所得税开征问题进行的博弈，是整个所得税从筹议到成功开征过程中众多博弈事件的一个典型代表性事件。对这个事件进行深度分析，可以从这么几个角度进行研究：（1）从开征条件分析，当时的政治、经济、法律、技术及思想等各项条件中，哪些条件不成熟，不成熟的原因是什么？（2）从行为学和博弈论的角度看，这次事件中商会凭什么敢于和中央政府博弈，为什么它们最终还会取得胜利？（3）历史研究的一个重要目的就是"古为今用，以史为鉴"，那么这次事件给我们当前的税制改革能提供什么样的经验和教训呢？

税制改革问题是财政学界长期研究的重点问题之一。在以往的税制改革问题研究中，常见的研究主题包括税收法律制度变化、税制改革的背景、税制改革对经济社会产生的影响、实证性研究等。而对于税制改革中当事人及利益集团的微观行为，研究则不多。事实上，人是社会、政治、经济等活动中的核心因素，税制改革成功与否，关键还取决于人。马克思主义唯物史观认为，人具有能动作用，既可以顺应环境变化而调整自己的行为，也可能采取行动对抗环境变化（尽管这种对抗有时会失败）。在税制改革过程中，认为改革会损害其利益的既得利益集团必然采取各种手段阻止或延缓改革，认为改革会带来利益的集团会采取各种手段促进或加速改革，因此，在研究税制改革时，也必须关注改革过程中各方利益集团的利益诉求、改革主张及其应对行为。

基于这些方面的考虑，我与导师王文素教授进行了沟通和交流，王老师非常支持我对这次事件进行深度研究，认为能对财政改革过程管理和特殊事件处置提供一些新的研究思路。于是我决定将这个问题作为我的博士论文选题。王老师在我的论文撰写过程中一直给予我很多帮助，帮我逐章修改。在开题报告答辩过程中，李俊生教授、白彦锋教授等评委专家对我的这个选题予以了肯定，并再三询问我所掌握的材料是否能够支撑起一篇博士论文。以小博大，从一个事件来折射社会问题，虽然从选题角度看是新颖的，但若要写出深度还是很有难度的，我理解各位专家的担忧。我尽管也有所犹豫，但还是想试一试。各位老师给我提供了很多有益的建议，并帮助我完善了框架。后面的写作过程证实了专家们的担忧是正确的，要想把一个小话题写出深度和广度，需要很多材料的支撑。尽管我也从图书馆、第一历史档案馆、第二历史档案馆和互联网上等查到了一些资料，但在写作过程中仍是感到有些吃力。在博士论文的预答辩过程中，马金华老师、刘明老师、李佳老师认真阅读了我的文章，一一指出了文章的不足之处，并给我提出了很多完善措施，让我的论文最终得以成稿。总结起来说，我在博士论文完成过程中，受到了中央财经大学财政税务学院很多老师的帮助和指导，凝聚了他们的心血和辛苦。在此，我衷心感谢各位老师的帮助和支持！

博士毕业后，我继续对这个事件进行了思考和研究，认为财政改革过程中，很多具有代表性的特殊事件的发生，有其深刻的发生背景和动机，对这些事件的深度研究，可以更好地揭示财政改革进程中的深层次问题。那么是不是可以将财政改革的研究框架分为宏观研究和微观研究呢？宏观研究重点研究财政改革的背景、动因及影响，微观研究则通过财政改革典型事件来分析深层次的制度、物质基础等因素如何影响当事人和利益集团的行为问题。宏观研究和微观研究的分析角度和框架尽管不同，但其研究出的规律本质上是一致的。因此，我在博士论文的基础上，增加了宏观研究和微观研究的分析框架。由于学识水平所限，所提出的观点和研究框架难免有瑕疵和错误之处，希望大家能够多多批评指正。

财政是国家治理的基础和重要支柱。研究古今中外的财政史，实际上是研究经世致用之方，为当前财政难题寻求有价值的潜在解决方案。相比于财政学领域研究的“百花齐放、百家争鸣”之繁荣，财政史领域研究则略显冷清。在这份冷清的背后，是许多财政史学者默默的坚守和努力。借此机会，我也向坚守在财政史研究领域的各位前辈和同仁致以崇高的敬意！

摘 要

财政是国家治理的基础和重要支柱。财政改革作为社会发展改革的重要组成部分，其发展过程是曲折性前进的。前进趋势受政治、经济、社会、文化、思想及制度等方面因素影响；其曲折性则受制于特定社会背景下的当事人（利益集团）的行为博弈。影响财政改革发展趋势的宏观环境因素，是多种因素综合作用的结果。采用环境扫描法，对财政改革的宏观环境进行逐一扫描，总结各种环境因素的变化，可以刻画财政改革的社会背景变化情况。影响财政改革发展趋势的重要因素一般包括政治（Politics）、经济（Economics）、社会（Society）、思想（Ideology）、技术（Technology）、制度（Institutions）等方面，这种环境扫描法可称之为PESITI因素法。

人是社会、政治、经济等活动中的核心因素，财政改革成功与否，关键还取决于人。财政本质上是政府凭借政治权力参与社会收入再分配的活动，财政活动会关系到社会中每个人的切身利益，所以财政改革也会引发博弈。采用博弈论方法研究财政改革中各利益集团的行为决策，建立博弈模型，是微观研究中比较客观和科学的研究方法。财政改革实质上是利益再分配过程，既得利益集团及关键历史人物在特定博弈规则下的行为选择，会影响财政改革的成败及走向。当财政改革符合既得利益集团和关键历史人物的利益诉求时，财政改革很大程度上能够取得成功；当财政改革损害既得利益集团和关键历史人物的利益诉求，且不能得到补偿时，财政改革很大程度上会归于失败。财政改革微观研究的博弈模型包括六个要素：（1）博弈主体；（2）博弈动机；（3）博弈规则；（4）博弈策略；（5）博弈信息；（6）博弈结果。

税制改革是上层建筑变革的重要组成部分，实质上属于利益再分配的过程，必将触动既得利益集团的利益，招致多方利益集团围绕税制改革进行博弈。作为理性的博弈参与人，各方利益集团会遵守既定的博弈战略，根据对方的行动策略来调整己方的行动，最终实现均衡的博弈结果。博弈论作为研究具有竞争关系的主体之间互动行为的研究方法，在微观历史事件研究中能够清晰刻画博弈主体的理性决策和行动。

所得税起源于英国，因其针对纳税人纯所得征收、征收公平、符合“量能负税”原则而被举世称赞。所得税被我国人民认识、了解和推崇，始于晚清时期，政府议筹所得税的时间应该不晚于 1906 年，正式筹办时间不晚于 1910 年。中华民国北洋政府于 1915 年、1918 年和 1920 年三次筹办所得税，虽然曾短暂成功开征官吏薪俸所得税，但终因各方激烈反对而筹办失败。中华民国南京政府经过多年筹办，最终于 1937 年 1 月 1 日成功开征所得税。中国所得税漫长而曲折的筹办过程，受社会生产力水平、统治阶级性质、民众思想基础以及特定社会背景等多方面因素影响。从这曲折的筹办过程中，撷取 1920 年筹办中的一个微观历史事件，运用博弈论方法对其开展深入研究，能够有效寻找到曲折性的微观基础——理性博弈参与人。而这个微观基础，是以往中国所得税史研究中常常被忽略的。这是本书研究的主要目的所在。

对中国所得税史现有研究文献进行梳理，发现有两个研究领域被疏漏了：一个是对微观历史事件的研究，一个是对微观主体的研究。本书在对 1920 年北洋政府筹办所得税中的官商博弈事件进行归纳梳理的基础上，借助于信息递增的不完全信息动态博弈模型，对北洋政府和商会两个理性博弈参与人的互动行为进行深入研究，重点挖掘双方博弈过程中的策略和行动，寻找出实现博弈均衡的动态路径及其可行策略。以史为鉴，可以知兴替。通过对筹办所得税过程中的这个微观历史事件进行深入分析，找到决定筹办过程曲折性的微观基础，见微显著，以小博大，发现税制改革博弈中的普遍规律和特殊规律，为我国当前税制改革提供经验借鉴，是本书的主要研究思路。

1920 年 9 月 15 日，北洋政府颁布大总统令，宣布筹办所得税，拟于 1921 年 1 月 1 日起征。随后，北洋政府财政部以部令形式颁布《所得税征收范围》《所得税征收先后税目》《所得税条例施行细则》《所得税征收规则》《所得税储拨章程》等一系列征收规定。然而，这次筹办却遭到了各地商会的群起反对，最终演化成一场声势浩大的反对所得税的运动。在这次北洋政府和商会的博弈中，商会主要基于以下理由反对政府开征所得税。（1）北洋政府未经国会授权而筹办所得税，违反了《中华民国临时约法》，属于非法征税，商民有权反对这种非法行为。（2）军费支出约占国家每年财政支出的 80%，是造成财政困难的根本原因。政府不裁兵节流，而意图开征新税搜刮民脂供军阀穷兵黩武，商民有权反对开征所得税。（3）军阀割据，内战不止，百姓深受荼毒，商业凋敝；厘金、常关等恶税不裁，商民税收负担沉重。政府不思保护商民权利，商民有权不纳新税。（4）国家尚未推行新式记账法、精确调查法，征收规则疏漏偏颇，容易造成富人隐匿或瞒报财产，不能公平征税。开征所得税的时机尚未成熟，技术条件尚不具备。（5）政府血腥镇压爱国学生，军阀解散学校将教育经费充作军费，现反以筹措教育经费之名而开征所得税，商民有权质疑其征税的真正目的。政府公信力低下，民国 3 年发行的内债早已到还本日期，但并未偿还，政府各项承诺不可信。

商会的博弈策略包括：（1）合纵策略。各地商会与各省议会等建立起广泛的反对北洋政府开征所得税的联盟，极大地削弱了北洋政府的民意基础。（2）釜底抽薪策略。以北洋政府违反“约法”为由，从根本上否定政府开征所得税的合法性。（3）孤立策略。公布庞大军费支出是财政困窘的“元凶”，而庞大军费换来的是军阀割据、内战不止，鱼肉商民、商业凋敝，残害爱国学生、挪用教育经费，以此唤起民众情感共鸣与支持，尽最大可能地孤立北洋政府。（4）捆绑策略。将裁撤厘金、常关税等恶税与承认所得税捆绑一起，以政府裁厘作为换取商民承认所得税的前提条件，置北洋政府于两难选择。（5）不合作策略。公开号召商民不与政府合作，拒绝配合各地财政厅的所得调查工作与查账工作。（6）威胁策略。吉林省议会、总商会以停止向中央政府解款为威胁，要挟北洋政府取消开征所得税决定；江西总商会则以举行全省商民大游行为威胁，要求江西省政府和督军反对中央政府开征所得税。

北洋政府的博弈策略包括：（1）连横策略。北洋政府与各省军民长官、财政厅、京师教育界等建立起支持征税联盟。（2）激励策略。北洋政府在征税通令中承诺对能筹得大宗税款的省份进行奖励，激励各省及其财政厅尽心筹办所得税。（3）怀柔策略。试图借助宣传、解释、游说等手段，说服各地商会主动撤销反对征税的主张。（4）信号承诺策略。通过不断制定与完善征税文件，向反对方传递政府坚决开征所得税的决心。（5）承诺策略。通过制定《所得税保管支用监督办法》及《金库经理所得税章程》等文件，北洋政府向商民承诺所得税款专用于教育经费和实业经费，绝不挪作他用。（6）让步策略。北洋政府在尖锐反对的压力之下，宣布推迟三个月开征所得税，试图通过让步和延缓时间来减少反对和阻力。（7）榜样策略。北洋政府先从政府官吏薪俸入手开征所得税，意在树立政府公平征税的良好形象，消除征税易让官吏中饱私囊的质疑。

“合纵连横”是本次博弈事件的重要特征。北洋政府践踏约法、穷兵黩武、屡卖国权、鱼肉商民、毫无信用的种种恶行，以及商会与各省议会步步切中政府要害的反击，使得本次筹办所得税最终失败。

战略是博弈参与人的行动规则，它决定了参与人在什么时候应该采取什么样的行动。北洋政府统治时期的社会背景及政治现实构成了本次博弈事件的重要战略。当时重要的社会背景包括以下几个方面：（1）民智开化。自晚清开始的向西方学习及西学东渐运动，让越来越多开明士绅更加重视民主、立宪和民权意识，西方财税思想的传播让民族资产阶级有了一定的税权意识。（2）军阀割据和无休内战严重削弱中央政府权威，造成“弱干强枝”局面。北洋政府与地方军阀的矛盾，为商会和各省议会建立反中央政府开征所得税联盟提供了机遇和空间。（3）北洋政府践踏约法，屡次解散国会，致使立法权缺位，无法让政府征税文件取得法律地位，最终自酿苦果，被商会冠以“非法征税”标签，从根本上被给予致命一击。（4）帝国主义列强纷纷在各地扶持利益代言人，划分势力范围，是军阀割据的一个重要原因，客观上为商会反对北洋政府开征所得税提供了一定的空间。（5）半殖民地半封建社会性质，决定了代表地主阶级和封建买办阶层利益的北洋政府，始终成为新兴资产阶级斗争的对象。商会反对北洋政府开征所得税，实质上也是民族资产阶级争取政治权利的一种斗争形式。

博弈论中经典的不完全信息博弈模型，强调的是博弈参与人没有充分掌握对手的信息，或者双方掌握的信息不对称。本次官商博弈事件属于不完全信息下的动态博弈，但又有自己的特点。北洋政府和商会在有限次的重复博弈中，不断获得对手的信息情况，直至接近完全信息状态。前期重复博弈下的信息递增，最终促使不完全信息博弈在最后一阶段转化成了完全信息博弈，尽管如此，前期的重复博弈仍旧是不可逆推的。这是信息递增下的不完全信息博弈模型的核心精髓。除了博弈双方参与人外，该模型中还存在着一个虚拟参与人“自然”，“自然”可以被理解为模型之外的一切外生要素的组合。“自然”是近乎万能的裁判，它通过倾听双方参与人的陈述理由，比较双方参与人的博弈策略，来近乎完美地决定每一位参与人在本阶段获得成功的几率。正在做行动决策的参与人能感知“自然”在本阶段赋予自己的成功几率，也能获得其他参与人在本阶段之前的成功几率，但不能感知其他参与人在本阶段及其以后的成功几率。

博弈双方是借助于“自然”把自己的博弈策略介入到模型中的。一方参与人若想获得“自然”的青睐，让“自然”赋予自己一个较高的成功概率，他不仅必须为自己本阶段的行动决策找到客观可靠的理由，还必须能够有效反击上阶段对手的博弈策略。由于存在不完全信息的假设，前几阶段中正在做决策的参与人，是无法准确预测到下阶段对手的反对理由和策略的。理解博弈双方的策略是如何在模型中发生作用的，是理解本模型的关键所在。

每一博弈阶段，都是先由政府做行动决策。博弈第一阶段，北洋政府在做征税与不征税的决策时，做出了以下比较：（1）若选择不征税，期望效用水平为 0；（2）若以筹措教育经费和实业经费为由开征所得税，“自然”赋予了己方一个不错的成功几率。显然，征税所能获得的期望效用水平要高于不征税，于是北洋政府选择征税。商会在接到北洋政府要开征所得税的信息时，也做出了以下比较：（1）若选择不反对，期望效用水平为 -1，这已经是最差的状态了；（2）若以征收规则滋扰商民、商业凋敝、税负已经很沉重等理由，反对政府开征所得税，“自然”赋予了己方一个比较满意的成功几率。显然，选择反对政府征税，让商会获得的期望效用水平要好于选择不反对政府征税，于是商会做出反对政府征税的行动决策。

通过第一阶段的博弈，双方都多了解到一些对方的信息。博弈第二阶段，政府需要评估上阶段商会提出的反对理由，然后结合自己的策略，来决定是选择放弃征税还是选择继续坚持征税。政府做出了以下比较：（1）若选择放弃征税，获得的期望效用水平仍然为 0。（2）针对商会提出的征收规则滋扰商民，政府可以通过完善征收规则、制定先后征税办法来反驳；政府还可以通过承诺奖励筹办得力的各省财政厅、县公署，激励他们尽心筹办所得税，减少各商会的反对。“自然”在听取了政府反驳商会的理由和策略后，给予北洋政府一个比上阶段略高的成功几率。北洋政府比较后认为，若继续坚持征税主张，获得的期望效益要好于选择放弃征税，于是选择继续坚持征税。商会在评估了政府本阶段反驳己方的理由后，认真考虑和制定自己的策略，做出了以下比较：（1）若选择不反对，期望效用水平为 -1，仍然是最差状态。（2）可以提出反对征税的理由包括：①政府未经国会授权开征所得税，属于违反约法；②军费开支庞大是导致财政困难的根本原因；③征税的技术条件不具备；④可以和各省议会结成同盟，共同反对政府征税；⑤政府以前就干过残害学生、挪用教育经费的事，也做出过不按期偿还内债的事，所以政府现在声称将所得税收入充作教育经费和实业经费的承诺不可信。“自然”在听取商会的理由和策略后，赋予商会一个非常高的成功几率。商会比较后认为，若选择不反对，会得到最差效用水平；若选择反对征税，有非常高的概率不纳税，于是选择继续反对征税。

经过第二阶段的博弈，双方获得了更多的关于对方的信息。博弈第三阶段，政府在评估了上阶段商会的反对理由后，认为对自己的威胁很大，经过认真考虑自己可供选择的策略后，做出了以下比较。(1) 若选择放弃征税，获得的期望效用水平仍为0。(2) 己方可以采纳的策略有：①宣布推迟三个月开征所得税，一方面通过延缓时间来慢慢消磨对方的反对，减少自己面临的压力，另一方面可以为自己争取时间更充分做好准备工作；②财政部和各省都派要员亲临各商会进行游说，希望商会也能够做出让步；③先从官吏薪俸开始征税，让商会知晓政府公平征税的决心；④继续完善征税文件和办法，让商会知道政府征税决定不可撤回；⑤所得税收入是用作教育经费的，关系到教育界的切身利益，政府和教育界建立联盟，让教育界出面指责商会不顾及教育困难。"自然"在听取政府的理由和拟采取措施后，比较了政府和上阶段商会的理由后，赋予政府一个比较低的成功几率。政府作出比较后认为，若此时选择放弃征税，期望收益仍为0，尽管现在"自然"赋予政府的成功几率比前两轮要低，但还是有可能成功的，期望效用水平仍好于选择放弃，于是政府继续坚持征税主张。商会在获得政府继续坚持征税的信息后，评估了本轮政府的行动理由，然后做出了以下比较：(1) 若选择不反对，己方的期望效用水平为-1，仍是最差状态。(2) 在继续坚持上轮提出的反对理由和策略基础上，还有两个可供选择的策略：①各地财政厅已经开始查账和进行所得调查了，商会号召各商民不与各地财政厅合作，不允许查账，不配合调查；②威胁策略，若中央政府不放弃开征所得税，各省议会要停止向中央解款。"自然"听取了商会的理由和策略外，继续赋予商会非常高的成功几率。商会比较后认为，继续选择反对政府征税，期望效用水平要好，于是做出反对征税的选择。

经过前三个阶段的博弈，双方都充分掌握了对方的全部信息。最后一阶段博弈，政府在综合商会所有信息后，意识到商会和各省议会反对决心很强烈，他们的反驳理由给自己带来很大伤害，政府开征所得税的民意基础十分薄弱，更重要的是，如果政府继续坚持开征所得税，会伤害到政府声誉和执政基础，期望效用水平已经跌为-1。于是做出以下比较：(1) 若选择放弃征税，期望效用水平为0；(2) 若选择继续坚持征税，期望效用水平为-1。

理性的政府做出了放弃征税的选择，它获得的期望效用水平要好于选择坚持征税。至此，北洋政府与商会达到了博弈均衡状态，双方均选择“不征税”。以上所述即为借助信息递增下的不完全信息博弈模型，对本次官商博弈事件做出的理论分析。

将北洋政府在筹办所得税中博弈与英国政府、南京政府的情况进行比较，可以得出以下几个结论：(1) 筹办新税的过程中都存在博弈；(2) 博弈策略要灵活多变，因时因势而变；(3) 认真研究并遵守博弈战略；(4) 选择有利的征税时机很重要；(5) 建立畅通、稳定的利益诉求渠道要比公开对抗好很多；(6) 较高的中央政府权威能为开征所得税提供政治保障。

北洋政府与商会的博弈，给我国当前税制改革提供了以下几方面的启示：(1) 税制改革要适应生产力和生产关系发展要求；(2) 改革前凝聚共识能够有效减少改革阻力；(3) 维护中央政府权威是改革成功的政治保障；(4) 依法推进税制改革；(5) 推进税制改革必须讲究方法和策略；(6) 建立畅通的利益诉求机制，可以减少博弈风险。

本书研究的不足之处包括：(1) 史料收集仍不够丰富；(2) 史料观点辨认难度较大；(3) 研究方法略显滞后；(4) 模型构建过于简化。希望后续研究中能够将博弈论与量化分析有机融合，更好地从微观基础上揭示出所得税筹办过程的曲折性。

目 录

Contents

第1章

导　论

所得税是以所得额为课税对象征收的税种。自英国所得税起源并逐步完善以来，被举世公认为“良税”，迅速被其他各国所认可、仿效与采纳，成为税收体系的重要组成部分。所得税的优点，具体来讲包括以下几个方面：第一，所得税的纳税人即为负税人，是针对纳税人所得额开征，所得额多，负税能力强，所担负的税额也多，符合量能负税的税收原则，相比较于间接税种，所得税被认定为较为公平的税种。第二，所得额是根据应税收入额扣除相应成本费用而计算出来的，核算方法相对科学合理，也体现出所得税征收原理设计科学，纳税人负担公平。第三，所得税具有弹性特点，有所得即课征，无所得不课征，多得多征，少得少征，能考虑到纳税人各年度收入波动的情况，尤其是所得税的累进税率制度，更能体现弹性特点。第四，在税收强制性中又兼顾所得税合理负担的特殊性，如：征收个人所得税时，许多国家都能考虑到纳税人的家庭赡养情况，给予相应的免征额，体现出国家对家庭责任的重视及人性化关怀等特点。

自1910年清政府拟订《所得税章程》草案起，经历了近三十年的波折，所得税才在中国落地生根，最终得以确立。中国开征所得税的曲折过程，既是数代仁人志士为图民族自强而积极引入西方财税体制的奋斗结果，也是历届政府根据经济社会发展需要而逐步变革财税体制的结果。所得税筹办开征过程中，有许多开创性的经验值得我们学习和研究，也有许多教训值得我们反省和深思。经过四十年的改革开放，我国经济社会建设取得了巨大的成就。当前我国的改革已经步入深水区，深层次的矛盾正逐步暴露出来，改革的阻力也越来越大。财税体制改革是我国经济社会系统改革中重要的一环，财税体制改革过程中也必然触动诸多集团的利益。在这关键时刻，我们认真研究晚清民国时期开征所得税的过程，会为当前的国家治理提供一些有价值的借鉴。

1.1 选题背景、目的及意义

税制的建立与改革，必然涉及诸多利益群体的相关利益，这些利益群体之间会围绕着税制改革进行多方博弈，这是亘古不变的规律，但他们的博弈形式和博弈策略却不相同。纵观历史，有的利益群体针对税制改革采取暴力革命形式进行博弈，上海大学历史系朱学勤教授认为“税务官是比蒸汽机可怕千倍的革命家”,[①] 无论英国资产阶级革命、法国大革命，还是美国独立战争，都是由于税赋问题引发；有的利益群体针对税制改革利用议会进行博弈，如16 世纪初英国都铎王朝亨利八世曾试图抛开议会征税，但屡遭失败，议会成为国王与议员们进行税收博弈的场所和工具。而北洋政府时期，各地商会利用电报沟通信息和公开博弈的形式，达到了民众制衡政府、阻止所得税开征的目的。

税制的建立是财税改革的重要形式和内容。以往在研究财税改革时，多数是从财税改革的社会背景因素、改革过程、改革影响以及改革制度文件等方面进行研究，很少涉及改革中的利益集团及其关键历史人物的行为研究。根据唯物史观和唯物辩证法理论，生产力与生产关系、经济基础与上层建筑的辩证关系，构成了社会历史发展的动力。社会历史发展呈现螺旋式上升趋势，或者说呈现曲折性前进趋势。社会生产力发展、政治文化等上层建筑变革等因素决定了财税改革历史的前进趋势；既得利益集团为维护其自身利益而进行的博弈，构成了财税改革历史的曲折性和反复性。因此，利益集团及其关键人物的行为，构成了财税改革的微观基础。通过研究财税改革中的利益集团及关键历史人物的行为，可以更好地认识改革阻力及其改革过程的曲折，为消除和减少当前财税改革阻力提供新的思路。

所得税的创立，即是一次重大的财税改革。所得税创办过程中，同样经历了数次曲折和反复。1920 年北洋政府与各地商会围绕开征所得税发生的博弈事件，代表了所得税创办过程中的一次曲折。采用博弈论理论研究本次

---

① 转引自姚轩鸽．大革命何以因税收而起［N］．深圳特区报，2013 -05 -07（D3）．

博弈事件，认真研究各方博弈的动机、博弈规则、博弈策略及其规律总结，可以为税制改革如何兼顾不同集团的利益诉求、消除或削弱改革阻力等提供经验借鉴，具有重要的理论意义和实践意义。

1.1.1 选题背景

选择研究所得税筹办过程中的博弈事件，对既得利益集团及其关键历史人物博弈行为背后的动机、策略及其博弈规则进行深入挖掘，是笔者在所得税史料搜集及文献研究中，经过反复比较和权衡后做出的慎重选择。主要基于以下几个背景条件：（1）各国所得税开征过程中，普遍存在着各利益集团的反复博弈；（2）商会与各省议会公开反对北洋政府开征所得税，有其特殊的历史背景和博弈规则；（3）晚清民国所得税史研究中还缺乏对历史事件中行为主体进行微观研究；（4）以小博大，见微显著，由本次官商博弈事件反映和挖掘彼时的大环境和普适性规律。希望通过本书的研究，能够揭示财税改革的规律，为当前财税改革提供新的思路和有价值的借鉴。

（1）所得税历史资料的研究

对中外所得税开征的历史资料进行梳理和研究，笔者发现：每一个国家开征所得税的曲折经历背后，都隐藏着一个不同时期、既定社会背景下、不同利益群体间反复博弈的过程。所得税在英国的起源过程如此，在中国的开征过程自然也不例外。

①对英国所得税起源的研究发现。

1798 年英法战争开始时，英国主要税源为关税、消费税、印花税和地税等，战争使得英国税收大减，不足以应付战时财政需要，英国开始针对富裕阶级征收“三倍估价税”，以所得额为纳税依据，这被视为英国所得税的起源。1799 年，英法战争停战，“三倍估价税”废止。同年，英国财政大臣小威廉·彼得（William Pitt the younger）颁行新所得税法，将个人综合所得作为纳税标准。由于“以其使私人所得关系完全暴露，与英国国民性不合，而受非难”,[①] 1802 年此制度废止。此后，英国所得税制度时行时废：战时施行，和平期废止。直到 1876 年，才开始实行永久所得税。

笔者研究发现，英国所得税起源过程，就是当时英国各方利益博弈的过程。英国所得税开征过程中参与博弈的各方利益主体包括政府、议会及议

① 胡毓杰．我国创办所得税之理论与实施［M］．上海：经济书局，1937：11.

员、市民团体等。以财政大臣为代表的政府内阁要筹集更多的财政资金，确保内阁推行的各项政策及事务能够顺利进行；议会则要监督和制约政府内阁，在保证国家利益的前提下防止政府内阁滥用纳税人税款；议会是由不同政党的议员所组成，议员要在议会为自己的政党及支持者“代言”，发表自己的主张。他们之间的博弈主要体现在以下几个方面。

a. 前、后任政府内阁之间的博弈。

政府内阁实际上是不同利益集团的代言人，这些利益集团逐渐形成了政党，当时英国主要有辉格和托利两大政党。若当选的政党主张开征所得税，则内阁中的财政大臣会极力游说议会通过所得税法案，支持内阁开征所得税；若当选的政党反对开征所得税，则内阁中的财政大臣会想方设法停征所得税。

比如，辉格党的小威廉·皮特担任首相兼财政大臣的 1798 年，英国第一次开征所得税，用以弥补英法战争的战费不足。而身为托利党人的亨利·阿丁顿（Henry Addington）反对所得税，其上任伊始（1802 年）即宣布停征所得税。阿丁顿停征所得税的原因大致有如下几个方面：一是政党利益不同。阿丁顿属于托利党人，托利党是以土地贵族和上层英国国教徒为核心的政治派别，所得税最初是以纳税人财产收入额为征税对象的，自然会引起土地贵族的反对；二是阿丁顿出身中产阶级，中产阶级对所得税负担更为敏感。英国当时的议会中，居于支配地位的是贵族阶级，比如首相小威廉·皮特就出生于政治世家，其父亲老威廉·皮特（William Pitt）也曾担任英国首相，并获封查塔姆伯爵。而阿丁顿出身于中产阶级，他的父亲是查塔姆伯爵老威廉·皮特的私人医生。三是职业和性格使然。阿丁顿在做议员之前，职业是律师，重点研究议会程序法。他性格软弱，没有过高的政治追求，所以被小威廉·皮特看中并推荐作为议员，后又被小威廉·皮特推荐出任下议院议长。阿丁顿成为首相兼财政大臣后，迅速同法国达成和议，在多数议员要求下停征所得税。

b. 政府内阁和议会之间的博弈。

现代议会起源于英国。在英国议会发展的过程中，逐步形成了议会与政府之间的相互制约机制，确保议会与政府都能够在既定规则之下各自行使权力，不会伤及国家的根本利益。议会与政府的博弈，在英国所得税起源过程中也表现得淋漓尽致。政府内阁开征或废止所得税的意愿，必须得到议会的认可，由议会以法律形式颁布；但政府内阁与议会之间的意愿并不总是一致，所以也经常会出现议会否决政府内阁提议的情形。

比如，1816年英法两国达成滑铁卢和议时，英国政府内阁向议会提出续办所得税，为减少国民和议会议员的反对，政府内阁做出让步，提议所得税税率减半。但1816年3月18日，议会经过激烈争议，最终否决了政府内阁提案：决定停办所得税，并销毁所得税一切案卷，避免之后政府再次提出开征所得税，使其死灰复燃。

c. 代表不同利益集团的议员之间博弈。

同为议会议员，由于所代表的利益集团不同，他们之间就所得税兴废问题也存在着激烈的博弈。比如，1798年小威廉·皮特提出兴办所得税时，议会议员奥克兰（Auckland）极力赞成，并称所得税计算确切，编制精密，能够保证公正、公平征税；但同是议会议员的查尔斯·詹姆士·福克斯（Charles James Fox）却极力反对。至1804年小威廉·皮特重任财政大臣，再次提出续办所得税时，查尔斯·詹姆士·福克斯仍是再次反对。

福克斯是出于政党政治利益而反对小威廉·皮特开征所得税的。福克斯是老威廉·皮特的政治对手，福克斯与诺斯勋爵（Frederic North）组成了政治上的"福克斯-诺斯联盟"，"福克斯-诺斯联盟"执政后推举勃兰特公爵（William Cavendish - Bentinck）出任首相。1783年12月，勃兰特内阁垮台后，小威廉·皮特出任首相。福克斯自此开始与小威廉·皮特成为政治对手，皮特内阁提出的议案，多数被福克斯和诺斯所领导的"福克斯-诺斯联盟"的议员们给否决。[①] 皮特内阁提出的所得税议案，自然也成为福克斯所反对的重要目标。

从表面上来看，英国所得税起源过程是战时即征、战停即废；而从博弈论角度看，这则是不同利益集团及其代言人在各时期进行博弈的结果。战事吃紧，各方利益集团为维护国家根本利益，会同意政府内阁开征所得税；战事停止，各方利益集团则名义上以所得税会加重纳税人负担为由，要求停征所得税，实质上均是从维护本集团及支持者自身利益出发。

②对中国所得税筹办过程的研究发现。

所得税在中国的开征几经曲折，数度反复，到1937年才最终得以确立。笔者研究发现，中国所得税的筹办过程，实际上也是各方利益集团博弈的结果。

① Mitchell. Charles James Fox. "The Oxford Dictionary of National Biography" [M]. 2007.

a. 晚清筹备所得税中的博弈。

清末民初筹办所得税的过程，与资产阶级争夺政治权利的过程相重合，所得税问题成为资产阶级为获得更多政治权益而与封建统治阶级进行博弈的重要工具。晚清政府议办所得税时，一些具有资产阶级民权意识的咨议局委员和士绅，呼吁将所得税和宪政、资政院选举等问题捆绑一起，[①] 借此争取更多政治参与权，这实际上是早期资产阶级出于政治利益而与清政府进行的博弈。

b. 北洋政府时期筹办所得税的博弈。

袁世凯接任临时大总统后，与资产阶级革命派尤其是同盟会的政治分歧日益严重，革命派借助国会与袁世凯政府进行博弈。1914 年 1 月 10 日，袁世凯解散国会；1 月 11 日袁世凯政府颁布《所得税暂行条例》。各地借口税收负担沉重、征收手续过繁等理由，反对开征所得税，实质上是资产阶级革命派、资产阶级商会与袁世凯政府政治博弈的延续。

1920 年 9 月 15 日，北洋政府大总统徐世昌以大总统令形式宣布拟开征所得税，遭到了各地商会、地方议会的反对。资产阶级商会反对开征所得税，是针对北洋政府无视商会政治权利、经商环境而进行的博弈；地方议会反对开征所得税，是针对北洋政府不恢复合法国会而进行的博弈。

纵观我国筹备所得税的不同历史时期，所得税能否顺利开征与国内政治局势息息相关。1920 年至 1921 年间，徐世昌主政下的北洋政府欲强行推行所得税，全国各地商会纷纷发表通电，明确反对政府开办所得税，并且有效阻止了中央政府开征所得税。全国各地商会串联发表通电明确反对开征所得税，成为中国所得税筹办进程中一段引人瞩目的历史。各地商会为什么敢于发表通电明确反对政府开征所得税，商会在官商博弈过程中到底采取了什么样的成功策略，这次官商博弈为后世所得税开征及改革留下什么样的历史遗产，是需要我们认真研究的历史课题。

（2）梳理民国所得税史研究文献的发现

在阅读和梳理民国所得税史研究文献时，笔者发现：①多数文献都是对民国所得税开征过程进行系统研究，忽略了对民国所得税开征过程中的重大历史事件的研究。历史事件往往能够折射特定的社会历史背景，理应成为民

---

① 两江总督在给清政府的电文中奏称："请俟预算成立、国家地方税划分、所得税实行后，于宣统五年国会内阁同时并举"。申报，1910－11－05（D3）.

国所得税史研究中的重要研究对象。②多数文献从宏观层面及征税制度本身总结所得税筹办失败的原因，忽视了从微观主体及其互动行为方面研究与总结失败原因。③尽管历任政府推行所得税或多或少都会遇到有关利益团体的反对，但1920年各商会与各省议会联合与北洋政府进行公开博弈，在中国所得税开征历史中颇为受人瞩目，而现有文献却未对该事件进行过专题研究。

这次官商博弈的背后涉及哪些利益集团？商会敢于公开反对北洋政府开征所得税的深层原因包括是什么？本次博弈对后世开征所得税带来什么样的影响？这都是我们深切关注的问题。正是基于以上的理由，笔者决定选择研究所得税史中的历史事件作为研究对象，以此为突破口，深入挖掘当时的社会背景和深层次原因，提炼和总结财税发展规律性的理念，并尝试探讨开展财税改革微观研究的必要性和建立基本理论框架。

（3）研究方法的比较与选择

博弈论是研究在一定条件和一定规则下，理性参与人为实现自身利益最优化，针对其他参与人的决策，选择自身最优决策的互动行为。社会是个体之间具有互动行为和相互依赖的群体，一个人在做决策的时候，不仅要考虑自己有什么选择，还要考虑别人有什么选择，因此，社会上无时无刻不存在博弈。自博弈论诞生以来，在经济学、社会学、生物学和管理学等学科中得到了广泛应用，成为生命力极强的一种研究方法。

在我国传统的历史研究中，马克思主义唯物史观是根本的指导思想，阶级论是常见的研究方法。博弈论既然是研究社会主体相互影响下的理性行为及其规律的，许多历史事件也可以被解读为特定历史条件下各参与人理性博弈或非理性博弈的结果。因此，博弈论应该且能够成为历史研究的有效研究方法。博弈论不仅不违背马克思主义唯物史观，更是马克思主义唯物史观研究方法论的丰富和创新。[①] 历史唯物主义认为，社会生产力和生产关系的辩证发展，是一切重要历史事件的根本动力，决定了历史发展的前进趋势。这犹如航海中的灯塔，它只是指明了航船前进的方向，但在航行过程中，会遇到很多风浪、暗礁和突发事件，船长和船员们是如何克服这些具体困难，需要借助于船长和船员们的主观决策，灯塔则不能提供具体帮助。历史唯物主义虽然指明了历史发展方向和根本趋势，但在特定的微观历史事件中，当事

① 徐治道．历史博弈论之要义［J］，学海，1998（1）：96—100.

人为什么要做出这样的决策？这些决策是不是当时社会背景下各当事人的理性选择？唯物史观指导下的博弈论，则能够在这些微观研究中发挥更有效的作用。通过还原历史背景、历史事件及博弈规则，我们可以分析历史事件中的各当事人是如何进行决策并达成博弈均衡的。

以博弈论研究 1920 年北洋政府开征所得税时政府、商会及各省议会的互动行为，可以更加关注各参与主体的微观行为，还原各参与主体的具体利益诉求，能够更清晰地反映和挖掘这一特定历史事件背后的社会背景及深层次原因。税制改革不仅仅是经济问题，也是政治问题，既要从微观主体行为入手研究，还要考虑到从政府宏观治理层面入手。因此，博弈论成为本书重要的研究方法。

基于以上理由，笔者希望以 1920 年至 1921 年《申报》所刊登的相关新闻、通电及政府法规为基础资料和研究线索，综合《中华民国财政年鉴》《北洋政府档案》《中华民国商会档案》及当时学者发表的论著等历史资料，认真梳理 1920 年拟办所得税中官商博弈的历史背景，探讨博弈各方利益诉求及其博弈策略，总结本次官商博弈对后世开征所得税和税制改革的启示及指导意义。

1.1.2 研究目的

研究北洋政府 1920 年拟开征所得税时，各地商会与政府之间的博弈历史，不仅仅有助于了解税制改革过程中利益群体的利益诉求、博弈策略和博弈过程，还可以为后世税制改革如何兼顾不同群体利益以减少改革阻力提供有价值的借鉴经验。利用博弈论理论研究中国所得税开征时期不同群体之间的行为选择及其互动，是所得税史研究的一个崭新课题。本书希望能够借此研究拓宽所得税史研究视角，丰富所得税史研究思路，为深化所得税史研究进行一次创新性尝试。

具体来讲，笔者认真研究本课题的根本目的，在于探讨政府在税制改革中如何兼顾不同利益集团的利益诉求，进而减少税制改革的阻力。为了更好地实现这一研究目的，笔者将其分解为如下几个研究子目标：（1）税制改革与社会背景的匹配关系研究；（2）利益集团的利益诉求与其博弈动机研究；（3）社会政治背景与博弈规则间匹配关系研究；（4）寻求税制改革中平衡各方利益策略的规律性知识；（5）总结针对财政改革进行微观研究的基本范式与框架体系。

(1) 税制改革与社会背景的匹配关系研究

国外所得税开征历史显示，所得税最初是作为临时性筹集财政收入的方式：一般均是战争时期开征，和平时期废止。经过较长时期内的数度反复，然后才得以永久确立。北洋政府时期军阀混战，军费开支居高不下，军费支出占财政支出的比重高达80%，[①] 政府欲开征所得税，但招致商会与各省议会的反对，以失败告终。直到1937年，南京国民政府才成功开征所得税。为什么北洋政府未能成功开征所得税，而南京国民政府却开征成功了？为什么国外战时能够暂时开征所得税，而北洋政府却不能？所得税开征需要具备哪些社会条件？税制改革与社会背景有无相应的匹配关系？这是本项研究中要实现的第一个子目标。

(2) 利益集团的利益诉求与博弈动机研究

任何公共政策的制定和执行，背后都隐藏着不同利益集团博弈关系。北洋政府开征所得税，名为筹集教育经费和实业经费，[②] 为什么会遭到商会、各省议会的激烈反对？此次开征所得税涉及了这些利益集团的哪些利益？为什么这些利益集团敢与政府进行公开博弈？这是研究本次官商博弈的重要基础之一。利益集团的利益诉求及其博弈动机，是博弈的根本出发点，也决定了博弈策略的应用。这是本项研究中要实现的第二个子目标。

(3) 社会政治背景与博弈规则间匹配关系研究

传统的公共政策博弈模型研究中，均隐含有政府处于占优策略的假定。因此，传统的税收博弈中，研究较多的都是纳税人如何遵从政府征税规则。而北洋政府时期，各地军阀割据，中央政府权威较低，政令难以通行全国。各地商会和各省议会之所以敢于和中央政府进行博弈，是不是由于中央政府势弱？社会政治背景和博弈规则之间应该存在着相应匹配关系：中央政府权威和公信力高，政府在博弈中应会处于占优策略；中央政府权威和公信力弱，政府在博弈中应会处于非占优策略。北洋政府与商会、各省议会之间的博弈规则如何，这是本项研究的第三个子目标。

(4) 寻求税制改革中平衡各方利益策略的规律

税制改革是公共政策制定和执行中的重要内容，必然涉及不同利益集团的博弈。在博弈中，如何找到各利益集团的利益均衡点（或折中妥协点），

① 佚名．商会请缓行所得税之函稿（续昨）[N]．申报，1920-11-21 (10)．
② 佚名．总商会会董审查所得税报告 [N]．申报，1920-11-01 (10)．

是减少税制改革阻力和推进改革成功的重要保障。笔者想通过研究上述子目标，寻找税制改革时如何平衡各方利益的规律性策略，为后世税制改革提供经验借鉴。

（5）总结针对财税改革进行微观研究的理论基础和框架体系

既得利益集团及其关键历史人物的行为，构成财税改革的微观基础，他们的决策及行为直接决定了财税改革的进程甚至是成败。对财税改革进行微观研究的理论基础是什么？财税改革微观研究应该围绕哪些关键问题展开？研究的基本框架是什么？笔者希望将本次博弈事件作为研究样本，总结规律，尝试建立财税改革微观研究的理论基础和框架体系。

1.1.3 研究意义

什么是社会？社会是个体之间具有互动行为和相互依赖的群体。一个人做决策的时候，不仅要考虑自己有什么选择，还要考虑别人会有什么选择。从人与人互动的角度看，社会最基本的问题包括协调和合作。博弈论是研究那些决策会相互影响的参与人的互动行为。

作为人类文明社会中重要的关系之一，征、纳税同样面临着政府和人民之间的协调与合作。以往对政府征税问题的研究，多数是从以下角度进行：（1）从阶级理论出发，强调政府是凭借政治权力强制、无偿地向人民征税；（2）从委托代理理论出发，研究作为代理人——政府和委托人——民众之间的税赋关系；（3）从公共物品的供应者及消费者的角度，研究政府为筹集提供公共物品的财政资金而向民众征税。事实上，政府与民众在征税问题上存在着互动和相互依赖，从博弈论的角度能够更清晰地研究政府与民众之间的互动过程，总结政府和民众如何为实现双方利益均衡而寻找利益妥协点的普遍性规律。

在研究民国所得税历史的诸多文献中，尚无从博弈论角度研究所得税开征过程中官商博弈的文献。笔者拟尝试运用博弈论的相关理论知识，研究分析 1920 年北洋政府拟开征所得税时，各商会、各省议会甚至其他社会团体为反对开征所得税而与中央政府进行的博弈，从而总结出所得税推行和改革中的历史脉络和经验教训，为我国后世税制改革如何兼顾不同利益群体的利益诉求提供一些理论借鉴。从这一角度看，本书的选题和研究具有较为丰富的理论意义和实际应用价值。

(1) 理论意义

①以博弈论视角研究开征所得税的历史过程，提炼总结所得税成功开征的社会条件及其一般规律。

为什么在清末民初历次推行所得税过程中，政府总是以失败而告终？这主要是因为当时不具备成功开征所得税的社会基础和技术条件。一般观点认为，政府要成功推行所得税，需要具备以下几个社会条件：第一，工商业发达，有充足的税源；第二，建立了相对完善的法律体系，征收所得税有法可依；第三，政府有足够的威慑力，能够保证强制推行所得税。本书则认为，除了上述三项外，成功开征所得税还需要以下几方面条件。

a. 各国所得税理论在国内能够广泛传播，“良税”形象深入人心，逐步形成开征所得税的思想基础。表 1 - 1 是笔者对比研究《民国时期图书总目》，统计出来的国外学者撰写的财政学著作引入国内出版的年份表。从民国时期出版的财政译著数量可以看出，在 1927 年南京国民政府成立之前，在较长的时间内，外国学者财政著作引入国内出版的数量寥寥无几，但从南京国民政府成立以后，外国学者的财政学著作引入国内出版的数量激增，并在 1937 年南京国民政府全面推行所得税的前几年形成财政译著出版的高峰期。

表 1 - 1　民国时期财政译著统计表（按出版年代划分）

年份	1912	1913	1914	1916	1917	1918	1919	1921	1924	1926
数量	3	1	4	1	1	1	1	1	2	1
年份	1927	1928	1929	1930	1931	1932	1933	1934	1935	1936
数量	1	2	2	5	3	2	8	7	2	4
年份	1937	1938	1939	1940	1941	1944	1947	1949		
数量	5	1	1	1	2	3	3	1		

数据来源：北京图书馆编写组.《民国时期图书总目》[M].北京：北京图书馆，1998.

b. 民治思想和共和思想的传播，以及改良派和革命派为建立民主政府所做出的各种努力，使得民众的民主意识逐步培养起来，政府议事规则逐步民主化，这是政府与民众进行博弈的基础规则。在专制与高压的社会中，民众若想公开反对政府或阻止政府征税，是难以想象的事情。

c. 各利益群体在长期的博弈中，逐步寻找到了利益妥协点，消除所得税开征中的各方阻碍因素，最终保证了所得税成功推行开来。没有共同的利益妥协点与博弈均衡点，能否征税的博弈必将继续存在。

d. 统一的中央政府不仅具有较高的威信，还有良好的公信力，能够保证民众服从政府税制改革的意志，这种服从绝不是只依靠威权就能实现的。若中央政府公信力较低，无法为征税提供坚实的政治保障，则征税中遇到的阻力必然无法克服。

②以此次官商博弈为样本，丰富公共政策博弈理论模型。

在传统的政府与民众关系研究中，不管是马克思主义的“公仆—主人”阶级观点，还是委托代理理论及新公共管理运动中的企业家型政府，他们都隐含着一个统一的理论基础，即政府和民众在根本利益上是一致的，民众对政府的约束和激励都是为了保证政府更好地保护民众根本利益。然而，事实上，无论是哪种类型的政府，政府都有自己的利益，即政府私利。政府会有政府的利益诉求，民众会有民众的利益诉求，在追求各自私利的过程中，双方难免会发生难以协调的碰撞和摩擦。双方如何借助博弈机制，逐步找到博弈均衡点，实现理性决策，这是本书研究开征所得税中官商博弈的理论关键。

政府与民众在公共政策的制定与执行中存在着利益博弈，是当前公共政策研究的热点问题。现有研究公共政策博弈的模型多数基于“政府在博弈中占有优势地位”的理论假设，因此研究的焦点更多倾向于处于弱势地位的各利益群体如何采取博弈策略尽可能避免更大的利益损失。但 1920 年北洋政府与各地商会、各地议会关于所得税开征的博弈中，有一个不可回避的社会现实是北洋政府的中央权威较低，各地自治运动蓬勃发展，且南北各方利益集团正处于政治利益争斗状态，这表明北洋政府在博弈中并没有太显著的优势地位，与现有研究公共政策博弈模型的理论基础假设有所不同。在商会与北洋政府的重复博弈中，商会逐步掌握了政府的真实信息，并充分利用这个特点，联合各省议会威胁政府。笔者希望能借助这一历史事件的研究，丰富公共政策博弈的模型。

③抛砖引玉，倡导学界重视财税改革的微观研究。

人是社会历史发展中的能动因素，是创造历史的根本主体。脱离“人”的因素而研究历史，属于舍本逐末。在财税改革中，既得利益集团及其关键人物的决策及行为，能够直接影响改革进程甚至改革结果。而当前的研究文献恰恰忽视了对财税改革中当事人的行为进行研究。笔者希望能通过本书的研究，总结财税改革微观研究的理论基础与框架体系，抛砖引玉，引起更多学者的研究兴趣和重视，丰富财税改革研究领域和研究视角。

（2）实践应用价值

实践既可以为理论研究提供丰富的素材，也可以检验理论研究的真伪；理论研究来源于实践，也可以指导实践。理论研究与实践应用是相互促进、不可分离的辩证关系。本书的研究可以为我国当前税收制度改革提供可资借鉴的经验，也可以为实现服务型政府和公共治理型政府转变提供一个新的思路。

①税收制度改革必须立足于当前社会现实基础，充分考虑不同利益阶层的利益诉求，力求避免成为某些特权阶层谋私利的政策工具。

当前，我国税收制度处于深化改革的关键时期，即改革的“深水区”。无论是关系到中央和地方财力分配的“分税制”深化改革，还是房地产税制、环境保护税制、所得税制等具体税种的设计和改革，都会涉及不同利益阶层的核心利益。从公共政策博弈角度看，政府和各利益阶层以及各利益阶层之间都不可避免地会进行为争取各自最大利益而进行的博弈。

笔者认为：政府为保证税收制度改革能够深入，需要注意以下几点。

a. 政府必须完善相应的博弈规则，既要避免某些特权阶层利用博弈规则的漏洞，将税制改革变为谋取阶层私利的政策工具，也要避免博弈各方走向非合作博弈的“社会悲剧”深渊。

b. 税收制度改革必须在各方利益诉求之间找到一个为各方所接受的利益妥协点，尽可能减少来自博弈各方的阻力。

c. 税收制度改革需要在立足我国当前社会现实的基础上，吸收古今中外税收制度的精华，既有利于社会经济各项事业的当前发展，还能照顾到未来社会发展的需要。

d. 威权不是保证税制改革成功推行的绝对“良方”，政府威信和公信力才更为重要。

②在公共政策的制定与执行中，会不可避免地存在各种博弈，政府应充分利用博弈策略，寻求各方利益的最优化。

不仅仅是税收制度改革中存在着多方博弈，在其他的公共政策制定与执行中也会不可避免地存在多方博弈。政府指导公共政策制定与执行的理念和思路应该多元化，合理吸收“主人—公仆”理论、委托代理理论、企业家型政府理论以及公共政策博弈论中的精华，既要讲原则，也要讲策略，尽可能减少来自各方利益阶层的阻力，提高政府治理的效率。1920 年北洋政府与商会之间关于开征所得税的博弈历史，给我国当前公共政策制定与执行提供的启示主要包括：

a. 一个受到各利益阶层尊重和信服的中央政府，其权威和公信力是政府与民众进行合作博弈的重要保障。政府公信力受到质疑，权威低下，又无完善的法制体系，容易诱发民众在博弈中采取非合作博弈策略。

b. 公信力强和有权威的政府不是威权政府，依靠专制和武力无法获得民众长期拥护，政府赢得民心的关键还在于保护各利益阶层的利益，而不是只考虑政府私利。

c. 政府与民众之间关于公共政策制定与执行的博弈是典型的重复博弈，不要为了一次或一时的私利，而将博弈推向非合作博弈的深渊。

1.2 研究思路、研究方法与本书框架

1.2.1 研究思路

本书研究的思路是：以此次官商博弈为核心，由微见著，以小博大，层层挖掘，逐步探寻税制改革下博弈各方寻求利益平衡点的规律性。具体研究思路如图 1－1 所示。

笔者拟通过文献回顾与分析，寻找相关研究的不足之处，确定本书研究的主旨方向；通过收集与分析历史资料，还原所得税筹办过程及当时社会背景，为本书研究界定研究范围和博弈规则；通过模型建立与分析，还原在特定博弈规则下，博弈各方博弈策略的合理性及可行性；根据研究结论，结合我国当前的税制改革，提出可供借鉴的经验与教训。

（1）收集史料，还原此次博弈过程

1920 年北洋政府拟开征所得税时，上海总商会、吉林总商会、江苏省商会联合会、甘肃总商会、汉口总商会等各地商会，以及江苏省议会、吉林省议会、浙江省议会等省议会，纷纷发表通电反对中央政府开征所得税。尽管世界各地政府开征新税时，都会或多或少、或明或暗地受到利益团体的反对和阻挠，但如此大规模公开反对开征所得税的举动，在中外税收史上十分罕见。本人拟通过查阅北洋政府政府档案、商会档案、报纸传媒以及学者文献等史料，还原此次博弈过程。

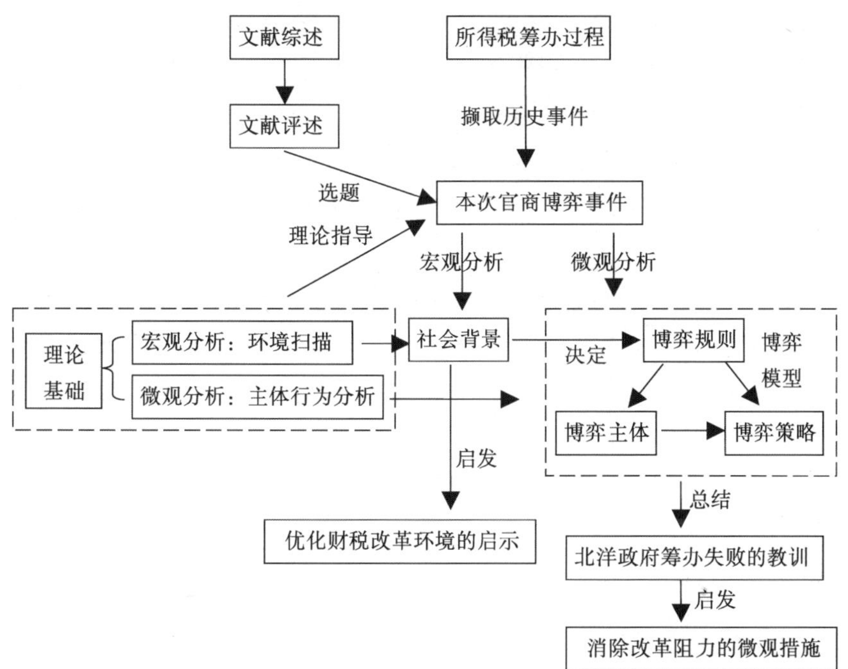

图1－1 本书研究思路

（2）构建宏微观研究框架，指导本书研究

财税改革过程顺利与否，既受宏观环境因素制约，又受改革过程中各利益集团的行为决策影响。财税改革的宏观环境因素包括政治（Politics）、经济（Economics）、社会（Society）、思想（Ideology）、技术（Technology）、制度（Institutions）等诸多客观因素，可以采用PESITI环境扫描法，研究如何优化财税改革环境与制度。财税改革实质上是既得利益再分配过程，各方利益集团会为此展开多方博弈行为，可以采用博弈模型研究利益集团行为，研究如何削弱或减少改革中的阻力问题。

（3）还原社会背景及政治经济现实，构建博弈战略

各地商会和各省议会是在什么样的社会背景下公开反对北洋政府开征所得税的？历史研究中的社会背景，应该是博弈战略的重要组成部分。笔者需要收集相关史料，还原1920年前后北洋政府的财政收支状况以及社会发展现实，勾画出此次博弈的基本社会背景，为这次历史事件中的官商博弈勾勒出大致的博弈战略。

（4）构建博弈模型，研究各方博弈策略

1920 年北洋政府开征所得税时，与各地商会的博弈属于动态博弈。在博弈中，北洋政府和各地商会对对方博弈策略的信息掌握是不对等的，属于典型的不完全信息博弈。在这样的博弈类型中，各方如何充分利用博弈规则和博弈策略，做出行动决策并实现各自的利益诉求呢？这需要构建一个能够适用于分析此次博弈的理论模型，借助理论模型对政府与商会的决策过程进行分析。

（5）以史为镜，为当前税制改革提出政策建议

以史为镜，借古鉴今。历史研究的一个重要目的就是为当前社会经济发展提供参考。借助于博弈论研究方法对这次历史事件的研究，最终是为我国当前的税制改革提供有价值的参考。任何时候的税制改革都是一次社会资源的再分配过程，必然会招致诸多集团的博弈。认识和研究这些集团的博弈目的、博弈策略以及博弈规则，减少税制改革过程中的阻力和曲折，为顺利推动税制改革提供政策建议，是本书的重要研究目的。

1.2.2 研究方法

本书以博弈论作为理论基础，运用定性与定量相结合的方法对民国开办所得税进程中的历史事件——1920 年北洋政府开征所得税中的官商博弈进行比较分析，重点从分析博弈的社会背景、策略、经验与教训等方面入手，最终找到对我国当前税制改革的启示。

（1）博弈论

当一个决策主体做出决策前，他需要考虑他的决策会对与他利益相关的主体带来什么样的影响？这些利益相关者会做出什么样的反应或者反制措施？研究这些主体之间是如何做决策并达成均衡的方法，就是博弈论。

博弈论诞生后，迅速成为社会学、经济学、生物学、数学、计算机科学等诸多学科的有效研究工具。为什么博弈论能够被这么多的学科所接纳、应用和发展呢？主要是因为："博弈论不像经济学或政治学等学科的其他分析工具那样，采用不同的、就事论事的框架来对各种具体问题进行分析，……相反，博弈论先提出在原理上适用一切互动的情形的方法，然后再考察这些方法在具体应用上会产生何种结果。"[①] 意思就是说，由于博弈论在原理上

① R J. Aumann, S. Hart. "Handbook of Game Theory with Economic Applications, Volumn 1"［M］. North Holland，1992：12－13.

是适用于一切互动情形的，其分析框架是统一的，所以能够适用于诸多学科。

所得税的产生和发展，同样充满了不同利益主体之间的冲突、斗争、妥协与合作。传统的历史研究方法主要采用历史叙事视角，把所得税产生过程及其主要历史事件按照客观实际进行记载和还原，并没有对特定历史背景下利益主体之间的互动策略及冲突的可能解决方法进行分析和研究。所以，当我们从多种视角来分析这些历史素材时，我们或许能得到很多有价值的、引人深思的研究成果。博弈论作为侧重研究人的微观行为及其决策活动的方法，应用于所得税史研究同样有效。

因此，在本书的研究中，我把博弈论当作重要的研究工具，力图借助博弈论分析清楚 1920 年就开征所得税官商进行博弈时的动机、策略、规则等问题，为当前税制改革提供经验借鉴。

（2）定性与定量相结合的研究方法

传统的历史问题研究方法，是借助于社会学、心理学、政治学等学科知识，进行定性研究。历史中的定性研究，主要是通过对历史资料、考古资料的分析，借助于公理、公认的逻辑分析方法，还原历史事实或者推测历史中的未知片段。20 世纪 60 年代以后，美国历史学会开始倡导运用量化分析方法来研究历史问题，也就是要借助于具体的数量指标来定量分析所研究历史阶段或历史事件的背景和特征。从当前量化历史研究的文献资料来看，量化历史研究所采纳的数据，主要有以下几个来源：一是历史资料中所记载的数量指标，如历史中明确记载的某国某年的人口数量等指标；二是根据历史资料中所记载的其他数字资料来推理所需要的研究资料，如根据某国某年的粮食产量来推测当时的生产总值等指标；三是采取当代的统计学知识，对所研究对象赋予一定的数量指标，如根据历史中记载的某些地区灾害情况，赋予自然天气一定的数量指标，借以研究农业生产与自然天气之间的关联关系。

定性研究与定量研究相结合，才能更全面地阐释历史事件和历史事物。在本书的研究中，民国时期财政收入不足和军费支出日增是政府力主开征所得税的一个主要原因，笔者通过查阅《中华民国财政年鉴》等历史资料，将当时的财政收入情况、军费开支情况等以具体的数字指标表示出来，以求形象展示所得税开征的历史背景问题。

（3）唯物史观与辩证法

马克思唯物辩证法与唯物史观，是指导历史研究的重要科学方法。本书秉承马克思唯物史观与辩证法，从生产力与生产关系、经济基础与上层建筑的辩证发展，研究财税改革的前进趋势。社会生产力的发展决定了资本主义生产关系取代封建制生产关系的必然性，所得税制度作为适应并促进资本主义生产关系发展的重要上层建筑之一，必然伴随着中国资本主义生产关系的发展而逐步实施，这是生产力发展的必然要求，任何人和任何集团都无法阻挡所得税制度在中国的推行和实施。利益集团和关键历史人物的决策及博弈行为，可能决定了某次筹办所得税的结果，延缓或加速所得税的推行进程，但并不能阻挡所得税最终推行的历史潮流和必然性。

（4）其他学科理论和方法

研究财税改革中当事人的行为，离不开行为科学理论的指导。权变行为科学理论强调，人的行为不仅受其动机驱使，也会根据社会环境因素的改变而做出调整。因此，在研究本次官商博弈事件中，必须重视研究北洋政府、各地商会、各省议会等博弈主体的利益诉求和博弈动机；重视研究当时的社会、政治、经济、文化等各方面环境因素，他们构成了本次博弈的博弈规则，会影响博弈主体的决策及行为。

在战略管理中，在研究企业所处的宏观环境因素时，会采用 PESTE 分析法，即对影响企业的宏观政治、经济、社会、技术和生态等因素进行逐项扫描和分析，判定它们会对企业发展带来何种影响。在财税改革的研究中，同样应该扫描这些宏观环境因素，判定他们对财税改革过程会带来何种影响。因此，我们还要借鉴战略管理中的环境分析法，指导研究财税改革的环境因素分析。

财政是兼有经济学、政治学、社会学、管理学等诸多学科特点的交叉性学科，决定了在研究财政改革问题时，我们需要兼顾和融合各学科研究方法和理论，从不同角度阐释财税改革的各方面规律。因此，本书还需要借鉴政治学、社会学等相关学科的研究方法。

1.2.3 本书框架

本书研究框架如图 1 -2 所示。

本书计划在梳理文献和史料的基础上，将晚清民国所得税筹办过程进行全程扫描，研判筹办过程的前进趋势和曲折性。提出财税改革宏微观研究的理论基础与框架体系，通过对社会、政治、经济、文化、思想等诸多宏观环境因素的分析，指出在中国推行所得税制度的历史必然性是不可逆的，但在推行过程中也存在曲折和反复。选取1920年北洋政府筹办所得税中的官商博弈事件作为样本，研究既得利益集团及关键历史人物的行为如何影响所得税开征进程。

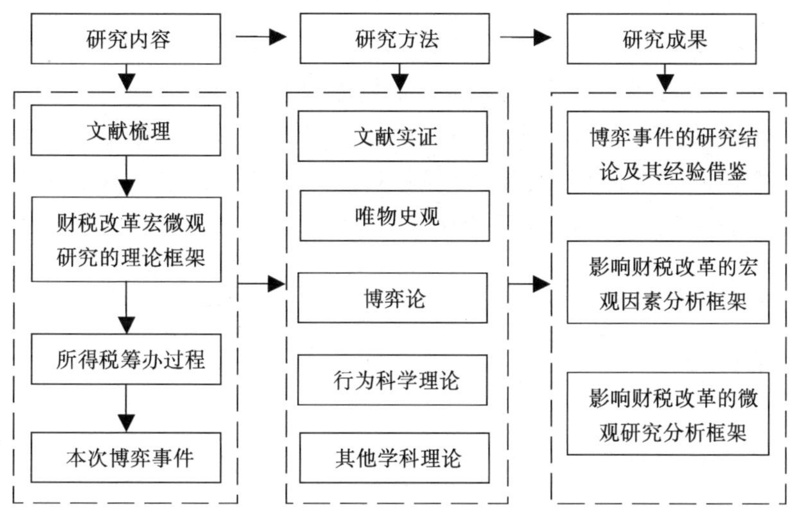

图1-2 本书研究框架

从研究内容看，本书拟在文献梳理的基础上，提出当前财税改革研究中，多数是重视宏观研究忽视微观研究、重视过程研究忽视事件研究、重视制度研究忽视行为研究，为提出财税改革宏微观研究框架提供依据。宏观研究重视对财税改革的背景因素进行分析，包括政治、经济、社会、文化、思想、制度及技术等各方面，从而提炼财税改革的动机、过程及其影响等方面的规律总结；微观研究重视财税改革过程中历史事件的研究，通过事件分析改革的利益集团及当事人的行为，折射和挖掘深层次的问题。

所得税在中华大地的筹办过程充满了曲折和不确定性，从曲折的筹办过程中，笔者抽取本次博弈事件作为典型事件进行深度分析，借助博弈论方法对北洋政府、各地商会、地方议会等利益集团的行为进行研究，一方面想总结利益集团在财税改革行为方面的规律，另一方面想揭示环境因素如何借助于利益集团的行为影响财税改革过程的规律。

1.3 研究难点、创新与不足

采用博弈论方法对中国所得税史中的某一历史事件进行研究和分析，将研究深入到当事人行为层面，探讨建立财税改革宏观分析和微观分析框架，在国内税收史的研究中尚未有先例。对本书来讲，不仅仅是意味着创新，同时也意味着前所未有的困难。创新与困难是一对孪生兄弟，有困难才可能会激发创新，坚持创新就可以克服困难。

1.3.1 研究难点

本书的研究难点主要体现在历史资料的收集与整理、跨学科理论的整合与创新等方面。

（1）历史资料的收集与整理

北洋政府统治时期虽然距今不足百年，但由于彼时中国军阀割据、战乱频繁，导致很多历史资料被销毁或者丢失。另外，当时政府进行官方统计的意识比较薄弱，统计技术也比较落后，使得很多历史数据无从考证。这些都造成了本书研究的历史资料收集与整理方面的困难。

本书研究中，目前能够使用到的历史资料主要包括：①中华民国财政年鉴。但中华民国财政年鉴是由南京国民政府主持编纂的，其中涉及北洋政府时期的数据也很有限，而且不全面。②档案馆所珍藏的民国时期的各项历史资料，包括彼时各部的档案资料、商会档案资料等。这些资料也仅仅限于一些被保存下来的政府文件及函件。③《申报》等媒体发布的历史资料，包括所得税政策、财政收支数据等，这些资料都是片段式的资料，不成体系。④当时学者出版的一些著作和论文，这些著作和论文以分析当时的政府政策以及作者本人的观点为多。

如何把这些资料收集起来，能够成体系地联系起来，还原出当时的财政收支情况及社会背景资料，是一项繁杂的工作，成为本书研究的第一项难题。

（2）跨学科理论的整合

博弈论自诞生以来，成为诸多学科研究的重要方法。但目前博弈论以应用于数学、经济学和社会学领域的居多，应用于历史事件研究尤其是所得税史研究的范例还比较少。如何把博弈论、比较研究法整合起来，应用到所得税史官商博弈事件研究中，是一个新课题。前面也述及，本书所研究的这次官商博弈事件与其他官商博弈事件有显著不同，尤其是政府居于非占优地位。如何能够创新地把博弈论应用到这个事件的研究中，也是本书的一个重大难题。此外，将财税改革过程的曲折性归结为当事人的行为层面，建立财税改革的宏观分析和微观分析框架，无先例可循，也属于当前研究的一个难点。

1.3.2　研究创新点

本书的研究创新点主要体现在选题题材新颖、创新研究方法等方面。

（1）选题的创新性

本书选取民国开征所得税中的一个典型历史事件进行剖析，研究各方博弈策略，由微见著，以小博大，反映所得税开征过程中各方利益平衡问题。从选题角度看，具有一定的创新性。

（2）研究方法的创新性

博弈论多应用于经济学、社会学甚至生物学研究，但在国内所得税史的研究中，还尚未有应用博弈论研究方法的先例。本书选择博弈论角度研究民国所得税史，引入博弈模型，将微观主体之间的博弈策略列为影响民国创办所得税的重要影响因素，从研究方法角度看，也具有一定的创新性。

（3）研究范式的创新

将财税改革的研究分为宏观层面和微观层面，对宏观层面采取环境扫描分析法，探讨影响财税改革进程的政治、经济、社会、文化及制度等因素；对微观层面采用博弈论分析，研究当事人的决策及行为。这种研究范式，在财税改革研究中尚无先例，也属于本书创新之处。

1.3.3　研究不足

（1）史料收集还有欠缺

本书研究过程中，笔者多次到国家图书馆、第一历史档案馆、第二历史档案馆、国家图书馆古籍馆、中央财经大学图书馆等许多图书档案机构进行资料检阅与收集，并借助于互联网收集《清史稿》《清实录》《北洋政府公报》《清代档案史料丛编》《民国档案资料汇编》等诸多档案资料，但由于第一历史档案馆中关于清代户部和度支部的档案正处于数字化处理阶段，暂未对外开放查阅，一些重要的史料仍未得到。再如，各地商会在本次官商博弈事件中，多次召开会议，讨论如何协同行动共同向政府施压，要求政府取消开征所得税的决定。然而对现有一些商会档案资料的查询中，并未有发现关于这些会议情况的更详细的记录。

受制于这些资料的缺失，本书在分析博弈事件发展过程时，更多的是依赖《申报》中所刊发的相关新闻。以这些新闻为线索，加上能够收集到的史料作为佐证，成为本书研究的主要方法。而这种研究方法，尽管可以将事态发展的大致过程进行描述和展现，但难以从细节上展示各参与人做出决策的过程、目的及其艰难程度。

（2）史料辨析不够准确

尽管多数历史资料都是本着客观角度去描述历史事实，但一些知名人物的日记、评论、新闻报道及研究资料，难免会掺杂进去主人公的主观态度，这就使得史料的客观性大打折扣。更重要的是，有一些史料观点出现歧义，增加了对史料观点辨析的难度。

历史事件的研究，重在获得客观、公正、尊重史实的资料，若获得的历史资料存在着立场倾向性，则难免会在研究中出现偏差，甚至背离客观事实。受制于作者研究水平，作者对一些史料观点立场倾向性的判断可能会出现失误，这有可能导致本书研究中的某些观点不太客观。

（3）模型构建比较简单

作者在研究过程中发现，双方通过重复博弈能够基本上将双方信息补充完整，也就是说重复博弈导致了信息递增，由不完全信息状态逐渐演变为接近完全信息状态，最终在最后一场博弈中成为完全信息博弈。在此基础上，笔者构建了信息递增的动态博弈模型。但该模型仍比较简单，尤其是对虚拟参与人“自然”如何通过双方博弈策略的比较来赋予各自成功几率的机制研究不够清晰透彻。在博弈论中，不完全信息动态博弈模型中对这类概率的确定是完全外生的；而本书模型中，笔者试图阐述双方博弈策略如何借助于概率的改变来影响博弈结果，实质上概率的确定已经有了内生决定的因素。而受制于作者研究水平，无法将这一内生决定因素进行更清晰透彻的描述，所以只能对其进行模糊化处理，仍由外生的虚拟参与人“自然”来比较双方博弈策略的高低，从而决定成功几率的高低。

第 2 章

文献综述

现代意义上的所得税最早起源于英国，由于其具有按纳税人负担能力课税、对国家经济发展直接干扰较小等特点，迅速被西方国家借鉴并采纳。至 1926 年，欧洲有 40 个国家开征了所得税，亚洲有 32 个国家开征了所得税，美洲的大部分国家也都开征了所得税。[①] 各国开征所得税的时间如表 2－1 所示。

表 2－1　　各国开征所得税时间表

国名	年份	国名	年份
英国	1798	匈牙利	1909
瑞士	1840	法国	1914
美国	1862	捷克斯洛伐克	1914
意国	1864	俄国	1916
塞尔维亚	1884	希腊	1919
南澳大利	188 口	卢森堡	1919
日本	1887	比利时	1919
新西兰	1891	德国	1920
荷兰	1893	保加利亚	1920
基斯马尼亚	1894	波兰	1920
奥国	1896	巴西	1922
西班牙	1900	罗马尼亚	1922

资料来源：张志樑．《所得税暂行条例详解》［M］．上海：商务印书馆，1937：5—6.

研究所得税在各国的开征历史，不难发现：所得税开征过程中始终伴随着不同利益集团的博弈。战争时期，为筹集军费及弥补国用不足，政府与民

① 曾耀辉．民国时期所得税制研究［D］．南昌：江西财经大学，2012.

众之间会达成利益妥协，开征战时所得税。一旦战争停止，由于税收的刚性，政府往往不愿意立即停止征收所得税，于是民众会通过议员、国会以及社会舆论等渠道与政府进行博弈，迫使政府停止征收所得税。所得税的时兴时废，实际上就是政府与民众在不同时期不同历史条件下进行博弈的结果。

研究民国所得税开征中的官商博弈，当前相关的文献并不多。但是关于民国所得税史、税收博弈以及有关研究某些历史博弈事件的文献，对笔者的研究还是有很多可借鉴和参考的价值。因此，笔者从民国所得税史、税收博弈和历史博弈等三方面文献进行阐述，以寻求本书研究的立论支点和创新之处。

2.1 民国所得税史的研究文献

学术界对中国所得税筹办及开征历史的研究，并不太多，主要集中于两个时间段：第一，民国创办所得税时期，这一时期国内学者对所得税的研究主要集中于介绍西方所得税理论，并探讨中国开办所得税的可能性、方法及其开办措施；第二，改革开放至当前，这一时期国内学术界研究的主要焦点为回顾中国所得税创办史，纪念意义较为浓厚。

2.1.1 民国时期国内外研究民国所得税的文献综述

国外研究所得税的文献很多，然而专门研究民国所得税尤其是北洋政府筹办所得税的论著却不多，但也有一些研究清朝财政和赋税问题的文献中，涉及当时的财政状况，对我们认识当时财政与赋税关系有很重要的帮助。1897年，英国驻上海总领事哲美森出版了中文版《中国度支考》，对清光绪年间的财政收支情况进行了统计研究，该著作被视为国外学者研究中国财政问题的最早文献。1898年，日本财政专家松岗忠美发表《论清国财政改革之急务》，认为清政府财政亏空严重，财政监督制度形同虚设，改革迫在眉睫，并提出中国财政改革可仿照日本财政模式。

而清末民初时期，国内学者则致力于引进和介绍西方财政著作和所得税著作，为启蒙国人认识和了解西方财税理论做出了积极贡献。以《民国图书总目录》中列出的财政方面书籍情况来看，译自国外财政学者的著作共计70部，从原作者国籍来看分别来自日本、美国、英国、德国、苏联等7

个国家，另外有2名作者国籍不详。如表2－2所示。

表2－2 民国时期财政译著统计表（按原著作者国籍分）

国籍	日本	美国	德国	英国	法国	印度	苏联	不明国籍
数量	33	18	4	8	1	1	3	2
备注	1937年之前为29部	1937年前为15部	均为1937年前	1937年前3部			1937年前为1部	

数据来源：北京图书馆编写组．民国时期图书总目录［M］．北京：北京图书馆，1998.

从民国时期财政图书内容所涉及的国别来看，分别涉及日本、美国、英国、法国、意大利、苏联（含俄国）、德国等14个国家。在1937年之前，国内学者引进日本学者的财政著作数量最多，达到33部；而到1937年之后，由于中日战争关系，国内学者引进日本学者财政著作的数量锐减。从这些统计数据来看，民国时期许多学者和出版机构积极引进各国财政著作，广泛研究各国财政制度与财政实务，以寻求解决和改革我国财政问题的有效良方。西方财政思想的引入和其他国家财政制度的引进，对普及所得税思想和建立所得税制度奠定了思想基础。

早在1902年，《中国财政改革私案》（梁启超，1902）即认为：所得税应该成为将来中国新增的税目，并指出“财政学家皆以此为最良之税则，各国皆行之，将来我国亦当采行。惟现在情形尚办不到”。① 至于为什么所得税在当时中国尚无法开征，梁启超没有进行论述。但是，当时一些学者曾从中国人缺乏赋税权利思想的角度，讨论了所得税不能在中国开征的原因。中国人自古没有赋税权利思想，单纯认为向政府纳税是人民应尽职责，政府如何开支是政府事情，与己无关（君武，1903）。正是因为国人的赋税权利思想淡薄，当时一些改良派与“睁眼看世界”的仁人志士开始引入和传播西方赋税思想及理论，以期唤醒国人赋税权利意识。君武还介绍了北美革命和欧罗巴革命均是起于人民的赋税权利思想，人民为争取赋税权利而反对暴征急敛。② 欧洲人出于赋税权利意识纳税，自然重视对政府开支的监督和控制；而中国人出于赋税义务思想纳税，历代中国先贤只是要求轻征薄敛，从未提及要求赋税权利（雨尘子，1903）。“然欧人之纳税者，皆出于权利思

① 梁启超．中国财政改革私案［C］．饮冰室合集文集之八，上海：中华书局，1989：13.

② 君武．论赋税［N］．新民丛报汇编，新民丛报，1903：227.

想。中国则出于义务思想。欧人不出代议士则不纳税，苟有代议士，虽租税过重亦不之怨。中国则既无代议士之欲望，亦不欲履行租税之义务”，[①] 正是这种纳税思想上的差别所在，中国政府在征税时往往不征求人民同意，而人民也想当然地认为就应该为政府纳税，从未考虑将政府保护人民权益与纳税相结合。这些先贤们对国人赋税思想的分析，引发了后来者介绍和引入西方赋税理论与民权意识的热潮。

从 20 世纪 20 年代开始，国内学者开始陆续引入西方学者的所得税著作，系统介绍西方所得税思想及制度，并尝试分析中国所得税问题。在当时国内较为流行的国外所得税著作包括美国著名学者塞利格曼（Seligman, E. R. A）的《所得税论》[②] 和日本学者汐见三郎的《各国所得税制度论》。[③] 国内学者翻译引入的这些西方著作，重点介绍了西方各国的所得税开征历史及其制度变迁，主要包括英国、美国、德国和法国等国（王官彦，王官鼎，1921），也有论述意大利、俄罗斯和日本等国的著作（宁柏青，1936）。还有一些引进的著作，侧重于介绍各国所得税课征标准、差别待遇、免税，以及分级课税等制度性问题（杜俊东，1933）。但是，通过研读这些著作的译本，笔者发现：国内学者在翻译这些著作时，不只是简单翻译原著，还要根据翻译者的理解和认识，在原著的后面补充上对中国所得税问题的研究观点与看法。因此，应该被看作是研究性译著。这些西方学者的著作，不仅详细介绍了西方各国所得税制度的历史与现状，还对各国不同时期的所得税制度进行了比较分析，详细勾勒出了各国所得税制度变迁路径，有助于当时国人认识西方各国所得税制度变革。

除了学者引进国外所得税著作介绍西方所得税制度外，一些留学国外的学者也纷纷自己出版著作介绍西方所得税制度。国内学者所著所得税著作比较流行的包括《英国所得税论》（金国宝，1924）、《所得税》（王炳勋，鲍成麟，1936）、《所得税》（吴广治，1936）、《所得税原理及实务》（潘序伦，李文杰，1937）等。这些学者多数都在国外留学，其留学时接触和学习了所得税知识，回国后通过撰写著作的方式，将所得税思想及制度传递给更多的国人。在这些著作中，既包括外国所得税开办历史的内容，也有包括外

---

① 雨尘子．近世欧人之三代主义［N］．新民丛报汇编，新民丛报，1903：205—208.

② 该书在国内有两种译本，另一个是由王官彦、王官鼎译，1921 年中华经济学社出版的译本；另一个是由杜俊东译，1933 年商务印书馆出版的译本——笔者注。

③ 该书的中文译本是由宁柏青译，1936 年商务印书馆出版。

国所得税制度的内容。如《英国所得税论》（金国宝，1924）专门介绍了英国所得税开征历史及实施情况，它侧重于详细介绍在第一次世界大战期间及战后英国所得税改革措施及实施制度，对指导抗战时期及战后所得税改革有着重要的借鉴意义。而《所得税》（吴广治，1936）可能是国内学者首次对奥地利、瑞士等国家所得税制度进行介绍和研究，虽然篇幅不长，但令人耳目一新。

20世纪30年代，国内学者开始对所得税在国外能开征成功的原因进行分析和总结，并反思国内屡次筹办失败的深层次原因。所得税在其他国家能够成功开征，并成为各国主要税种，主要还是因为所得税有着显著的优势：（1）公平普遍征收；（2）以人民纳税能力为依据；（3）对富裕阶级课税，取于民而不病民；（4）能限制资本；（5）所得税收入有保障（吴广治，1936）。而所得税在国内屡次筹办失败，则和中国社会环境及社会性质有关。当时国内学者总结的主要原因包括：（1）时代环境的限制；（2）中央政令不易推行；（3）外国势力的阻梗；（4）政府缺乏开征所得税的坚定决心；（5）国内设计所得税制度本身存在缺陷（胡毓杰，1937）。

事实上，民国能够最终成功推行所得税，与清末及民国时期诸多学者积极介绍和引进西方所得税思想及欧美诸国所得税制度密不可分。其一，这些思想和制度的引进，向国人普及了所得税思想及理念，奠定了推行所得税的社会思想基础。“近代人民思想之进步，国家观念之增加，对于所得税之推行，利益甚大”。其二，西方所得税制度的介绍和引进，为民国所得税开征及其改革，提供了可资借鉴的经验，指明了改革的方向。民国所得税由分类所得课征制度逐步转向分类综合所得课征制度，与当时欧美国家所得税制度改革方向一致。其三，民国所得税制度的各要素中，有很多是采纳了当时西方所得税制度要素，比如，课征范围、税率、征收制度等设计，均有西方所得税制度的影子。

2.1.2　改革开放后国内学者对民国所得税史的研究

新中国成立至改革开放前，由于意识形态限制等因素制约，现有文献中鲜有对所得税筹办历史的研究。改革开放后，尤其是自建立社会主义市场经济体制以来，税收成为影响经济社会生活的重要因素，成为政府财政收入的主要来源和调控经济发展节奏的重要手段。国内学界对所得税研究日趋活跃。然而对民国所得税史的研究还是十分缺乏。数量极少的民国所得税史研究文献，主要侧重于以下几个方面：一是对中国所得税筹办过程的概括与分析；二是从法学视角解读民国所得税制度；三是对税权参与意识视角解读某些历史事件。

从 1910 年清末制定《所得税章程》草案，所得税在中国走过了百年历程。中国官方最早的所得税文献——清政府《所得税章程》草案，以及作为中国最早的所得税法律的袁世凯政府《所得税条例》，在中国所得税历史上占有举足轻重的地位。二者相比较，《所得税条例》在纳税人、税率、税额计算、征收管理规定等方面均有较多修改和完善（刘佐，2010）。南京国民政府于 1936 年从税率、核算办法及征收办法方面修订了袁世凯政府《所得税条例》，颁布为《所得税暂行条例》，并于 1937 年成功开征所得税；1943 年进一步修订《所得税暂行条例》为《所得税法》（刘佐，2010）。

曾耀辉（2012）也指出：南京国民政府能够成功开办所得税的重要因素，主要包括：（1）具备了举办所得税的基本经济基础；（2）政局相对统一并较稳定；（3）举办所得税的社会环境逐渐变好；（4）适应财政和战费的需要；（5）相应的推行措施简便易行。民国所得税创办历史为现代所得税制改革提供了较好的现代启示，即：（1）坚持发展理念，优化和改进当代税制；（2）依法治税，保护民众基本权益；（3）推进信息管税，提高征管水平。曾耀辉在 2014 年再撰文，认为：南京国民政府成功开征所得税后，根据国内政治、经济形势变化不断修改和优化所得税法，保证了所得税能够在政治经济局势变化较快的情况下被保留下来。然而，这些经验教训都只是提到：政府应该顺应时势潮流、高层重视、布局先易后难等问题，还没有具体到微观主体的行为决策及其互动等方面的研究。此外，李胜良（2014）、张力（2013）和胡松（2009）也各自在其著作中或多或少地对民国时期所得税开办历史进行过简单的阐述。

民国筹办推行所得税的过程中，有许多学者曾提出过诸多创办设想及推进措施，在中国所得税思想史上留下了光辉灿烂的篇章（夏国祥，2013）。比如，在所得税创办过程中，熊希龄主张先从有价证券及公俸入手薄征，不在于收入多少，意在养成纳税义务观念；马寅初在所得税征收方法上，主张采取溯源法，既简单又可杜绝隐匿收入；徐沧水等学者则对所得税条例修改提出过不同的主张。不过，这些学者多是把所得税作为近代税制改革中的一种税，简要论述自己的思想与主张，并不是作为专题进行深入细致的研究，研究的成果还不成系统、不够深入。

依法纳税，是立宪国家人民“税权意识”的重要体现。民国筹办所得税伊始，就重视所得税法制建设（胡芳，2010），从民国3年颁布《所得税条例》，到民国26年国民政府成功开征所得税，所得税的每一次筹办都伴随着所得税相关法律和制度的变更。北洋政府和南京国民政府初期筹办所得税时，所得税法律中都没有关于减免家庭扶养者税收负担的相关规定。到1946年国民政府重修所得税法时，才考虑了纳税人家庭亲情及扶养负担，明确规定了详细的家庭扶养者减免税收负担的规定，这是所得税法顺应中国重视亲属伦理关系的一大改进（赵元成，胡荣明，2014）。赵元成与胡荣明在分析了民国时期所得税法中关于亲属伦理关系相关规定的变化后，提出了我国现行个人所得税法依旧忽略了家庭亲属伦理关系，需要借鉴民国所得税法完善的经验教训，及早解决现行所得税法中的问题。

所得税源自英国，英国人历来重视税权意识，“无出代议士不纳税”即是立宪国家民众税权参与意识的生动描述。北洋政府时期商会与各省议会反对政府开征所得税，南京国民政府时期商会也曾与立法院就所得税问题进行积极交涉，这些都反映了中国民众在筹办所得税中的税权参与意识（魏文享，2015）。魏文享还进一步认为，较之于抗税的成败，政府、纳税人的税权表达机制及互动方式，更能直接影响所得税的开征问题。

从上述研究文献我们可以看出：第一，当前我国学术界对民国所得税的研究，多数还是侧重于对南京国民政府所得税创办史即创办过程的研究，对北洋政府时期所得税筹办、创办及改革的经验教训的研究还不多，不够深入。第二，对民国所得税研究的角度还比较单一，都是从记述或回顾所得税创办过程的角度进行总结研究，没有涉及从博弈论角度对民国所得税进行研究的文献。第三，当前研究侧重从宏观记述历史的角度研究民国所得税，对民国所得税创办过程中的某些历史事件进行系统研究的文献还不多。第四，缺乏从博弈论角度研究所得税筹办历史，更没有将所得税筹办中的曲折性归结为当事人的行为决策及互动行为的研究文献。

2.2　税收博弈的研究文献

尽管目前尚没有从博弈论角度研究民国所得税史的文献，但以博弈论视角研究当前所得税的文献数量不少，对笔者研究本次官商博弈事件具有较高的参考价值。税收博弈的研究，主要围绕税收法规制定、征纳双方关系以及税收分配制度等方面开展的，博弈论理论是税收博弈研究的主要方法论。

2.2.1 博弈论思想

在中外璀璨的思想宝库中，博弈思想古已有之。秦与六国的“合纵连横”即是典型博弈思想的代表。博弈思想真正发展成为一门学科，则是在20世纪初期。在二人有限游戏中，如果双方拥有完全信息，且假定游戏中不存在运气成分，则先行者或者后行者必有一方有必胜/必不败的策略（策梅洛，E. Zermelo，1912）。策梅洛定理的证明，应用了数学归纳法，使得博弈论有了形式上的科学研究范式。博弈论也可以应用到经济行为分析中（冯·诺依曼，J. von Neumann；奥斯卡·摩根斯坦，O. Morgenstern，1944）。诺依曼和摩根斯坦由二人零和博弈逐步推理出n个参与人的零和博弈，构建了一般意义上的博弈函数。非零和博弈中也能形成博弈均衡（纳什，John Forbes Nash Jr.，1950）。纳什利用不动点理论证明了N个人的博弈中存在着一般均衡点，使得博弈论一般化有了坚实的科学理论基础。

上述学者的研究均假定了博弈参与人同时行动。然而，现实生活中博弈参与人行动次序有先有后，后行动者可以观察到先行动者的决策，并据此调整自己的行动决策。“子博弈精炼纳什均衡”（Subgame Perfect Nash Equilibrium）将动态分析引入到博弈论中，运用逆向归纳法可以实现博弈均衡，解决了动态博弈问题（泽尔滕，R. Seleten，1965）。在博弈中，参与人拥有的信息可能是充分且对称的，也可能是一方参与人对对方信息了解不够充分。纳什等人的研究假定了所有参与人都拥有充分且对称的信息，这些博弈被称为完全信息博弈。“贝叶斯—纳什均衡”（Bayesian - Nash Equilibrium）研究了不完全信息状态下的静态博弈问题，掌握不完全信息的参与人通过预测其他参与人决策与其各自类型之间的关系，依然可以实现博弈均衡（海萨尼，John C. Harsanyi，1962）。参与人拥有信息不完全或不对称，且参与人行动有先后次序之分，这样的博弈属于不完全信息动态博弈。“精炼贝叶斯—纳什均衡”（Perfect Bayesian - Nash Equilibrium）假定每个参与人可以使用贝叶斯法则，通过观察其他参与人的行为来判断他们的类型，博弈的均衡战略依赖于后验概率（富德伯格，Drew Fudenberg；梯若尔，Jean Tirole，1992）。

博弈论不仅应用于经济学研究，在社会学研究中的应用也很广泛。社会是个体之间具有互动行为和相互依赖的群体，一个人在做决策的时候，不仅要考虑自己有什么选择，还要考虑别人有什么选择，因此，社会上无时无刻不存在博弈。社会的最基本问题有两个：一个是协调问题，一个是合作问题。作为理性的个体，我们每个人都有自己的利益，都有自己的选择，这是天性使然。然而，社会只有在人们的合作中才能进步，只有合作才能共赢，这就是社会的集体理性。集体理性和个体理性之间会存在冲突，这就是所谓的“囚徒困境”（张维迎，2013）。

2.2.2 税收征纳博弈的研究文献

税收作为社会和经济生活的重要组成部分，征税问题成为公共政策制定和执行的重要内容，在其制度设计及征收中，同样也存在着博弈。税收博弈是税收征纳双方基于税收关系中的一系列经济利益取舍，而在相互作用过程中发生的决策分析及均衡问题（那力，臧韬，2008）。那力和臧韬的关于税收博弈的观点还是有点狭窄了，税收博弈不仅仅只存在于税收征纳双方之间，而是存在于所有与税收有关的利益群体之间，比如税收立法中的立法机关与政府部门之间的立法博弈，税收收入分配中的中央政府与地方政府之间分配博弈，纳税代理人与纳税人之间的委托代理博弈，等等。

税收博弈的文献多数集中于税收征纳双方的博弈。税收征纳双方博弈文献研究的焦点是关于逃税问题，很少涉及关于税收征纳双方如何就税收制度设计进行博弈的内容。对税收征纳双方博弈的研究，最早是采用逃税模型（Allingham – Sandmo 模型）（阿林厄姆，Michael G. Allingham；桑德姆，Agnar Sandmo，1972）。逃税模型（A – S 模型）假设纳税人是风险厌恶者，以基数效用最大化为目标，边际效用为正、且是递减的，在比例税制下，税务机关会以一定的概率抽查纳税人，对于逃税行为会进行罚款以示处罚。A – S 模型博弈的结果显示，理性的纳税人会意识到他的逃税行为若有一次被发现，他过去的全部行为都会被调查，那么他所受到的处罚会很严厉，因此理性纳税人会避免逃税。逃税是短视纳税人的行为。在假定一系列既定的前提条件下，预期所得最大法模型则分析了个人是如何成为偷逃税影响因素的（斯里尼瓦桑，Srinivasan T.，1973）。A – S 模型和预期所得最大法模型构成了对于偷逃税分析的基本研究框架。

事实上，A – S 模型把纳税人都假设为同一的风险厌恶者，没有考虑到纳税人这一群体内部的多元化情况，属于简单化了税收征纳中的博弈关系。纳税人分为诚实型和非诚实型两类，诚实型的纳税人基本上完全按照税法规定义务进行纳税，而非诚实型纳税人则会考虑逃税问题。基于诚实型纳税人和非诚实型纳税人的特征，政府采用税务稽查方法对纳税人账目进行检查或审计，会影响到纳税人的偷逃税行为（格雷兹，Michael J. Graetz；芮扎姆，Jennifer F. Reinganum；维尔德，Louis L. Wilde，1986）。这个逃税博弈模型深刻分析了非诚实型纳税人的博弈策略问题，为政府治理逃税行为提供了一个新的解决思路。

当很多人认为税制不公平时，媒体和公众或许会宽恕逃税行为，所以社会因素也会影响逃税，社会心理因素会影响纳税人的行动和决策（史密斯，Smith K. W.；肯思，K. A. Kinsey，1987）。纳税人是否遵守税收法律法规，不仅仅只取决于纳税人的自身品德，还取决于税收法规是否完善等因素，这就是“结构性遵从”（皮乔托，Sol Picciotto，2007）。结构性遵从的概念是指：纳税人是否遵守税法，主要取决于税法规定是否具体完善，政府监管是否到位，以及税收征纳双方的博弈。皮乔托认为征纳双方的博弈从技术上和形式上不断被完善，要想继续提升税收遵从，必须从降低税法复杂性、提升税法公开透明度、推广宽松原则等措施入手。

纳税人之所以做出逃税与否的决策，实际上与其对逃税惩罚力度以及逃税所带来的收益预期有关，也就是说，税收征纳双方的博弈关系不是一成不变的，而是一种演化博弈模型（邓力平，安然，2006）。在双方的动态博弈中，纳税人逃税与否，取决于纳税人的预期收益、逃税惩罚力度以及逃税后的预期收益；而税务人员的监管水平则取决于税务人员的预期收益、放弃监管的预期惩罚以及强化监管的预期成本等因素。研究结果显示，在当前的诚信纳税体系建设亟待加强的前提下，维持较高的税务监管力度是必要的。然而对税务人员的绩效考评和责任追究是决定税务人员监管水平的关键，税务部门可以借助现代信息网络技术降低税收监管成本。

前面我们曾提到，逃税模型（A－S模型）假设纳税人是风险厌恶者，并在模型基础上，阿林厄姆和桑德姆推理出逃税是短视行为，理性纳税人是不会逃税的。如果纳税人不是风险厌恶者，而是风险中立者，还会发生逃税行为吗？还存在税收征纳双方的博弈吗？在信息完全条件下税收征纳双方都是风险中立人时，征纳双方围绕“稽查与否”和“是否违法纳税”的问题进行博弈，双方之间依然是存在纳什均衡的（蔡军，2007）。一个社会的稳定与繁荣往往是各利益集团在利益冲突矛盾中互相妥协的结果；税收征纳博弈实质上属于制度博弈，双方博弈策略基本上取决于制度带给双方的利益空间。

完全信息条件下，征纳双方对税收稽查机关是否会稽查，可以做出明确的推断，这消除了博弈中的不确定性，简化了双方参与人做决策的复杂程度。在不完全信息条件下，纳税人无法推断税务稽查机关是否会抽查到自己的纳税情况，他在做出是否逃税的决定时，产生了较大的风险。因此，在不完全信息条件下，为防止纳税人逃税，税务机关一方面要设计最优激励机制，另一方面在保持稽查总量不变的前提下，要加大对可能逃税概率较大纳税人的稽查力度，更多了解这类纳税人的信息，减少信息不对称程度，从而也可以减少逃税概率（张华章，2012）。

纳税人与税务机关的博弈，不仅仅只体现在逃税方面。纳税人也可以根据各地区税收优惠条件不同来选择优惠较多的地区投资建厂，这实际上构成了避税。地方政府吸引投资的竞争和企业所得税为我国中央地方共享税的实际情况，为企业家与地方政府提供了博弈的可能性。企业家从企业自身利益最大化出发，会与分享所得税的地方政府进行博弈，会对企业内部成本在不同地区之间的转移和布局产生影响，这实质上是企业家的一种转让定价避税模式（刘玲玲，刘黎明，2005）。刘玲玲和刘黎明的研究是将税收征纳关系的博弈进行了拓展，使其深入到了纳税筹划的领域，在一定程度上来说是具有创新性的。

2.2.3 税收制度设计中的博弈研究文献

20世纪70年代开始，博弈论被应用于法律和政策制定的研究中，逐步引申到以博弈论视角研究税收制度设计问题。公共政策会涉及不同利益群体的利益，因而在公共政策制定的进程中，各方利益群体始终在进行博弈，从博弈论角度研究公共政策（包含税收政策）有它坚实的现实基础。

公共政策的制定常常会触动不同利益集团的利益，由此引发利益集团之间围绕公共政策制定而展开博弈。“利益集团互动模型”是从博弈论视角研究公共政策制定的典型文献（戴维·杜鲁门，David Truman，1951）。戴维认为国家的政治生活与利益集团内部政治之间的关系密切，利益集团为了实现自己的利益目标，通常通过政治过程来实现。利益集团会通过政治选举、派出利益代言人参与政治生活等手段影响政治，进而实现影响公共政策的目标。所以，戴维认为公共政策的制定过程实际上就是不同利益集团的博弈过程。

戴维的观点可以从美国财政生活中找到很多实例。倘若美国为弥补联邦预算赤字，要提出一项增加税负的政策。那么各参与主体无论是民主党还是共和党，无论是政府还是国会，无论是参议院还是众议院，都希望让对方主动提出加税的动议或议案。因为增税是选民最不喜欢的事情之一，哪个利益群体提出增税，哪个群体就可能失去大批的选民支持。在现实生活中，我们经常会看到美国国会为通过一项政策进行表决时，“驴象之争”成为常态。

事实上，公共政策的执行也是一种博弈，政策执行与否受到最终结果以及拥有不同利益目标的参与人的影响（巴达克，Eugene Bardach，1977）。政策执行过程中存在的政治利益、不确定性以及参与人不同的利益目标，有可能使得政策执行被拖延，使政策不能自动地达到预期效果。尤其是因政策实施而利益有可能受到损害的一方，会采取各种措施反对或拖延政策执行过程，以获取延迟或者减少损害。所以，政府在制定公共政策后，还要重视政策执行过程中的博弈，要尽可能消除反对方拖延或者歪曲政策的执行过程，从而使政策达到预期效果。这样的新视角为后世以博弈论理论研究公共政策过程提供了借鉴。有时候，尽管公众接受了公共政策，但在这项公共政策执行中，不同的博弈参与者会有意识地对政策进行不同的阐释，甚至有些参与者为了实现己方利益而有意识地调整政策执行力度或模式（埃莫森，Emerson；罗纳尔德，Kenneth Ronald，1996）。

税收政策作为公共政策的重要组成部分，税收立法问题也会引起不同利益集团的博弈（周铁军，2011）。周铁军继承了戴维的观点，认为税收立法过程是不同利益集团博弈的过程，大企业和中小企业会在税收优惠政策方面进行博弈，这一博弈是典型的“智猪博弈”，处于弱势的小企业会选择等待大企业争取税收优惠政策，从而能够搭“顺风车”。相近行业之间为争取税收优惠政策的博弈为典型的“猎人博弈”，相近利益行业为实现利益最大化，必须采取合作策略，共同为争取税收优惠政策努力。持此观点的还包括李飞飞（2006）、刘伟忠与张宇（2006）、王永生（2007）等学者。

从不同时期来看，税收法律不断修订和优化，表现为税收制度变迁。税收制度变迁实际上也是各方利益群体博弈的结果（岳树民，冯菱君，2001），当现行税制无法满足其各方利益要求时，就会产生税制非均衡，税收博弈的各方利益群体会提出对现行税制进行优化的要求。因此，政府对什么征税？征多少税？如何征税？不仅仅只取决于政府意志和选择，还取决于纳税人对此的反应和采取的博弈策略。所以，税制变迁实质上是在税收博弈中对税收制度不断优化的结果。岳树民（2004）借助于“囚徒困境”和“囚徒梦想”两个博弈模型，对囚徒之间的偏好和选择做了对比分析，分析结果表明：促使纳税人诚实地依法纳税的关键在于税制设计，政府通过税收制度设计和安排，使纳税人的选择符合政府的意愿。岳树民的研究，对政府完善税收制度设计，提供了新的指导理论和解决思路。

税收立法中的博弈，不仅仅只存在于政府和纳税人等利益团体之间，也存在于中央政府与地方政府之间。为更好解决中央政府与地方政府的财力和支出责任相匹配的问题，“分税制”财政体制将税收分为中央税、地方税以及中央地方共享税。在这样的税权配置体系中，中央政府占据绝对主导优势，地方政府处于劣势地位，但这并不意味着政府甘于在这样的税权配置体系中永远处于弱势地位（白彦锋，2008）。2005 年的个人所得税费用扣除标准的改革中，地方政府则通过积极参与和合作博弈手段，最终促使中央政府修改了个人所得税费用扣除标准。因此，在我国中央政府拥有税收立法权的现实基础上，地方政府参与税收立法的意愿和能动性不断增强，中央政府和地方政府的博弈也会提升，中央政府在维护法律权威和税制统一的前提下，适度吸引地方政府参与税收立法的积极性，有助于提升税权配置效率。

从上述的研究文献可以看出，税收博弈可以分为微观和宏观两个层面，征纳双方关于逃税问题的博弈属于微观博弈，税收制度设计的博弈属于宏观博弈。现有研究割裂了两个层面的博弈，很少从微观博弈角度来反映宏观的税收制度设计问题。而税收制度设计仅仅从利益集团的博弈策略角度进行了研究和分析，没有涉及这种博弈和社会背景、博弈规则之间的联系。所以，笔者认为现有税收博弈研究的视角还可以进一步扩展，可以将微观博弈和宏观博弈结合起来，以小博大，以微观博弈为基础来研究宏观博弈问题。

2.3　历史博弈的研究文献

从博弈论视角研究历史问题，是在坚持马克思唯物史观的基础上，找到一把新的读史钥匙。博弈论是研究社会主体相互影响下的理性行为及其规律的，而许多历史事件也可以被解读为在特定历史条件下的各参与人的理性

（或非理性）博弈的结果，这并不违背马克思的唯物史观。因此，博弈论也可以作为研究历史问题的重要理论基石（徐治道，1998）。历史博弈论是在丰富和创新马克思唯物史观的基础上发展起来的，可用于历史事件中针对当事人行为及其决策的研究。徐治道的这一研究，开创了用博弈论理论研究历史问题的新领域。

恩格斯的"历史合力论"阐明了社会历史事件是如何加合单个人意志的，体现了历史决定和历史选择的一致性，历史事件的形成是无数个平行四边形合力形成的总的结果。而"博弈论"可以对"合力论"进行补充和深化，博弈论的数学分析工具可以代替"平行四边形合力"模型，更形象、更科学地解读诸多个人意志选择最终会加总形成社会历史事件。所以，博弈论是对马克思唯物史观的补充和深化（张践明，2008）。

在利用博弈论研究具体的社会历史事件中，比较典型的文献包括以下几篇，对笔者的研究有较大的启发意义。

方前移（2010）研究了 20 世纪二三十年代芜湖湖田垦务中的群体博弈事件。随着自然社会环境的变迁，20 世纪 20 年代芜湖地区兴起了围湖造田的热潮，不仅引起了水利和垦务之间的矛盾，还引发了湖民、垦务公司、政府官员、地方政府，甚至中央政府等利益方的博弈。芜湖地区的诸多湖泊对于当地泄洪防涝和保证农田水利方面具有诸多裨益，然而围湖造田对地方水利带来很多危害，引起当地居民激烈反对。但垦务公司勾结政府官员并获得地方政府的支持，使得垦务公司在垦务和水利的博弈中占据优势；在湖滩领垦权的博弈中，垦务公司利用垦务主管机构执行垦荒章程不力的漏洞，选择性执行《安徽省垦荒章程》法律条文，实现自身利益最大化；而部省垦务机构职权不清，部门官员的权力寻租，以及不同部门对垦务纠纷行使不同的策略，则加深了垦务纠纷群体博弈的复杂程度。

邵玮楠和王敦琴（2010）研究了甘肃事变中，甘肃各地方实力派如雷中车、马文车、陈珪章以及杨虎城等各派之间以及地方实力派与中央政府之间的博弈。研究结果认为，在当时的历史条件下，当利益诉求与中央政府发生矛盾时，地方势力为了保护自己的利益，通常会采用如下手段：（1）合纵，联合其他地方势力共同对抗来自中央政府的压力；（2）利用具有一定影响力的政治人物来向中央政府施加压力，同时表达自身的要求；（3）在自身实力尚难以对抗中央时，有意识地让步以换取喘息的时间。[①] 而中央政府为维护中央权威，压制地方异动，会采取如下措施：（1）直接行政监控，由中央任命地方官员，并监督指导地方工作，防止和扼杀地方政府异动倾向；（2）分化和离间为了共同利益而暂时走到一起的地方势力，制造各个击破的机会；（3）军事震慑，当其他手段无效时，中央政府会通过武力解决，保证中央对地方的绝对控制。

冯剑（2011）研究了民国时期天津市小本借贷处成立初期的官商博弈问题。为救济下层社会，彰显地方政府业绩，天津市政府仓促成立小本借贷处。然而小本借贷处缺乏资金，于是政府采取向银行界借款方式筹集资金。政府认为借用银行资金赈济下层社会，属于慈善事业；而天津银行界则认为既然银行借出了资金，且小本借贷处章程中无慈善救济性质的规定，小本借贷处就是商业性质的。双方认识的不同导致了博弈的产生。博弈的结果是银行控制了小本借贷处经济方面的经营和监控，而地方政府树立了良好形象，赢得了救济下层社会的美名，实现了双赢。从这一博弈过程中可以看出，地方政府和地方社会精英之间的关系既有合作也有斗争，但二者关系从根本上说不是对立性质的，良好的博弈规则会很好地处理和协调官商博弈，实现双赢，减少博弈成本和博弈风险。

杜树章和汪彤（2011）以演化博弈论为工具，研究了中国皇权社会的官民博弈和官官博弈问题。研究结果认为，在中国皇权社会，由于缺乏对民众权利的有效保护，所有的“官”都会选择非法加派，而所有的“民”都认可这种非法加派，这是演化稳定策略；而对于官僚集团上下级之间和同级之间的博弈分析表明，所有的“官”都会合谋进行非法加派，这也是演化稳定策略。杜树章和汪彤进一步认为，要解决这些“官场潜规则”，关键在于两点：（1）如何破解“监督监督者”的困境，缺少了社会监督，“监督监督者”的难题就很难从根本上解决；（2）限制政府权力，保护公民权利是有效治理非法加派的必要条件。

张卫东（2007）研究了在唐代土贡制度实施中，中央政府和地方政府的博弈问题。唐代土贡制度是各州县“随乡土所产”的法定贡赋。唐代初期，由于中央政府实力强大，地方政府无法与中央政府进行博弈，于是土贡

---

① 邵玮楠，王敦琴．甘肃事变中地方实力派与中央政府的博弈［J］．历史档案，2010（2）：103—107.

制度得到了严格的执行；但唐代后期军阀战乱，中央政府权威下降，地方官员开始进行权力寻租，土贡制度逐步瓦解。

以上对特定历史事件的博弈分析，对笔者研究1920年民国所得税拟征中的官商博弈有极大的借鉴意义，主要体现在：（1）明确了“见微显著”的研究思路，通过微观历史事件分析社会背景及社会历史条件；（2）明确了不平等主体之间博弈的规则和常用手段；（3）进一步加深了历史博弈论中对博弈规则的关键性认识。

2.4 文献评述

从上述文献综述中，笔者发现如下问题：（1）关于民国所得税的研究主要集中在民国时期和当代改革开放以后两个时间段。民国时期对所得税的研究主要侧重于对西方所得税理论的引入和传播、民国创办所得税的设想与实践等问题的研究；当前对民国所得税的研究，纪念意义多于经验教训的借鉴。因此，对于民国所得税的研究，还有很多新课题要做，系统研究有待深入。（2）当代学术界对民国所得税研究依旧侧重于从创办历史角度研究民国所得税的创办过程，缺乏对民国所得税创办过程中的特殊历史事件的研究。对民国所得税创办过程的研究属于宏观角度研究，对所得税创办中的历史事件研究属于微观角度研究，“见微知著”，历史事件更能从微观角度揭示社会背景对微观主体的影响，从另一个角度诠释历史事件的研究价值。（3）当代学术界研究民国所得税更多侧重经济角度和立法角度，尚无以博弈论角度研究民国所得税史的文献。博弈论研究的是在相互影响和相互依赖的群体中，具有不同利益诉求的参与者如何协调和选择自己的最优决策，从而更好地维护自身利益。民国创办所得税，必然会涉及不同群体的利益，各利益群体之间不可避免地存在着博弈。研究各群体在特定历史背景和特定规则下的博弈策略，对我国当前税制改革尤其是所得税制优化会有很多启发。（4）在传统的公共政策博弈研究中，最基本的假设之一，即是政府处于占优策略。而北洋政府时期各地军阀割据，外国殖民势力深入到各割据军阀内部，全国只在表面形式上达到了统一，但中央政府权威较低，政令难以通行全国。在这样的社会政治背景下，北洋政府与各商会、各省议会的博弈中，实际上处于非占优策略一方，这使得该次官商博弈不同于以往公共政策博弈中的官民博弈问题。（5）在民国创办所得税的过程中，导致所得税创办过程不断延期的原因很多，涉及的博弈参与者也很多。然而，1920 年各地方商会和各省议会却以发表通电的方式明确反对北洋政府开征所得税，这种博弈方式在民国所得税创办历史中显得很特别。现有研究文献尚无涉及这一历史事件，更无从博弈论角度研究这一历史事件的文献。因此，对这个问题的研究或许能带给我们深刻认识北洋政府社会背景及官商利益诉求带来意想不到的收获。

第 3 章 理论基础：财政改革的宏微观研究

财政改革作为社会发展改革的重要组成部分，其发展过程是曲折性前进的。前进趋势受政治、经济、社会、文化、思想及制度等方面因素影响；其曲折性则受制于特定社会背景下的当事人（利益集团）的行为博弈，因为财政改革实质上是既得利益的再分配。

当前对财政改革的研究，存在着四个方面的问题：重视宏观研究，忽视微观研究；重视改革过程研究，忽视历史事件研究；重视制度环境研究，忽视特殊利益集团研究；重视主导改革者的思想研究，忽视民众及参与者的行为研究。唯物辩证法提醒我们，要辩证看待事物的发展。宏观研究能清晰地认识财政改革的必要性及趋势，微观研究能帮助我们认识财政改革的微观“基因”，可以对改革中的历史事件、当事人行为进行深刻的认识和分析。因此，我们不仅要重视财政改革的宏观研究，也要重视财政改革的微观研究；不仅要重视主导改革者的思想研究，也要重视民众及参与者的行为研究。

3.1 财政改革的宏观研究

财政改革的宏观研究是指在以往的学术研究中，学者们重视对财政改革所处的政治、经济、文化、社会、制度等方面的环境因素进行分析和研究，尝试总结财政改革的必然原因、发展趋势、必然结果等规律性知识。常见的研究思路是，学者们通过查阅史料，客观描述这些环境因素中的一种或几种因素，指出这些环境因素的变化，导致已有的财政制度不适应生产力发展要求，财政改革是顺应生产关系适应生产力发展要求的必然选择，财政改革趋势不可逆转，即便是改革间或失败，也是由于环境因素变化程度不够所造成的。笔者认为，宏观环境因素的变化，的确是决定财政改革发展趋势的主要因素，而财政改革间或失败，多数是由于改革中的特殊利益集团博弈行为所决定的。所以，要想更全面认识财政改革，就需要从宏观层面和微观层面两个方面进行深入研究。

3.1.1 宏观研究方法：环境扫描法

影响财政改革发展趋势的宏观环境因素，一般不是一种因素单独决定的，它是多种因素综合作用的结果。我们可以采用环境扫描法，对财政改革的宏观环境进行逐一扫描，总结各种环境因素的变化，刻画财政改革的社会背景变化情况。影响财政改革发展趋势的重要因素一般包括政治（Politics）、经济（Economics）、社会（Society）、思想（Ideology）、技术（Technology）、制度（Institutions）等方面。所以，如果只重点扫描这几方面环境因素时，也可以称之为PESITI因素法（参见图3-1）。

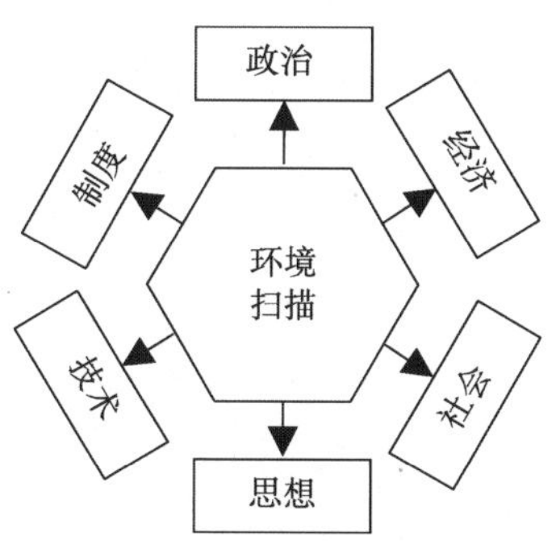

图3-1 PESITI因素法

（1）政治（Politics）

“政治”一词是由“政”和“治”两个字组成，“政”的意思是指超越家庭范畴，事关全社会利益的事务，“治”的一个含义是安定、太平，可以理解为按照符合社会整体利益的原则进行管理，所以“政治”的含义就是事关社会整体利益的管理事务，也就是国家统治或社会治理。政治关系到社会全体成员的利益，并支配社会全体成员的行为。

“财政”意指所理之财关乎全社会利益，也就是为国理财或为天下理财。财政最初是作为政治的重要组成部分而出现在历史舞台上的，或者说，财政出现之初，首要的属性是其政治属性。原始社会末期，氏族内部为了统筹安排氏族事务，出现了职业分工，大多数人依旧参与集体劳动，一部分人则专职于氏族管理，于是需要从集体劳动的成果中，无偿提取一部分用于氏族管理者的日常生活，另提取一部分用于氏族管理（包括但不限于祭祀、战争、氏族之间交往等活动）支出，这就是财政的雏形。一般认为，财政伴随国家产生而产生，是满足国家统治需要而进行的资金筹集与分配活动，其首要属性是政治属性。

财政作为政治的重要组成部分，其机构设置、工作过程、依据与规则等都要受到政治约束和制约。比如，财政支出的安排，首先要体现政府的政治目的与意愿，按照政府所认可或认定的重要次序依次安排财政支出，其程序要严格遵守法律法规所约定的程序，这些都是财政的政治属性表现。政治因素作为构成财政改革的重要环境因素，一旦政治因素发生重大变化，可能会直接影响财政制度和财政活动，从而要求甚至直接推动财政改革。

在扫描政治因素变化时，主要应该关注如下几方面的变化：①执政党及其政治目标与政治取向是否发生变化；②政治议事规则是否发生变化；③执政党及政府行事方式是否发生变化；④是否发生对政治产生重大影响的政治事件；⑤其他重要政治事项的变化，等等。

（2）经济（Economics）

财政活动产生之初，是为实现国家及其统治机关的正常运转筹集和分配资金，这属于以国家为主体的分配活动，体现了财政的经济属性。随着市场经济的发展，财政的经济属性也进一步增强，财政不仅仅是以国家为主体的分配活动，更是成为国家调控经济发展的重要手段。

财政的经济属性主要体现为：①“财”是“财政”的重要属性，是根基，是政府发挥正常职能的重要物质基础。政府运转时所需的资金来源于全社会物质生产和积累的一部分，没有经济发展，就不能为政府提供履行各项职能所需之资金。②“财政”即“理财之政”，“财”成为政府治理的重要工具，无论是财政支出还是财政收入，都会对经济发展产生重要影响。西方主流经济学对此给予过详细而全面的论述，本书不再赘述。③财政活动本身即是重要的经济行为，当代政府采购规模庞大，对全社会物质生产产生重要影响。2015 年，中国政府采购规模达到 21070.5 亿元，占当年 GDP 的 3.1%，[①] 政府采购对全社会经济发展的影响可见一斑。

财政作为经济范畴中重要的活动，不仅其收入规模受制于全社会的经济发展状况，而且其收入、支出、结构调整甚至其政策变化都会影响到全社会经济发展。比如，理性投资者会根据财政政策的变化，预期政府对经济宏观调控政策及导向的变化，从而提前调整自己的行为，进而影响到全社会的投资规模及投资结构，改变社会经济发展状况。

扫描经济因素变化时，应该重点关注以下几个方面：①经济总规模及人均规模的变化；②经济发展阶段及人均可支配收入的变化；③经济发展质量的变化；④经济发展前景预期的变化；⑤财政收支盈余状况的变化；⑥基础设施建设情况的变化；⑦其他经济因素的变化。

（3）社会（Society）

财政也具有社会属性，这是因为：①政府具有经济管理和社会管理的双重职能，政府在履行社会管理职能时，同样需要财政资金的支持，因此，支持政府履行社会管理职能时的财政支出活动需要考虑民生和社会秩序建立。②人民群众是纳税人，为政府履行职能提供资金；同时又是财政资金支持的社会服务的受益者。因此，财政收支活动需要重视人民群众的意愿，重视社会效益。

扫描社会因素时，需要重点关注以下几个方面：①政府介入社会事务的程度；②人民群众对社会秩序及民生的需求程度；③人民群众对各项民生需求重要性和紧迫程度的排序；④全社会教育水平及道德水平；⑤社会治安状况及良好社会秩序建立的意愿；⑥涉及全国民生工程的建设状况；⑦其他社会因素的变化。

（4）思想（Ideology）

思想是在人的意识中，对客观存在进行思维活动所产生的结果。思想可能符合客观存在，也可能会与客观存在产生差异。对财政改革产生影响的思想，是指对社会大众产生重要影响的思想，不特指某个人的思想。比如，认同契约论思想的人，会认为社会与国家之间存在着社会契约，政府应该本着契约精神来行使受托人职责。

---

① 引自《全国政府采购年度规模破 2 万亿大关》，http：//www.caigou2003.com/zhengcaizixun/baozhiwenzhang/2343872.html.

思想影响财政改革的途径主要有以下几种：①选民选举与自己认同或信奉的思想（或价值观念）相同或相近的议员或行政长官，借助于议员或行政长官影响财政改革活动；②执政的政治家借助于宣传媒体将自己的思想（或价值观念）宣传出去，获得多数选民的认可，政治家的思想成为社会上重要的思想之一，从而通过政治家的活动影响到财政改革活动。我们必须认识到，任何成功的财政改革活动，首先都是要尽可能多地凝聚社会上的思想共识，获得民意支持。第一种途径凝聚思想共识的原动力来自于基层百姓，属于以下统上的范畴；第二种途径凝聚思想共识的原动力来自于上层政治家，属于以上统下的范畴。

扫描思想因素时，需要重点关注以下几个方面：①执政党尤其是执掌政权的政治家的思想认识；②普通民众信奉的主流思想认识；③该国的历史上曾经流行过的财政思想及其传承与反思；④国际上各种财政思想对该国的影响程度。

（5）技术（Technology）

这里的技术主要是指经济社会中对财政活动及财政改革产生重大影响的技术。历史上，统计技术、现代会计核算技术及预算技术等新技术发展都曾经促进过财政活动的发展与改革。当前的互联网技术与信息技术的快速发展，催生了金税工程与税银联网，使得税收征纳与税款入库工作发生了翻天覆地的变化；大数据技术、税收数据与工商数据的联网等新技术发展，还将进一步催生税收征纳与监管工作方面的改革。

作为经济社会重要组成部分的财政活动及其财政改革，也受到经济社会发展中重要技术变革的影响。技术影响财政改革的主要途径包括：①技术变革的原理与思想，启发和带动了财政思想的变革；②技术变革，催生了新的财政工具，引发财政活动的变革；③技术变革，催生了财政活动流程的彻底重组，引发财政改革；④技术变革，弥补了财政活动的短板，提升财政活动效率。

扫描技术因素时，需要结合上述四种途径进行考察，重点扫描对财政改革有深远影响的技术因素，并厘清技术革新对财政活动产生何种影响。

（6）制度（Institutions）

在制度经济学中，制度泛指人际交往中各种规则及社会组织的结构和机制，人的行为要受经济社会发展环境的影响，制度也必然影响人的行为。制度不单单指政治制度或经济制度等正式制度，还包括对经济社会发展有重要影响的风俗习惯、潜规则等非正式制度。制度经济学强调，每一种经济制度都是在特定历史条件下发展起来的。财政制度同样是在特定历史条件下发展起来的，并与其所处的经济制度相匹配。

经济制度的变化，会带来财政制度的变革，引发财政改革。回顾我国改革开放以后经济制度建设和财政制度变化历程，我们发现，财政制度改革始终围绕着经济制度建设来开展。20 世纪 80 年代初期，为调动国有企业生产的积极性，增强经济建设的活力，开始实施财政制度方面的“利改税”改革，留一部分利润归国有企业自主配置。20 世纪 90 年代末期，受亚洲金融危机影响，我国外贸企业受到严重冲击，国内经济建设中产业结构不合理、区域发展不平衡等问题凸显，企业停工停产，失业问题严重。经济发展动力不能只单纯依赖出口，还需要启动“扩大内需”发展引擎。政府及时启动积极财政政策，增发国债，扩大基础设施建设投资力度。财政制度受经济制度影响和驱动的规律显而可见。

扫描正式制度因素时，要重点关注当前经济社会发展中制定并仍在实施的各项制度对财政活动的影响，是促进了财政活动效率，还是降低了财政活动效率。对于降低财政活动效率的正式制度，要进行反思，研究如何改革这些制度才能提升财政活动效率。

扫描非正式制度因素时，要关注对财政活动产生重要影响的那些非正式制度，哪些是提升财政活动效率的，哪些是抑制财政活动效率的？能否将提升财政活动效率的非正式制度变更为正式制度？能否通过制定正式制度来消除抑制财政活动效率的非正式制度的影响？

3.1.2　财政改革趋势与宏观研究

马克思主义唯物史观认为，历史发展的最根本原因是社会的经济发展，是生产力和生产关系的辩证发展。研究和回顾任何重大的财政改革，我们发现其历程都并非一帆风顺，财政改革往往要经历若干次反复才能最终取得成功，财政改革历程符合马克思主义唯物史观中的“螺旋式上升”的特点。财政改革趋势是光明的，过程是反复的，这种特点主要是受其外部环境因素所影响。

任何事物的发展是由量变而最终导致质变，由量变到质变并非一蹴而就，它需要一个发展过程，这个过程可能是漫长的，也可能是短暂的。财政改革的宏观环境因素包括政治、经济、社会、思想、技术和制度等诸多方面，这些环境因素自身的发展和变化有快有慢，并非同步变化；这些环境因素之间的关系有统一也有斗争，也需要经过长时期的辩证发展才能统一。财政改革的进程受宏观环境因素制约，也就决定了财政改革过程会存在反复，反复的过程实际上是宏观环境因素由量变到质变的发展过程所决定的。

从本书所研究的晚清和民国开征所得税的历程来看，所得税在我国的开征也经过了数次反复，其实质是开征所得税的外部环境条件由不成熟到逐步成熟的过程。只有开征所得税的经济条件、政治条件、社会条件、思想条件、技术条件和制度条件都成熟了，所得税才可能最终在我国落地、生根和开征。笔者认为：（1）资本主义生产力和生产方式在晚清时期不断发展，最终在民国壮大起来，开征所得税的经济条件最终成熟；（2）清政府灭亡，代表大资本家和官僚资产阶级利益的蒋介石集团执掌民国政权，使得开征所得税的政治条件最终成熟；（3）资产阶级和具有资产阶级倾向的士绅阶层逐步成为晚清民国时期的社会中坚力量，并拥护资本主义生产方式，使得开征所得税的社会条件最终成熟；（4）西方财政思想和所得税思想在中国的不断传播，并逐步被中国大众所认可，使得开征所得税的思想条件最终成熟；（5）现代调查技术、统计技术以及新式会计簿记技术传入中国并被逐步采纳，使得开征所得税的技术条件最终成熟；（6）资本主义工商法规、所得税法规及征收规则等不断完善，使得开征所得税的制度条件最终成熟。

笔者认为，财政改革进程及其趋势，受改革的宏观环境所决定。所以，研究财政改革时，必须扫描改革前后的宏观环境因素，研究这些因素的变化趋势，由此判断财政改革的前进趋势，不管过程如何反复，其最终趋势一定是顺应环境变化的。

3.2 财政改革的微观研究

人是社会、政治、经济等活动中的核心因素，财政改革成功与否，关键还取决于人。马克思主义唯物史观认为，人具有能动作用，既可以顺应环境变化而调整自己的行为，也可能采取行动对抗环境变化（尽管这种对抗最终会失败）。在财政改革过程中，认为改革会损害其利益的既得利益集团必然采取各种手段阻止或延缓改革，认为改革会带来利益的集团会采取各种手段促进或加速改革，因此，我们在研究财政改革时，也必须关注改革过程中各方利益集团的利益诉求、改革主张及其应对行为。笔者将针对财政改革中各利益集团的行为研究，定义为财政改革的微观研究，以与宏观研究相呼应。财政改革的最终趋势受宏观环境影响，但改革过程的曲折性与反复性主要则受各利益集团之间相互行为决策的影响。

3.2.1　财政改革微观研究模型

社会是个体之间具有互动行为和相互依赖的群体，一个人在做决策的时候，不仅要考虑自己有什么选择，还要考虑别人有什么选择。学界主要采用博弈论方法来研究决策具有相互依赖性的的群体的行为。财政本质上是政府凭借政治权力参与社会收入再分配的活动，财政活动会关系到社会中每个人的切身利益，所以财政也会引发博弈。因此，笔者认为，采用博弈论方法研究财政改革中各利益集团的行为决策，建立博弈模型，是微观研究中比较客观和科学的研究方法。

本书所应用的博弈论研究，是在一定的假设基础上所开展的。主要假设包括：（1）博弈主体是理性的，他们为使自身利益最大化而做决策；（2）每个博弈主体被假定为能够基于所处环境做出预期、形成博弈策略；（3）每个博弈主体所掌握的信息是有限的，即具有有限理性的特点。在这些假设基础上，笔者认为财政改革的微观研究模型如图 3－2 所示。

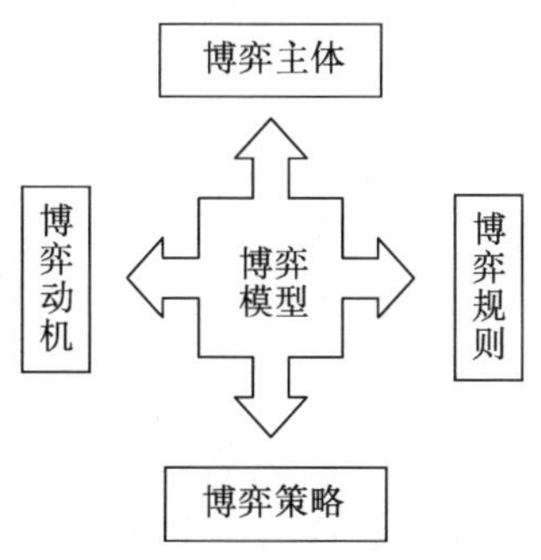

图 3－2　财政改革微观研究博弈模型

财政改革实质上是利益再分配过程，既得利益集团及关键历史人物在特定博弈规则下的行为选择，会影响财政改革的成败及走向。财政改革微观研究的博弈模型包括六个要素：（1）博弈主体；（2）博弈动机；（3）博弈规则；（4）博弈策略；（5）博弈信息；（6）博弈结果。

（1）博弈主体

财政改革可能会损害既得利益集团的既得利益，也可能会促进形成新的既得利益集团，因此，在财政改革中，博弈主体是各利益集团及关键历史人物，他们为实现本集团利益最大化，围绕着财政改革中的利益分配问题展开博弈。博弈主体是博弈模型中最核心、最能动的因素。

作为博弈主体的利益集团，其做出的博弈行为，可能是利益集团内部各主体一致决策的结果，也可能是利益集团内部各主体之间博弈的结果，但不管是哪种情况形成的集团决策行为，都视为利益集团的博弈决策行为。换句话说，我们在研究财政改革中的利益集团博弈行为时，重点考察利益集团整体行为，而不侧重考察集团内部各主体之间的博弈。

（2）博弈动机

行为科学理论强调人的任何行为都是受特定动机支配的。财政改革中各利益集团之间的博弈也是受博弈动机支配的。博弈动机，实际上就是各利益主体在博弈中的利益诉求，这种利益诉求可能是经济上的，也可能是政治上的，还可能是其他方面的，其实质都是要追求本集团利益最大化问题。

博弈动机的形成是受宏观环境、自己的理性预期、对手的博弈策略等多种因素制约，所以博弈动机不是一成不变的，博弈主体可能会根据环境因素变化、自身预期变化以及对手策略变化，来调整自己的博弈动机。博弈动机一旦发生改变，动机所支配的行为就会发生改变。

（3）博弈规则

在任何博弈中，博弈双方都要受博弈规则的制约。博弈规则是指在特定的宏观环境及社会背景约束下，博弈双方必须遵循的准则（可以是法律法规，也可以是约定俗成的社会道德等）。所有超出博弈规则的博弈策略和行为，都是不被社会认可的，会受到社会谴责或制约的。

博弈规则受特定社会环境制约。比如，社会法律制度的完善，决定了博弈主体在博弈过程中不能采用违法行为；博弈主体的博弈行为也不能违背社会道德，否则会被社会所唾弃和批判。

（4）博弈策略

博弈策略是指每个博弈主体为实现自己的博弈目标，会根据博弈形势发展而灵活调整自己的行动方案。比如，在多主体博弈中，一些博弈主体为了尽可能获取最大化利益，可能会采取结盟方式，联合其中一些博弈主体来共同与另一些主体进行博弈，这就是博弈策略。

博弈策略受博弈信息和博弈规则约束。博弈主体获取的信息发生了变化，可选择的行动方案也就会有所变化和调整。但必须注意的是，无论博弈策略怎么变化，都不能违背博弈规则，凡是违背博弈规则的行为，都会受到社会谴责和批判。

（5）博弈信息

在博弈中，博弈主体根据所获得的信息来判断对方有可能采取的行动方案，并由此来做出己方的行动决策。如果博弈信息是完全的，即博弈中至少有一方能获得全部信息的话，掌握完全信息的一方能够把对手所有的可能行动方案全部预测出来，并至少能预测出对手采用某一方案的概率，那么掌握完全信息的一方在博弈中就占据优势和主动地位，博弈结果就有利于掌握完全信息的一方。现实是博弈信息是有限的，每一方博弈主体都不能完全准确预测出对方未来的行动方案，这就为博弈带来了不确定性。所以，现实的博弈，多数都是不完全信息博弈。

（6）博弈结果

博弈结果是指博弈最终所达成的结果，也可以称之为博弈均衡。博弈结果要受博弈主体实力、博弈信息是否对称、博弈策略是否得当等多种因素制约。博弈结果对博弈双方主体而言，可能是双赢的，也可能是单赢的，也可能是双输的。

3.2.2　财政改革微观研究的应用价值

财政变革实质上是利益再分配过程，既得利益集团及关键历史人物在特定博弈规则下的行为选择，会影响财政改革的成败及走向。博弈动机受利益集团及关键历史人物的利益诉求驱动，博弈规则受特定的客观环境因素约束，博弈策略受博弈主体信息知晓程度限制。当财政改革符合既得利益集团和关键历史人物的利益诉求时，财政改革很大程度上能够取得成功；当财政改革损害既得利益集团和关键历史人物的利益诉求，且不能得到补偿时，财政改革很大程度上会归于失败。

在以往的财政改革问题研究中，多数学者都注重宏观环境的研究，并由此判定改革的最终成败。若改革最终取得成功，研究者往往将其归之为宏观环境决定了财政改革必然成功；若改革最终失败，研究者往往将其归之为改革条件尚不成熟。为什么改革条件不成熟决定了改革就会失败呢？它们是通过什么样的方式来影响改革进程的呢？笔者认为，如果改革条件不成熟，会使既得利益集团可以借助于这些不成熟的外部环境进行博弈，阻碍改革措施的实施，最终导致改革失败。所以，研究财政改革中利益集团的博弈行为，有助于我们更深刻认识改革过程的曲折性和反复性。

3.3 财政改革宏观研究与微观研究的融合

笔者在上文也曾谈到，财政改革的宏观研究主要是研究改革前后的社会背景及环境因素的变化，这些因素决定了财政改革的发展趋势；财政改革的微观研究主要是研究改革过程中各利益集团的行为及其博弈，它决定了财政改革过程的曲折性和反复性。那么宏观研究和微观研究是割裂开的吗？二者关系如何？

3.3.1 财政改革宏观研究与微观研究的融合模型

马克思主义唯物史观告诉我们，历史发展的过程是螺旋式上升的，也即反复的曲折的前进趋势。这实际上也说明了财政改革的宏观研究和微观研究是交叉融合的，不是相互割裂的。宏观研究和微观研究是如何融合的呢？可以借助下面的融合模型予以说明（参见图3－3）。

财政改革过程并非一帆风顺，而是同时兼有前进性和曲折性特征。宏观分析主要是用于分析财政改革过程的前进性，采用的分析方法是环境扫描法，即主要扫描宏观环境中的政治、经济、社会、思想、技术和制度等因素（PESITI扫描法）。微观分析主要用于分析财政改革过程的曲折性，采用的分析方法是博弈论，即研究财政改革过程中各利益集团的博弈行为及其决策，以探究利益集团的行为如何决定了改革过程的曲折性特征。

财政改革的宏观分析和微观分析是有机融合的。社会背景及环境因素作为博弈规则的组成部分，融入了博弈模型的博弈规则中。这是因为博弈当事人必须因应当时的社会背景及环境因素，接受博弈规则的约束，否则，其博弈策略和博弈决策是不可行的。

无论是宏观分析还是微观分析，研究的目的都是为了总结规律，为后世财政改革提供经验借鉴。当然，只有宏观分析和微观分析全部分析完毕，我们才能认清财政改革过程的前进性趋势和曲折性反复的根源，为消除后世财政改革中的阻力提供新的解决思路。

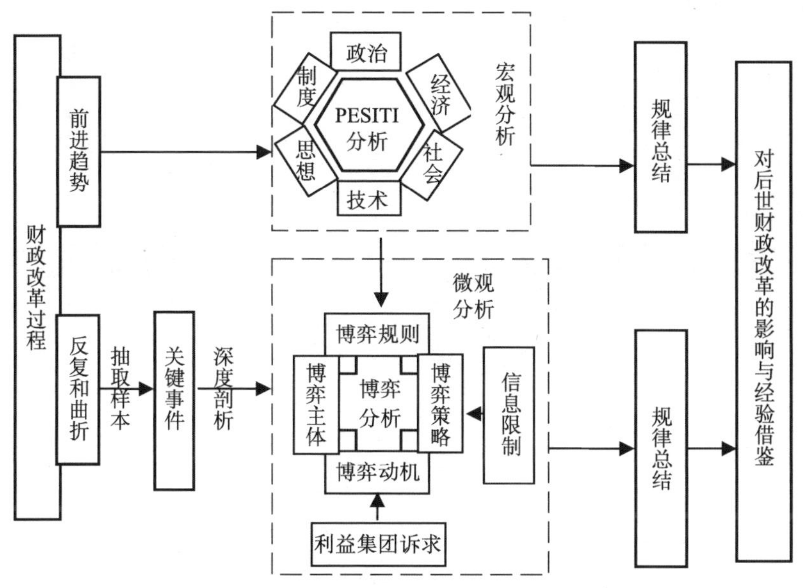

图3－3　财政改革宏观研究与微观研究的融合模型

3.3.2　财政改革宏微观研究模式的应用

学术界研究财政改革问题时，对财政改革的宏观环境进行分析的较多，对财政改革的制度变化进行分析的较多，但对财政改革中利益集团博弈行为的研究较少，换句话说，学术界对财政改革的研究重视宏观分析，忽视了微观分析。

本书尝试分析1920年北洋政府开征所得税中的政府和商会之间的博弈事件，通过该事件的分析来深入研究本次所得税开征失败的深层次原因。由于财政改革研究中宏观研究比较多，因此本书侧重于从微观层面进行分析本次博弈事件，但在分析中也对宏观部分做了一些研究，并将这些宏观因素作为博弈规则引入了博弈模型。

笔者希望抛砖引玉，能为财政改革问题研究提供一些新的研究思路，让更多学人能够从各角度展开研究，全方位认识财政改革。

第 4 章 清末及民国时期筹办所得税的历史过程

清朝末年内外交困，社会、政治、外交的诸多动荡，使得许多希望通过改革拯救国家的人士将视野放至国外，学习国外先进制度和经验。“当时值维新之初，凡百外制，均在大量吸收，欧美税制自在采择之列”。[①] 所得税作为西方税收体系的重要税种之一，自然也被贤人志士列为引进对象。然而，所得税在中国的筹办、开征历程一波三折，经过三十余年的反复博弈，才最终落地生根，成为中国税制中的重要税种。

中国所得税的起源过程，大致可以分为四个阶段：清末筹备阶段；北洋政府筹办阶段；南京国民政府筹办阶段；南京国民政府完善阶段。清末筹备所得税阶段，虽然起草过相关所得税文件，但这些文件未经正式公布，没有成为正式的制度；北洋政府在清末所得税文件草案的基础上，仿照日本所得税法案，发布了一系列所得税法规制度，并逐步对这些法规制度进行了完善修订；南京国民政府在北洋政府发布的一系列所得税法规制度的基础上，进行了多次修订，颁布了更为完善的所得税法案和征收制度等文件，并最终于 1937 年正式开征所得税；南京国民政府开办所得税后，根据国内政治经济形势变化，不断地对所得税文件进行完善优化。经认真梳理和研究，笔者发现这四个阶段的各项工作息息相关，由起草、修订、颁布，到完善，最终实施，然后再不断完善优化，每一阶段的工作成绩都建立在前一阶段的基础之上。

① 胡毓杰. 我国创办所得税之理论与实施［M］. 上海：上海财政建设学会，1937：18.

4.1 清末筹备所得税的进程

清政府筹备所得税，其根本原因是财政陷入困境。在国内要求立宪呼声日益高涨的背景下，清政府把考察西方各国财政列为立宪的重要内容，试图通过变革财政制度来缓解国内财政困境。

4.1.1 清政府筹办所得税的历史背景——考察西方各国财政

清政府积贫积弱，导致外侮增多，国内许多仁人志士要求变革。清政府迫于时局，也曾派大臣出使欧美各国，考察宪政，为国内改革奠定基础。1905 年（光绪三十一年）曾派载泽、戴鸿慈、端方、尚其亨、李盛铎五大臣赴美、日、英、法、德、奥、意等国考察宪政，当然也包括这些国家的财政税务等事项。“（光绪）三十一年，命五大臣出使各国考求政治，鸿慈与焉。……历十五邦，凡八阅月，归国。与载泽、端方、尚其亨、李盛铎等裒辑列国政要百三十三卷、欧美政治要义十八章，会同进呈。”[①] 戴鸿慈认为财政是立国的关键。“臣等旷观世界大势，深察中国近情，非定国是，无以安大计。国是之要，约有六事：……六曰公布国用及诸政务。”[②]

1908 年（光绪三十四年）农历六月二十二日，清政府决定派遣唐绍仪出使美、日、欧诸国，考察财政。“现派唐绍仪专使赴美致谢，著兼充考查财政大臣，历赴日本及欧洲诸大国，将诸国经理财政办法，详细调查，随时奏闻，以备采择。”[③] 1909 年（宣统元年），唐绍仪（也做唐绍怡）曾向清政府奏报[④]说，纵观各国财政及其管理要旨，虽有不同，但基本规划相近，大概有几个方面是财政重点工作：国债、统一币制、造币、修改税则、保护私有财产、国有经营。

此外，出使各国的清政府使臣也认真考察研究各国财政税制，为清政府借鉴欧美税制搜集资料。1909 年（宣统元年）农历八月，出使意大利的大

---

① 赵尔巽．清史稿卷 439，列传 226［M］．上海：中华书局出版社，1977.

② 赵尔巽．清史稿卷 439，列传 226［M］．上海：中华书局出版社，1977.

③ 大清光绪朝实录卷 593［M］．中国第一历史档案馆藏．

④ 大清宣统政纪卷 28［M］．中国第一历史档案馆藏．

臣钱恂，将意大利国家税种类型及征收的大致情况上报清廷。[①] 大意是说，意大利的国家税种大致有八种，分别为地税、屋税、所得税、进口税、门关税、造酿税、人事税、专卖税。钱恂介绍说，意大利的所得税约有四类：第一类是针对“出赀营利而自己坐享之人”，类似于现在的企业所得税；第二类是针对“出赀营利而自己兼勤，一岁所得过于五百三十三利[②]之人”，类似于现在的个体工商户所得税；第三类是针对“并无资本，转移执事，一岁所得过于六百四十利之人”，类似于现在针对员工征收的工资薪金所得税；第四类是针对“服官获俸，一岁所得过于八百利之人”，类似于民国时期的官俸薪给所得税。意大利所得税也规定有免征额：对第二类纳税人免征八分之二；对第三类纳税人，免征八分之三；对第四类纳税人，免征八分之四。1908 年，意大利的所得税收入为二亿三千万里拉。

1910 年（宣统二年），农历十二月，考察日本宪政的大臣李家驹，向清政府奏报日本财政情况，[③] 将日本租税制度编成十册，将日本会计制度编成四册，呈报清政府参考。李家驹认为整理国家财政，要做好财政收入和财政支出两个方面。并建议：在租税收入方面，一方面要整顿旧税，将田赋、盐课、关税进行整顿，将地丁、漕粮、耗羡等税赋划一，将厘金、统捐、常关、茶税等废除；另一方面要增加新税，增加营业税、财产税、所得税、消费税、遗产税等税种。

清政府官派大臣考察日、美、欧洲诸国的财政，也详细了解这些发达国家的税收制度，使得清政府对西方所得税有了初步的认识，为官方筹办所得税奠定了一定的基础。

清政府之所以派出大臣考察西方各国宪政和财政，主要原因如下：（1）义和团以及各地掀起的反对列强瓜分中国的运动，促使帝国主义列强采取“以华治华”策略，改“瓜分中国”为扶持清政府作为傀儡政府，列强为维护其利益，要求清政府实行宪政。（2）日俄战争中，日本以小胜大，清政府上下震动很大，认为日本胜利的根本是实行了“君主立宪”制度，“日俄之

① 大清宣统政纪卷 19 ［M］. 中国第一历史档案馆藏.

② 原文即为“利”，笔者推测，应是钱恂根据意大利货币单位“里拉（lira）”发音而翻译的货币单位。意大利货币单位里拉早在 1861 年即被采用，笔者注。

③ 大清宣统政纪卷 47 ［M］. 中国第一历史档案馆藏.

胜负，立宪专制之胜负也”，[①] 于是立宪成为国内各阶层的共同呼声，“上至勋戚大臣，下逮校舍学子，靡不曰立宪，一唱百和，异口同声。”[②]（3）到西方各国留学、游学及考察的人员，积极学习、引进和宣传西方各国政治制度，在国内形成了“崇尚民权”的思潮，包括士绅阶层在内的各界都在呼吁实行民主制度。（4）随着民族工业的缓慢增长，资产阶级和开明士绅力争取得更多的政治权利，经济结构和阶级结构的变化，给清政府带来很多压力，迫使政府响应“立宪”要求。（5）清皇室以及官僚阶层内部意识到要想维护既得利益，延长清室统治，必须通过一定程度的变革来实现，正如出洋考察的五大臣奏折所言，立宪有三大利，“一曰皇位永固，二曰外患渐轻，三曰内乱可弭”。[③]（6）将西方财政制度作为解决清政府所面临财政困境的救命稻草，希望能够有效解决清政府的诸多困难。

4.1.2 清政府筹办所得税的过程

（1）1906年清政府筹办所得税

中国官方筹备所得税，最早可追溯到什么时候？关于这个问题，著名财税学者刘佐先生考证后认为是1910年（清宣统二年），当时清朝度支部曾经起草了《所得税章程》草案，并提交资政院审议，这是迄今中国最早的所得税文献。[④]

笔者在搜集本书相关文献资料时，在1906年8月17日出版的《香港华字日报》上发现一篇名为《编订所得税法》的新闻通讯。原文如下：

“闻铁良现正参考东西各国章程编订所得税法，系于每人每年岁入款中抽取若干，故亦名所入税，不日请旨施行。”[⑤]

1906年8月29日出版的《香港华字日报》上发表了一则文章《论铁良拟创新所得税法》，属于“论说”栏目。“论说”就相当于现在的评论性文章。文中有“近闻铁良拟创行所得税，已议有端倪，不日将实施”[⑥] 的语句。

---

① 1904年6月张謇给袁世凯投书，希望他效法日本伊藤博文主持立宪事宜，信中提到“日俄之胜负，立宪专制之胜负也。”——笔者注。

② 中国未立宪以前当以法律遍教国民论［N］．东方杂志．1905（11）：221.

③ 载泽奏请宣布立宪密折［C］．宪政初纲，上海：商务印书馆，1906：4—7.

④ 刘佐．中国所得税制度的起源［J］．中国财政，2010（16）：74—75.

⑤ 佚名．编订所得税法［N］．香港华字日报，1906－08－17（3）．

⑥ 佚名．论铁良拟创所得税法［N］．香港华字日报，1906－08－29（4）．

由该报纸上的这两则信息可以推断：清政府筹备所得税的年代不晚于1906年。那么，铁良是何许人也？

《清史稿》卷二十四《德宗本纪二》和卷一百七十七记载的《军机大臣表二》有关于铁良的记载。1905年（光绪三十一年）七月，铁良以会办练兵事宜，署兵部尚书、户部左侍郎，兼督办政务大臣。十一月，升任户部尚书。1906年（光绪三十二年）四月初六日，兼督办税务大臣。

《清史稿》卷一百二十五《食货六》记载的“征榷会计”一栏中，并无所得税税种及征收数量的记录。《清史稿》中也无铁良编订的所得税法案的记载，具体条款已无从考究。这部法案是不是就是1910年度支部《所得税章程》的草案，也不得而知。但从这些史料来看，铁良当时是主管财政的最高长官，主导制定所得税法事宜，应该属实。当时所得税法案并未颁布成为正式的税收制度，自然就未付诸实施。

1906年铁良所编订的所得税法案为什么没有正式公布，最终也没有实施呢？具体原因无从得知。但我们从1906年8月29日出版的《香港华字日报》上的评论性文章《论铁良拟创新所得税法》中，可以看出当时民众对所得税的一些看法，佐证了当时清政府并不具备实施所得税的成熟条件。

该评论文章的主旨意思包含以下几个方面：

第一，清政府为解决外患内忧，盲目引入西方法律制度，而不考虑这些法制是否适合清王朝。“中国当闭关之时，外情茫然，无所知，无一事而肯从人。自海禁开，外患亟，内困于贫弱，外震于富强，乃遽变其向日之方针，无一事不欲从人，无论其法制如何，措施奚若，一若能行于彼者，即无不可行于我噫，何其不思之甚也。”①

第二，彼时清政府实业不兴，民力薄弱，不适合立即实行所得税。“中国民力薄弱，实业幼稚，妇女无论矣。蚩蚩之氓，游手好闲，比比皆是，自供不足，遑问其他？其勤于工作者，岁得无几，而进款较优者，往往以七八口之家赖一人之俯仰。即照日本之税数，凡岁入三百元者，悉加以税，以众口一家，仅凭此区区三百元之数，其细已甚。当此百物腾贵之际，其支绌不问可知，又从而税之，将何以为生乎？实业不兴而骤知重税，及其弊也。将因重税之率率，而实业愈莫由兴，展转相成，竭泽而渔，涸可立待，其影响

① 佚名．论铁良拟创所得税法［N］．香港华字日报，1906－08－29（4）．

于统治者实深也。”①

第三，苛捐杂税繁多，再征所得税，会进一步加重民众负担。文章中提到，民众在负担田赋、厘金、盐课等官定赋税之外，当时又增加了所谓的“国民捐”“爱国捐”等特别捐输，民众负担已经很沉重。若此时再开征所得税，对民众而言，无异于雪上加霜，负担更加沉重。贪官污吏在征税过程中，会假公济私，中饱私囊，新增所得税，就相当于又为贪官污吏新增了一项中饱私囊的机会，更会加重民众负担，激起民众反对。

第四，彼时清政府未实行宪政，民众税权意识淡薄，所得税开征时机不成熟。“是朝廷未获所得税之益，而先不保其民，何如稍缓须臾，俟政体趋强而后行之，彼时民知爱国之真理，且有权利即有义务，断非今之难得也。”②

（2）1910年清政府筹办所得税

1910年（宣统二年）农历九月十二日，江苏巡抚程德全在向清政府提出整理财政的方法时，明确提出要仿行日本所得税。“一宜仿行所得税以恤贫民也。……宜由度支部详考日本所得税法，参酌我国情形，妥定章程。”③他甚至推测清政府若实行所得税，可以征得六七千万元的所得税收入，“查日本所得税，每年约收二千七百余万元。中国地广人稠，如办理得宜，每年至少当可收六七千万元。”④

为缓解财政压力，清政府度支部在1910年10月拟定《所得税章程》草案，该草案共30条，分别对纳税人、征税项目、税率及征收办法等方面做出了明确的规定。《所得税章程》草案中规定凡有住所或者居住1年以上的承担有纳税义务者，均应缴纳所得税。关于征税项目，草案中规定有三类：第一类是公司所得、国家债票和公司债票的利息所得，适用税率为2%；第二类俸薪公费所得、各局所和各学堂的薪水所得，以及各行政衙门与公共机关的从业者的收入所得，适用税率为八级全额累进税率制度，最低级次税率为1%，最高级次税率为6%；第三类是除第一、二类所得外的其他所得，也是适用八级全额累进税率制度，税率级次同第二类所得。关于所得额核算方面，草案规定：公司所得，是以全年收入扣除相关经营成本及费用后的余

① 佚名．论铁良拟创所得税法［N］．香港华字日报，1906－08－29（4）．

② 佚名．论铁良拟创所得税法［N］．香港华字日报，1906－08－29（4）．

③ 大清宣统政纪卷42［M］．中国第一历史档案馆藏．

④ 大清宣统政纪卷42［M］．中国第一历史档案馆藏．

额作为所得额；国家债票利息、公司债票利息以及第二类的各项所得，均是以收入全额作为所得额。关于征收办法，草案规定：第一类、三类所得，纳税人在每年正月预计所得额，就近呈报地方官，地方官委派调查委员调查；第二类所得由纳税人自行报告其主管机关，由主管机关复查。

可以看出，清政府《所得税章程》草案吸收和借鉴了西方所得税对征税项目的分类方法，将所得区分为了公司所得、工资薪金所得和其他所得，然而其征收办法中没有专门的税务征收机关，依旧依赖于各地地方官或衙门机构，这不能消除官吏征税时中饱私囊的弊病，其征收方法过于落后。

然而，清政府公布"皇族内阁"方案，引发资政院很多议员的不满，议员纷纷要求弹劾内阁要员，招致清政府解散资政院。随着资政院的解散，《所得税章程》草案也未能提交资政院审议；辛亥革命爆发后，清朝灭亡，《所得税章程》草案终未颁布。

4.1.3 清政府筹办所得税的原因分析

为什么清政府早在 1906 年就开始筹办所得税呢？一个重要的原因就是清政府出现严重的财政赤字。在晚清时期，由于对外战争的屡次失败，清政府中部分地方大员开始筹办洋务，购置军械，加上对外大量赔款，使得清政府财政陷入困境。不论是中央财政还是地方财政，均是极度困难，这促使政府开始筹办新税，筹措新的收入来源。

（1）晚清中央财政收支情况

1895—1910 年，每年清王朝中央财政收入总数均约为 8800 万两白银，而每年中央财政支出总数约为 10100 万两白银，每年财政赤字约为 1300 万两白银。[①] 1903 年，清王朝中央财政收入为 10492 万两白银，中央财政支出为 13492 万两白银，赤字为 3000 万两白银。[②]

《清史稿》的《食货志》中没有记载 1906 年的收支情况，但它详细记载了 1910 年（宣统二年）的收支情况。以 1910 年清政府中央财政收支情况统计为例，当年政府各项收入合计为 296962700 两白银，政府各项支出合计为 338650000 两白银，[③] 可见，财政赤字高达 41687300 两白银，财政赤字数

① 马金华．民国财政研究：中国财政现代化的雏形［M］．北京：经济科学出版社，2009：41.
② 刘锦藻．清朝续文献通考卷 68［M］．上海：商务印书馆，1955：考 8249.
③ 1910 年清政府收入和支出数额均来源于《清史稿》卷 125《食货六》——笔者注。

额占当年收入额的比重高达 14.04%，赤字率相当惊人。

《清史稿》中也详细记载了 1891 年（清光绪十七年）的政府收支情况。1891 年清政府各项收入合计 89684800 两白银。[①] 1910 年清政府收入是 1891 年的 3.31 倍，年均增长速度为 6.5%。可见，1910 年清政府收入不可谓不丰，财政赤字不是由于当年收入过少所造成的。

是什么原因导致 1910 年清政府财政赤字数额如此惊人呢？详细分析后可以知道，造成赤字的根本原因就是 1910 年清政府支出数额太大。1891 年政府各项支出合计为 79355241 两白银。1910 年政府支出是 1891 年的 4.27 倍，年均增长速度为 7.94%。尽管《清史稿》中记载的 1891 年和 1910 年支出项目名称大不相同，但仔细对比其主要支出项目，我们还是可以看出一些端倪的。

表 4－1　1891 年和 1910 年清政府主要支出科目对比表

1891 年支出科目	数额（单位：两）	1910 年支出科目	数额（单位：两）
勇饷	18268313	军政：经常科目	83498111
饷乾	20356159	军政：临时科目	14000546
		边防经费	1239908
洋款	3861511	各省应解赔款、洋款	39120922
		洋关应解赔款、洋款	11263547
		常关应解赔款、洋款	1256490
		归还公债	4772613

数据来源：赵尔巽．《清史稿》卷 125［M］．由笔者根据《清史稿》数据整理而得。

尽管各科目统计口径不大一致，但仍可从表 4－1 看出，1891 年的军费支出包括“饷乾”和“勇饷”两项，合计 38624472 两银两；1910 年的军费支出包括“军政：经常科目”“军政：临时科目”和“边防经费”等三项，合计 98738565 两银两，为 1891 年军费支出的 2.56 倍。这与清朝末年各省设立督军大量操练新兵有关，也最终导致民国初期各地军阀割据的后果。

1891 年的对外赔款和偿还公债的科目仅有“洋款”支出一项，支出为 3861511 两银两，而 1910 年对外赔款和偿还公债的科目包括“各省应解赔款、洋款”“洋关应解赔款、洋款”“常关应解赔款、洋款”和“归还公

① 1891 年清政府收入和支出数额均来源于《清史稿》卷 125《食货六》——笔者注。

债”四项，支出合计为 56413572 两银两，为 1891 年相应支出的 14.61 倍。这与清朝末年大量签订不平等条约、向列强支付巨额赔款密切相关。

（2）晚清时期地方财政收支情况

晚清时期，不仅中央财政收入常年入不敷出，多数地方政府财政也是连年亏空。表 4－2 显示的是 1908 年和 1909 年部分地方政府财政收支状况。

可以看出，表 4－2 所列的 19 个地方政府中，1908 年只有奉天、山东、河南、四川等 4 个地方政府出现财政盈余，盈余合计为 1645909 两白银；而其他 15 个地方政府均为财政亏空，亏空额合计为 12376751 两白银。亏空数额最高的是湖北，亏空 1976200 两白银；亏空额与支出额相比，亏空比重最大的江苏苏属地方政府，比重高达 18.03％。

1909 年的 18 个地方政府中，奉天、吉林、山西、四川和云南 5 个地方政府出现财政盈余，盈余合计 3650981 两白银；其他 13 个地方政府出现财政亏空，亏空额合计为 15473848 两白银。亏空数额最高的仍是湖北，亏空 9824786 两白银；亏空比重最高的也是湖北，高达 36.38％。

若将 1908 年和 1909 年财政收支情况汇总，则仅有奉天、吉林和四川 3 个地方政府出现累计财政盈余，累计盈余合计 3061660 两白银，而其余 15 个[①]地方政府均出现累计亏空，累计亏空额 25615369 两白银。湖北一省两年累计亏空就高达 11800986 两白银。

由此，可以窥探晚清地方政府财政收支状况之一斑。

表 4－2　1908 年和 1909 年清政府部分地方政府财政收支统计表　单位：两白银

地方	1908 年			1909 年		
	岁入	岁出	盈余或亏空	岁入	岁出	盈余或亏空
奉天	15807273	15587889	盈余 219384	20441601	19824980	盈余 616621
吉林	4858702	5355657	亏空 496955	6723226	5955670	盈余 767556
直隶	21658597	23574139	亏空 1915542	25417088	26183769	亏空 766681
热河	806385	841264	亏空 34879			
江苏宁属	25496890	25745182	亏空 248292	28316995	28405192	亏空 88197
江苏苏属	20403020	24890000	亏空 4486980	21754595	22792010	亏空 1037415
安徽	6006729	6741779	亏空 735050	6431158	6985717	亏空 554559

① 1909 年没有热河财政收支统计数据，故无法进行比较。笔者注。

续表

地方	1908年			1909年		
	岁入	岁出	盈余或亏空	岁入	岁出	盈余或亏空
山东	11311699	10525928	盈余785771	11171383	12223383	亏空1052000
山西	5871806	6140252	亏空268446	6481170	6363108	盈余118062
河南	6885117	6600094	盈余285023	6995046	7326799	亏空331753
陕西	3963702	4127565	亏空163863	4986818	5342026	亏空355208
新疆	3172300	3346564	亏空174264	3166473	3739342	亏空572869
福建	6721105	6941107	亏空220002	5651412	5708843	亏空57431
江西	7569863	7895177	亏空325314	9395118	9893253	亏空798135
湖北	16545200	18521400	亏空1976200	17180310	27005096	亏空9824786
四川	15320657	14964926	盈余355731	24384894	22785571	盈余1599323
广西	4890643	4992157	亏空101514	5262040	5541708	亏空279668
云南	6011502	6983166	亏空971664	9003544	8454125	盈余549419
贵州	1533270	1791056	亏空257786	1752471	1807617	亏空55146

注：1.1908年岁入与岁出数据来源：刘锦藻．清朝续文献通考卷67［M］．上海：商务印书馆，1955：考8233—8234.

2. 1909年岁入与岁出数据来源：刘锦藻．清朝续文献通考卷67［M］．上海：商务印书馆，1955：考8235.

以上分析可以看出，清政府为了应付越来越多的军费、对外赔款，不得不想办法筹集更多的收入。晚清政府曾经专门进行财政整顿工作。光绪年间曾重点整理关税、厘金和盐课等主要税种，“办筹饷事，令诸臣查核条陈以备采择，着重关税、厘金和盐课三者，认真整顿，裁汰陋规，剔除中饱”。[①] 然而，整顿效果并不理想，国家财政毫无好转迹象。平时的关税、常关、盐课、厘金、田赋等中国传统税种已不能为政府筹集更多的收入，所以只好寻求引入新税种，以期带来更多的财政收入。这是清末政府筹备所得税的根本原因。

4.2　北洋政府筹办所得税进程

中华民国成立之初，财政困难已达极致。民国历届政府均积极寻求整理

① 沈桐生．光绪政要卷25［M］．台北：文海出版社，1969：1454.

财政、增加岁入的有效途径。开征所得税成为各届政府的重要选择。

4.2.1 北洋政府时期财政状况分析

袁世凯接任临时大总统后，为安抚清帝及皇族，北洋政府承诺给予其优厚待遇及每年给予 400 万两白银作为皇室费用；各省藉“独立”之名，向中央政府解款数额也大幅度下降。民国政府财政雪上加霜。

由表 4－3 可以看出，若没有巨额的国债收入，1913 年民国政府将有 30831 万元的财政赤字，1916 年有 1939.5 万元的财政赤字，1919 年有 5632.8 万元的财政赤字，1925 年有高达 17265.6 万元的财政赤字，民国财政困难可见一斑。

表 4－3　部分年度民国政府财政收支统计表　单位：银元

年份	财政收入		财政支出	扣除国债收入后的盈余或亏空
	总额	其中：国债收入		
1913 年	557296145	223370000	642236876	亏空 308310731
1914 年	382501188	25082398	357024030	盈余 394760
1916 年	472124695	20000000	471519436	亏空 19394741
1919 年	490420000	50948000	495800000	亏空 56328000
1925 年	610500000	148856000	634300000	亏空 172656000

备注：1. 1913—1916 年财政收入来源：财政部财政年鉴编纂处．财政年鉴［M］．上海：商务印书馆，1935：6.

2. 1919 年、1925 年财政收入来源：焦建华．《中华民国财政史》［M］．长沙：湖南人民出版社，2015：181、214.

表 4－4 显示了 1912—1921 年民国政府举借国债的数量。1912 年至 1921 年的十年间，民国政府累计发行国债 82797.1 万元，国债构成政府财政收入的重要来源。从十年间的国债构成情况来看，累计发行内债 29454.8 万元，占累计国债总数的 35.6%；累计发行外债 53342.3 万元，占累计国债总数的 64.4%。可以看出，如果没有国债支撑，政府财政难以维持。

从各省向中央政府解款数据来看，如表 4－5 所示，1913 年中央预算表内各省向中央政府解款数额应为 32418532 元，但实际解款数额仅为 560 万元，实际解款数额占应解款数额的比重仅为 17.3%。1914 年中央预算中各省应向中央政府解款 29737013 元，实际解款数额仅有 1400 万元，实际解款数额占应解款数额的比重为 47.1%。情况最好的是 1915 年，各省实际向中央政府解款数额也只占应解款数额的 80.7%；而情况最差的是 1918 年，各省实际向中央政府解款数额仅占应解款数额的 8.5%。各省不能足额向中央政府解款，一方面反映了中央政府财政困难程度，另一方面也反映了中央政府权威低下，无法震慑各地军阀，造成军阀不向中央政府如实解款。

表 4－4　1912—1921 年民国政府举借国债统计表　单位：银元

年份	内债	外债	国债合计
1912		450000000	450000000
1914	53556075		53556075
1915	20000000	192000	20192000
1916		2150000	2150000
1917	93000000	2443030.12	95443030.12
1918		2392504.08	2392504.08
1919		3944583.33	3944583.33
1920	127992228	5361386.13	133353614.13
1921		66939027.83	66939027.83

数据统计来源：财政部财政年鉴编纂处．《财政年鉴》[M]．上海：商务印书馆．1935 年，第 1230—1231 页．

表 4－5　1913—1920 年地方向中央解款统计表　单位：元

年份	中央预算表内应解款数额	实解款数额	实解款占应解款比重
1913	32418532	5600000	17.3%
1914	29737013	14000000	47.1%
1915	13824260	11152273	80.7%
1916	30480584	17601326	57.7%
1917	8434577	5098698	60.5%
1918	121878597	10359714	8.5%
1919	8512964	5755271	67.6%
1920	6349072	4245299	66.9%

备注：1. 1913 年、1914 年应解款数额和实解款数额数据来源：财政部财政年鉴编纂处．财政年鉴[M]．上海：商务印书馆，1935：3.

2. 1915—1920 年应解款数额和实解款数额数据来源：焦建华．中华民国财政史[M]．长沙：湖南人民出版社，2015：201.

北洋政府时期，中央政府财政如此困难，政府只依靠举借国债来维持政府运转显然远远不够。因此，北洋政府也多次筹办所得税，试图通过筹措新税收入来解决财政失衡问题。

4.2.2 北洋政府筹办所得税过程

1912年5月13日，北洋政府首任内阁在参议院发表政见。财政总长熊希龄发表财政施政方针称：由于各省独立，使得清末民初财政异常困难，财政部审度时事缓急轻重，提出八策应对，第四策即为“改良税则以均国民之负担”。[①]“中国旧日税法几无不近于恶税，农工商民莫不为其所困，今欲兴利除弊，惟以改通过税为营业税，以为加税免厘之准备。其余旧税之当改者，以田赋为大宗，然须缓以时日。新税之当增者，以印花税、所得税为大宗，然亦非可猝办。”[②]

1912年11月12日，续任财政总长周学熙发表《财政方针说明书》，明确提出“今日所最宜注意者，则在于印花、遗产、所得三种之新税”。[③]

1913年11月，北京政府国务总理兼财政总长熊希龄，在国会发表财政施政方针时，再次称“所得税本为最良之税，而我国开办殊非易易，拟先从有价证券及公职俸给下手，其有限公司亦分别酌量薄征之”。[④]

1914年1月11日，北京政府以大总统袁世凯名义颁布《所得税条例》，这是中国第一部正式的所得税法律。《所得税条例》共27条，规定了所得税的纳税人、税率、计算方法、免税规定、征纳时间、调查委员会职责及选派方法等内容。具体来讲：（1）纳税人分为负有全面纳税义务的纳税人和负有有限纳税义务的纳税人。在民国内地有住所或一年以上居住者负有完全缴纳所得税的义务；在民国内地虽无住所或居住一年以下但有财产或营业或公债之利息所得的纳税人，仅就其所得负有纳税义务。（2）税率。税率分为适用法人的税率和适用除法人以外的其他纳税人税率两种。法人税率是千分之二十二，法人的公债及社债利息所得的税率是千分之十五。除法人以外

---

① 1912年5月16日第16号政府公报附录．北洋政府公报第1册（影印本）[M]．第二历史档案馆，261.

② 1912年5月16日第16号政府公报附录．北洋政府公报第1册（影印本）[M]．第二历史档案馆，261.

③ 转引自刘佐．中国所得税制度的起源[J]．中国财政，2010（16）：74—75.

④ 转引自刘佐．中国所得税制度的起源[J]．中国财政，2010（16）：74—75.

的其他纳税人，税率采用累进税率制。（3）所得的计算方法。法人的营业所得是由年度收入总额减去本年度支出额，减去前年度各项盈余所缴纳的税费，再减去保险金、责任预备金，剩下的余额就是所得额；利息所得是获得的全部利息额，没有任何扣除费用，等等。（4）免税项目。军官从军时的薪俸、美术或著作所得、教师薪给、旅费学费及法定赡养费、不以营利为目的的法人所得、不属于营利事业的一时所得等，免征所得税。（5）调查委员会的职责、任期及人员组成办法等。（6）纳税期限。法人所得是以年度终了后两个月内纳税；公债利息所得是发行公债或社债的单位在给付利息时，由给付利息方代扣代缴。

1915 年 8 月，北京政府财政部颁布《所得税第一期施行细则》，拟订于 1916 年 1 月开始针对第一期征收范围进行征收所得税。该文件规定所得税第一期征收范围为两类：第一类是当铺、银钱商、官方特许公司等；第二类是议员年薪、官员俸给，以及律师、工程师、医生药剂师、公司大商号的经纪人等四类人员的工资薪金所得。第一类所得税纳税人要在年度终了后自行计算损益并报告主管税务机关，由主管税务机关通知调查委员会进行调查后，再由主管税务机关通知纳税人就近纳税。第二类所得纳税人中，议员、官员的所得税，由发薪单位代扣代缴；律师、工程师、医生药剂师、公司大商号的经纪人，则要于每年二月预计全年所得额，自行向主管税务机关申报，主管税务机关通知调查委员会调查后，再由主管税务机关通知纳税。

然而，民众及舆论认为中国当时不具备开征所得税的条件，所以反对开征所得税的呼声很高。综合 1915 年 8 月 14 日及 8 月 15 日《申报》上所刊载的评论性文章，可以看出舆论对于开征所得税的批评，主要集中在以下几个方面。第一，我国富人多隐匿收入拒不如实申报，他们或收入存在外国银行，或是富人居住在租界，造成对其收入的调查也十分困难，这就难以保证所得税公平征收原则。第二，拟订的税率不公平，尤其是工资薪金所得和财产收入所得利率一致，没有考虑家庭赡养问题，也违背了所得税的公平征收原则。[①] 第三，所拟订所得税条例不周全，有很多问题没有做出具体规定。比如，如何保证审查机关的审查是严谨的？如何保证审查人员不会泄露纳税人的隐私信息？纳税人面对不公平调查时如何保护自己的权益？等等。[②]

---

① 默．所得税将实行矣［N］，申报，1915－08－14（7）．

② 默．再论所得税［N］．申报，1915－08－15（7）．

1916年1月，财政部以原订所得税条例不够周全的理由，宣布推迟开征所得税。具体开征日期，要根据所得税条例修订完善情况，再行公布。[①]

1920年9月15日，北京政府以大总统令形式颁布推行所得税文件。随即，财政部通令各省，将本次实施的所得税征税范围、各省所得税应征数额等事项告知各省。1920年9月16日，《申报》发布《财部催办所得税之通令》，列出了本次所得税征收范围为：第一项，天地池沼之所得；第二项，注册公司之所得；第三项，官吏、议员之所得；第四项，银行、银号、钱庄之所得；第五项，盐商、矿商、当商、轮船、纱厂、保险、运输、电气之所得；第六项，饮食店、旅馆、洋货、五金、绸缎、药材、车行、木行、酒栈、油栈、皮货、粮行、茶店、杂货等之所得；第七项，公债私债之所得。财政部预计所得税一年收入能达到400万元，根据各省岁入预算情况，将所得税应征数额分派给各省，其中明确提到浙江省应征所得税40万元，湖北省应征所得税25万元。财政部在通令中还提到："夫以各省之土广人众，无论何项赋税，皆比他国为轻微，向多遗漏，苟能妥善筹措，即每省各摊出三四十万元，亦能超过预算之额。据本部前调各部院表册，并咨询京师总商会，各省公司大商店及银钱行号营业盈余，盖在数万万以上，田地池沼，亦连阡陌，即按条例最轻税率，估计税额亦不止三四百万，兹以事属创办，范围不妨从宽，而定额不妨从紧，本部迭经会议，将预算之数，减之又减，定为上列之数。"[②] 由此可以看出，北洋政府本次所列征税范围十分宽泛，对征收过于乐观。

1921年1月，财政部以部令形式，先后颁布了《所得税分别先后征收税目》[③]（财政部令第1号）、《所得税条例施行细则》[④]（财政部令第2号）、《所得税调查及审查委员会议事规程》[⑤]（财政部令第3号）、《所得税征收

---

① 佚名．所得税缓期启征［N］．申报，1916-01-10（10）．

② 财部催办所得税之通令［N］．申报，1920-09-16（6）．

③ 1921年1月13日政府公报第1758号．北洋政府公报第169册（影印本）［M］．第二历史档案馆，1988：245—246.

④ 1921年1月13日政府公报第1758号．北洋政府公报第169册（影印本）［M］．第二历史档案馆，1988：246—248.

⑤ 1921年1月13日政府公报第1758号．北洋政府公报第169册（影印本）［M］．第二历史档案馆，1988：248—249.

规则》[①]（财政部令第4号）、《所得税款储拨章程》[②]（财政部令第5号）等一系列文件。

《所得税分别先后征收税目》（财政部令第1号）规定：（1）官吏俸给公薪及其他受公家给予金的所得，自民国10年一月开征所得税，于各单位发放薪酬时代扣代缴；（2）依律注册的公司、银行、工厂按照民国九年营业损益额计征所得税，于民国10年开征；（3）政府特许商号、行栈按其民国9年营业收益计征所得税，在民国10年开征；（4）银号、钱庄、金店、银楼无论资本多少，由其自行申报民国9年所得，经主管税务机关审定后，于民国10年开征所得税；（5）资本在2万元以上的普通商店，由其自行申报民国9年所得，按照法人所得税率征收所得税，暂免查账，于民国10年开征；（6）公债社债利息、从事各业者薪金、存款放款利息、不征所得税的法人所分配的利润等，暂缓征收所得税；（7）田地池沼所得、个人一般所得从缓征收所得税。

《所得税条例施行细则》（财政部令第2号）规定：（1）负有全面纳税义务的自然人纳税人为在民国境内有住所或者在民国境内无住所但居住满一年者。（2）所得税纳税人为法人的，其在民国境内设有主事务所或者总行的，负有全面纳税义务；其在民国境内设有分事务所或者分行的，仅就该事务所或该分行所得征税。（3）国债利息免税，但仅限于国家预算所列的国债。（4）从事各业者的薪金所得包括奖金在内。（5）军队动员时期，军官从军中得到的薪给所得免税；免税的教员薪金所得，不包括校长及其以下的职员的薪金所得，若校长及其以下的职员兼任教员的，也只就其兼任教员的薪给所得免税；不以营利为目的的法人，仅限于政治、宗教、学卫、技艺、社交及其他民法上的非经济或财团法人。（6）议员官吏的俸给公费所得，由各所属机关按照财政部颁发表格填写应纳税额，经主管官署审核后，由各部在发放薪给公费时代扣代缴。（7）主管税务机关接到法人所得的报告书后决定其纳税时间，若法人没有上交报告书或者报告不准确的，可由主管税务机关直接调查后决定其纳税事项。（8）北京的所得税主管机关为财政部，其他各省的所得税主管机关为各省财政厅。（9）关于调查委员会设置的其

① 1921年1月13日政府公报第1758号．北洋政府公报第169册（影印本）［M］．第二历史档案馆，1988：250—253.

② 1921年1月13日政府公报第1758号．北洋政府公报第169册（影印本）［M］．第二历史档案馆，1988：253.

他具体规定。

尽管在本次筹办所得税过程中，北洋政府完善了民国 3 年的所得税施行细则，新规定了所得税征收的其他相关文件，所得税法律制度逐步在完善之中。然而，本次筹办所得税，遭到了众多商会及各省议会的反对，仅官俸所得一项如期开征，其余各项均不了了之，并将所得税筹备处并入赋税司第六科。各省在开征所得税方面的认识不同及征收不力，使得当年所得税实际收入仅 1 万余元。

4.2.3 北洋政府筹办所得税的特点分析

北洋政府筹办所得税，是在清政府筹备所得税的基础上展开的，经历了多次反复，但最终仍未成功。北洋政府筹办所得税的特点包括以下几个方面。

（1）北洋政府最初的《所得税条例》是在继承晚清《所得税章程》草案的基础上，经过修订得到的，而历届政府不断对所得税相关法案进行优化与完善，体现出了所得税法案的一脉相承特点。

（2）中央政府权威低下，各省向中央政府解款比例较低，中央政府难以强行要求地方政府推行所得税。

（3）财政困难依旧是政府力主筹办所得税的根本原因。

（4）北洋系各届政府与国会关系紧张，导致所得税相关法案始终未能取得合法的法律地位。

（5）北洋政府历次筹办所得税，都会引起各界激烈反对。但从另一角度看，这实际上是多次普及所得税思想及制度的过程，为后世政府成功开征所得税奠定了基础。

4.3 南京国民政府筹办所得税的进程

南京国民政府筹办所得税的时期，是指 1927 年南京国民政府成立至 1937 年成功开办所得税的时期。

4.3.1 南京国民政府 1927—1936 年财政收支状况

南京国民政府成立后，财政规模迅速膨胀，尽管每年仍有财政赤字，但赤字占财政支出的比重大体维持在 10%—20%，远远低于北洋政府时期。由表 4－6 可以看出，财政赤字数额最大的是 1935 年，赤字规模达到 82370 万元，赤字占财政支出的比重高达 61.6%。赤字占财政支出比重最小的是 1932 年，比重约为 13.3%。

表 4－6　　1927—1936 年南京国民政府财政收支统计表　　单位：百万元

年份	除国债收入外的财政收入数额	财政支出数额	财政赤字数额	财政赤字占财政支出的比重
1927	77.3	150.8	73.5	48.7%
1928	332.5	412.6	80.1	19.4%
1929	438.1	539.0	100.9	18.7%
1930	497.8	714.4	216.6	30.3%
1931	553.0	683.0	130.0	19.0%
1932	559.3	644.8	85.5	13.3%
1933	621.7	769.1	147.4	19.2%
1934	638.2	1203.6	565.4	46.9%
1935	513.2	1336.9	823.7	61.6%
1936	1293.3	1894.0	600.7	31.7%

数据来源：杨荫溥．《民国财政史》［M］．北京：中国财政经济出版社，1985：43.

需要特别指明的是，这一时期物价基本稳定，如表 4－7 所示。1927 年上海物价指数是 104.4，物价上涨较快的是 1931 年，其物价指数达到 126.7，其他年份物价稳定。这说明，这一时期南京国民政府的财政收支规模扩大确实是由于财政实际膨胀所致，而不是由于物价变动所致。

表 4－7　　1927—1936 年上海物价指数变动统计表

年份	1927	1928	1929	1930	1931	1932	1933	1934	1935	1936
物价指数（1926＝100）	104.4	101.7	104.5	104.8	126.7	112.4	103.8	97.1	96.4	108.5

数据来源：杨荫溥．民国财政史［M］．北京：中国财政经济出版社，1985：41.

由上述分析可以看出，1927—1936 年间，南京国民政府财政困境并未得到实质性改变，出现赤字是常态，且财政赤字有不断加大的趋势。如表 4－6 所示，1934—1936 年间的赤字比重远远高于 1928—1933 年。而从政府财政收入增幅来看，1935 年财政收入是 1928 年的 1.54 倍，年均增长速度约为 6.36%；而从财政支出增幅来看，1935 年财政支出是 1928 年的 3.24 倍，年均增长速度约为 18.29%。可见，财政支出增长速度远远高于财政收入增长速度。

4.3.2 南京国民政府筹办所得税过程

南京国民政府成立以后，整理财政成为当务之急，“训政开始，经纬万端，财为庶政之基，非先有澈底开节之方，则一切建设悉难著手”。[①] 1927 年 6 月 24 日，第二届国民党中常会第 101 次会议通过了《所得捐征收条例》，该条例规定向国民政府及国民政府以下各机关人员征收所得捐，用于弥补党员抚恤金。1928 年 5 月 16 日，中常会规定向各级党务人员征收所得捐。所得捐与所得税有明显差异：第一，《所得捐征收条例》是由国民党中常会颁布，不是立法机关通过的正式法律；第二，所得捐仅向党务人员征收，不是全面征收；第三，所得捐的用途是指定的，用于设立党员抚恤金，不能算作严格意义上的公共支出范畴。所以，笔者认为所得捐不能作为所得税范畴。

1928 年（民国 17 年）7 月 1 日，国民政府召开全国财政会议（史称“第一次全国财政会议”）。7 月 3 日召开的全国财政会议第二次议事日程中，专门安排讨论《实行所得税遗产税计划案》《施行所得税案》等提案。7 月 9 日全国财政会议第四次议事日程中，安排听取并讨论《施行所得税案审查报告》。由全国财政会议审议并通过的《审查整理财政大纲案报告书》明确提出将所得税列为拟开征的新税之一；《审查划分国地收支及监督地方财政条例案报告书》将所得税列为国家收入范畴，将所得税的附加税列为地方收入范畴。

《施行所得税案》（刘纪文提案）主要内容大致如下：第一，所得税量力课税，最符合公平原则；第二，所得税具有弹性，不至于影响人民生活；第三，可以先试办几年所得税，课以极轻税率，不要在乎收入多少，意在培养人民养成缴纳所得税的习惯。

《实施所得税遗产税计划案》（贾士毅提案）的主要内容归结如下：第一，所得税符合公平、普遍两原则；第二，所得税实行累进税率制，能够调剂贫富差距，有利于大多数人福祉；第三，设计了《所得税条例》及实施

① 全国财政会议秘书处．全国财政会议宣言［C］．全国财政会议汇编．上海：大东书局，1928：2.

细则提交财政大会公决。贾士毅所拟的《所得税条例》，主要内容有：第一，在民国境内有住所或者无住所但居住满一年的，负有全面纳税义务；在民国境内无住所或居住不满一年但有财产或者收入的，仅就其所得征税。第二，设计所得税税率如下：法人所得，税率为千分之十二；除国债外公债社债利息所得，税率为千分之十五；除上述两种所得外，其他所得实施累进税率，一千元以下免税，一千元至两千元税率为千分之五，两千元至三千元税率为千分之十，等等。第三，列明各种所得的计算方法。第四，列明免税的各项所得。第五，列明各项所得的征收方法。

《审查所得税计划案报告书》同意《施行所得税案》和《实施所得税遗产税计划案》中大多数内容，只对贾士毅提交《所得税条例》的税率进行了修改。第一，提出法人所得适用累进税率，税率如下：全年赢利不及资本总额百分之十者免税；赢利合资本总额百分之十至百分之十五者课税千分之十；百分之十五至百分之二十五者课税千分之十五；百分之二十五至百分之三十五者课税千分之二十；超过百分之三十五者，赢利每增百分之五，税率递增千分之五。第二，除法人所得、公债社债利息所得之外的其他所得，适用累进税率如下：全年所得总额在两千元以下者免税；两千元至一万元课税千分之五；一万元至二万元课税千分之十；二万元至三万元课税千分之十五；三万元至五万元课税千分之二十；五万元至十万元课税千分之二十五；超过十万元的，每增加五万元，对增加部分课税税率递增千分之五。第三，建议财政部财政部设立所得税实施委员会，详细研究分期推行所得税问题。

1929 年（民国 18 年）1 月，根据全国财政会议审议通过的《所得税条例》，财政部修订颁布了新的所得税条例。与 1914 年所得税条例相比，此次修订公布的条例与实施细则更为周详。[①] 特别值得关注的条款有：（1）法人所得采用累进税率；（2）国债所得也须缴纳所得税，税率为千分之十五。但这些规定并未付诸实施。

1929 年（民国 18 年）9 月，财政部聘请美国财政金融专家甘末尔等人为财政顾问，也就是时人所称的“甘末尔委员会”。该委员会的研究报告认为，中国现时不具备推行所得税的条件，原因有下：一是所得税之特殊性质限制；二是中国私人账目现状（即当时中国不具备推行所得税所必需的会计制度，笔者注）限制；三是中国当时的行政条件限制。甘末尔委员会建

① 杨昭智．中国所得税［M］．上海：上海商务印书馆，1947：32.

议等到中国具备基本条件后再推行所得税。甘末尔委员会的研究报告契合了当时部分国人的认知，造成此后数年国内少有人再议推行所得税之事。

1932年（民国21年），国民政府颁布预算法，将所得税列入收入来源科目，以表示所得税为国家主要税种之一。除此之外，对推进实施所得税并未有任何实质性举措。

1934年（民国23年），国民政府召开第二次全国财政会议，会议决定整理旧税、创办新税。会议认为，过去政府多是以筹款为目的而选择开办新税，但由于所得税手续烦琐且费用较多，不能满足政府急需筹款的目的，故而一直拖延未开征所得税。国民政府此次决定创办新税，目的是为改革税制，不在意税款多少。会议还认为，改革税制要从改革税则入手，创办所得税则是改革税制的突破口和切入点。

1935年（民国24年）7月，因收支不平衡，财政部决意开征所得税，并提出所得税法草案，提交行政院决议，送交立法院审议。与1929年所得税条例相比，最大的区别是：第一，本草案将先前条例中的综合课税制度改为分类课税制；第二，课税对象仅涵盖营业所得和薪给报酬所得两种，先前条例中所列及的利息所得、土地所得及其他所得，均未列入本税法草案的课税对象之内。

1936年（民国25年）6月，第十六次中央政治会议通过创办所得税的八项原则。其内容如下①：（1）所得税为中央税，其收入之分配，依财政收支系统法之规定；（2）所得税就营利事业、薪给报酬、证券存款三种所得，先行举办；（3）对于免税者之范围，应分别举例规定之；（4）所得税课税之方法，以采累进制为主；（5）所得税应纳税额之规定，采取申报、调查、审查三种程序；（6）第一类甲项所得，以所得额及资本实额为比例而课税；（7）第二类所得应以所得额为标准，其每月所得不及三十元者免税；（8）第三类所得应以息金所得额为课税标准，但存款中教育储金每年息金所得未达一百元者免税，各级政府机关存款、公务员法定储金及教育慈善机关团体之存款免税。

1936年7月1日，财政部设直接税筹备处，负责筹备所得税一切施行事宜。8月22日，行政院以院令形式颁布所得税条例实施细则，决定自10月1日起先行对公务员薪给报酬所得、证券存款利息所得开征，其他所得自

① 杨昭智．中国所得税［M］．上海：上海商务印书馆，1947：34—35.

1937 年（民国 26 年）1 月 1 日起开征。

1937 年（民国 26 年）5 月 31 日，财政部以部令形式公布《营利事业所得税征收须知》《薪给报酬所得税征收须知》《证券存款利息所得税征收须知》等文件。1937 年 10 月，所得税筹备处改为所得税事务处，于各省成立办事处，各地成立区分处。至此，议经四十余年的所得税，终于在中国付诸实施。此后，虽中日间战事频发，所得税推行却逐步展开。

4.3.3　南京国民政府筹办所得税的特点分析

从 1906 年晚清筹备所得税，至 1937 年南京国民政府成功开办所得税，所得税在中国的筹办过程历经三十余年。比较于晚清及北洋政府，南京国民政府筹办所得税有以下几方面特点。

（1）中央政府权威较高，尤其是实行党治下的党政体制，南京国民政府受国民党中央执行委员会指导，这为成功开征所得税提供了组织保障。

（2）南京国民政府选择了有利的开征时机。当时中日矛盾成为民族首要矛盾，冲淡了开征所得税所带来的国内利益再分配的矛盾。

（3）开征所得税的技术条件日趋成熟，尤其是现代会计制度的推行和专业化稽征队伍的建立，保证了所得税征收制度的顺利实施。

（4）南京国民政府的立法院是行政院主导下的立法机关，它能够将国民党中央的政治意志变成合乎法律要件的法律文本，能为开征所得税提供必备的所得税法律文件。

4.4　重庆国民政府优化所得税的历史

4.4.1　重庆国民政府优化所得税的历史过程

中日战争爆发后，沿海省份相继沦陷，生产规模和数量锐减，后方通货膨胀，物价上涨。这不仅导致国用不足，而且使得 1936 年颁布的所得税条例各项规定，已经难以适应国内实际形势需要。为因应国内形势之变化，1943 年（民国 32 年），国民政府将《所得税条例》修订为《所得税法》，主要变化如下：（1）对公司、商号、货栈、工厂所得和官商合办营利事业所得课征适用税率由五级累进税率改为九级累进税率；（2）征收程序有一定程度的简化；（3）申报期限大大缩短，由三个月缩短为一个月；（4）因偷税漏税或者延迟纳税而造成的罚金数额也大幅度提升。

由于抗战时期财政支出规模庞大，财政部为平均负担，于1945年（民国34年）拟订综合所得税法草案，呈请行政院完成立法程序。行政院认为此事关重大，将此草案转回财政部，要求财政部重新详加研究再议。

抗战胜利后，国民政府提出修订国家税制，国家税制以所得税为主税种。1946年（民国35年）1月20日，财政部将拟订的分类综合所得税法草案送呈行政院，行政院转交立法院审议后，由国民政府于4月16日公布施行。1946年的修订内容主要包括：（1）将所得税分为分类和综合两大部分；（2）分类中，课税对象增加了财产租赁所得和一时所得两个对象；（3）免税项目进行了变更；（4）营利事业所得的税率有所变化。

由于国内经济形势变动较大，1948年（民国37年）4月1日和5月14日，国民政府两次颁布新的所得税法修改案。1948年的修订内容为：（1）所得税法及其施行细则与各有关的单行条例、办法合为一体，全法共162条，比以往任何一次都具体；（2）取消营利事业甲、乙两项的划分，一律按所得额的多少决定适用税率的高低，不再采用所得额合资本额比率作为标准的计税方法；（3）行估缴办法，规定财政部为适应国库需要，得拟定估缴税款办法。由当地主管税务机关于每年3月15日前，估定暂缴税额，送交纳税人于一个月内缴纳。（4）为适应物价变动，税法仅规定每类所得的税率及其累进幅度，第一类所得及综合所得的起征额及累进税率的课税级距，则于每年年度开始经立法程序制定公布。

4.4.2 重庆国民政府1937—1945年所得税收入情况

1937—1945年政府所得税收入数额如表4－8所示。在考虑货币贬值及物价指数情况下，我们发现所得税实际收入不断下降。

表4－8　　1937—1945年所得税收入额统计表　　单位：元

年份	未考虑货币贬值情况下		考虑货币贬值情况下		
	所得税收入额	占1937年比重（%）	物价指数	所得税收入	占1937年比重（%）
1937	18739594	100	100	18739594	100
1938	8222727	43.88	127	6474588	34.55

续表

年份	未考虑货币贬值情况下		考虑货币贬值情况下		
	所得税收入额	占1937年比重（%）	物价指数	所得税收入	占1937年比重（%）
1939	27315215	145.76	214	12764119	68.11
1940	43618119	232.76	498	8758658	46.74
1941	80020229	427.01	1258	6360908	33.93
1942	197068396	1051.62	3786	5205187	27.78
1943	760886018	4606.31	12559	6058492	32.33
1944	1145249979	6111.39	42638	2685984	14.33
1945	2009265910	10722.04	158408	1268412	6.77

备注：1. 未考虑货币贬值情况下的所得税收入额数据来源：马金华．民国财政研究：中国财政现代化的雏形［M］．北京：经济科学出版社，2009：76.

2. 物价指数数据来源：四川联合大学经济研究所，中国第二历史档案馆．中国抗日战争时期物价史料汇编［M］．1998：287—294. 根据史料中数据计算整理而得．

这一时期所得税收入不断降低的原因大致有以下三个方面：（1）抗日战争中，重庆国民政府在正面战场上屡战屡败，国土不断沦丧，敌占区税源被日本帝国主义霸占，重庆国民政府只能在己方控制地区征收所得税，所得税税源减少。（2）由于抗战时期财政支出数额巨大，国民政府只得通过发行纸币方式筹集更多资源。1937年发行纸币数额为16亿元，到1945年发行纸币数额已经高达10319亿元，[①] 货币贬值程度由此可见一斑，所以，以不变价值计算的所得税收入也会相应减少。（3）抗日战争使得国民经济遭受严重摧残，国民政府控制区的经济发展形势严重恶化，税源萎缩，所得税收入也会减少。

由晚清民国时期所得税创办进程可以看出创办过程的曲折性。从宏观角度看，这种曲折性是由生产力与生产关系的辩证矛盾所决定的，生产力发展水平、生产关系自我调节能力以及经济社会政治背景决定了所得税创办不能一蹴而就；从微观角度看，每次创办过程中当事人出于所属集团利益诉求而做出的理性博弈，决定了这种曲折性。为了更深入研究所得税创办过程曲折性的微观基础，我们可以从中抽取一个片段——1920年北洋政府筹办所得税的历史事件作为研究样本，来揭示当事人的理性博弈是如何导致曲折的创办过程的。

① 杨荫溥．民国财政史［M］．北京：中国财政经济出版社，1985：157.

第 5 章 1920 年北洋政府筹办所得税的博弈事态发展

1920 年 9 月 15 日，北洋政府以大总统令的形式宣布推行所得税。9 月 16 日，财政部以通令形式宣布所得税征收税目以及各省摊派的所得税收入数额。自北洋政府宣布推行所得税后，各地商会纷纷以发表通电形式明确反对开征所得税，后来连各省议会、议员甚至财政厅都公开表示目前开征所得税的条件不成熟，希望能够缓办所得税。北洋政府这次筹备所得税失败，与商会、省议会甚至财政厅明确反对开办所得税有直接关系。

本书的主要研究对象即为这次官商博弈事件。为了清晰地还原本次博弈事件，便于后续的研究与分析，作者以《申报》的新闻为线索，将这次博弈事件过程详述于后。根据博弈主体的增加及事件发展进程，作者将这次事件分为三个阶段：第一阶段为初期阶段，主要特征是各地商会发表通电，进行串联，公开反对开征所得税；第二阶段为中期阶段，主要特征是商会以北洋政府未经国会授权即行征税为由，开始进行理性反对开征所得税；第三阶段为后期阶段，主要特征是商会开始与省议会、财政厅结盟，共同反对开征所得税。

5.1 博弈初期事态发展

5.1.1 博弈事件的发端

媒体对新闻很敏感。1920 年 9 月 14 日《申报》第 7 版发表《征收所得税之先声》的新闻。消息指出，北洋政府曾明令将华俄道胜银行的股本利息用作教育经费，然而这些利息年仅17万元，而教育经费须600余万元，远远不能满足需要。为此，财政总长周自齐已向时任大总统徐世昌提议开办所得税，将所得税收入充作教育经费。据悉大总统非常赞同这项提议，准备在这几日以明令形式公布开征所得税的消息。

1920年9月15日，北洋政府以大总统令的形式发布征收所得税的消息。大总统令原文如下：

"经国之谟，制用为要，利民之政，保育为先。现在民治日益发展，支出遂见繁多，而振兴教育提倡实业需款尤亟，自应启发税源，藉以孳培邦本。民国三年一月公布之所得税条例，前经准如财政部所请，于民国十年一月施行，税则既甚轻微，负担亦极平允，应即责成财政部严定考成及奖励办法，认真办理其征收调查各事项，有关内务、农商各部者，并著各该部切实协助，各省区军民长官尤应同力合作，督属推行。取之于民，用之于民，一俟收有成数，尽先拨作振兴教育提倡实业之用，庶几款不虚糜，民沾实利，育才殖业咸利赖之。此令。"①

9月16日财政部以通令形式要求各省财政厅悉心筹划，认真推进所得税的征收。各省财政厅接到财政部筹办所得税的通令后，积极进行筹划安排，要求所属各地区积极进行前期调查工作，为开征所得税做准备。财政部征收所得税的通令部分内容摘抄如下：

"案查本部筹办所得税，呈准设处，自本年七月一日开始筹备，十年一月一日开始实行。……现在所亟宜筹划者，在如何收此数之问题。查岁入预算，浙江省认列四十万元，湖北亦认列二十五万元。夫以各省土广人众，无论何项赋税，皆比他国为轻微，向多遗漏，苟能妥善筹措，即每省各摊出三四十万元，亦能超出预算之额。据本部前调各部院表册，并咨询京师总商会，各省公司、大商店及银钱行号营业盈余，盖在数万万以上，田地池沼，亦连阡陌，即按条例最轻税率，估计税额亦不止三四百万。兹以事属创办，范围不妨从宽，而定额不妨从紧。本部迭经会议，将预算之数减之又减，定为上列之数。……责成各该厅长，就地方情形设法筹办，并确实估价，全年能得所得税若干，现行报部，果能筹出大宗税款，当呈明优给奖励。目前财

① 1920年9月16日政府公报第1649号．北洋政府公报第162册（影印本）［M］．第二历史档案馆，1988：375.

政困难，已达极点，自非新开税源，不足以资挹注。该厅长职责所在，务须悉心筹划，以策进行。为此，令仰该厅长即便遵照，附表所列各项，切实查明具报，以凭核夺。"①

从财政部通令可以看出：（1）国家财政确实困难，北洋政府不得不以开辟新税来筹措收入。在该通令中，根本没有提到开征所得税的目的是为弥补教育经费不足和振兴实业。后来，这被商会解读为"政府开征所得税的真正目的是筹措财政收入，而不是为教育和实业"。（2）北洋政府对开征所得税过于乐观，认为中国地大物博人众，只要能够悉心筹划就能获得大笔财政收入，没能从根本上体谅百姓生活艰辛，经济萧条。（3）北洋政府从未考虑商家税负沉重的问题，甚至认为中国民众所负担的任何赋税"都比他国轻微"。这种错误认识实质上是北洋政府对开征所得税盲目乐观的一个重要原因。（4）北洋政府在开征所得税过程中，重视激励稽征人员，而忽视安抚纳税人，通令中明确表示要对筹措所得税收入多的征税机关，予以奖励。这也可以认为是财政部开征所得税的策略之一。

财政部的通令，激励各省财政厅、各县署尽心尽力筹办所得税。9月22日《申报》第10版发布了时任上海县知事沈宝昌筹办所得税的消息。原文如下：

"沈知事昨奉财政厅令，转奉财政部令，筹办所得税，着即先行按表调查，以备如期施行云，当已奉令遵照矣。"②

然而，舆论很快就开始质疑北洋政府开征所得税之举涉嫌违反约法。9月25日，《申报》第17版刊登文章，质疑北洋政府未经法定机关授权即开征所得税，涉嫌违反约法。这篇常识性文章，开始时介绍了所得税的常识，认为所得税"为国家课税上最良之制度，极合课税上负担普及与公平之原则，且富有屈伸力者也。"③ 但在文章最后，作者却特别强调：政府未经法定机关授权，贸然开征所得税，是违反约法的行为。"我国税法，素不研究，以致财源告竭、偏重加征。实行所得税，实为改良税法之张本，特不经法定机关之通过，而骤然实施，即为违背约法。民国以来，凡增加人民之负担，鲜经国会通过者，此则前此国会之失职，当与国务院同尸其咎，一般人

① 财部催办所得税之通令［N］．申报，1920-09-16（6）．

② 筹备所得税之入手办法［N］．申报，1920-09-22（10）．

③ 啸东．所得税［N］．申报，1920-09-25（17）．

民不可不知也。”[①] 显示出作者具有现代化财税意识和鲜明的主张及观点。

这些质疑，并未引起北洋政府的高度重视，筹办所得税的工作继续推进。9月29日，《申报》第10版刊发《所得税进行办法》新闻，言及上海县已收到财政部下发的筹办所得税实施计划。原文如下：

“财政部以所得税指为教育经费后，日来积极进行。昨闻本埠行政机关接到财政厅转来部令，计划进行如下：（一）由各筹备员起草所得税浅说，以免商界各方误解；（一）设立各省所得税分处，以财政厅兼任处长，另以部派专员为会办，襄理此事；（一）拟先遴员分赴各省区，会同财政教育实业各厅长，协商协实进行办法；（一）此项税收为教育上根本之绝大关系，拟令各县知事与各中小学教职员，广为宣示此中之真意云。”[②]

看这份计划，北洋政府还是采取了一定策略来推进所得税。首先，通过起草所得税的说明与解释文案，向商界进行宣传，让商界知悉所得税是“良税”，试图消除商界的对抗意愿；其次，让各县知事与中小学教职员广泛宣传此次征税目的，让民众知晓本次征得的所得税收入要拨作教育经费，而教育事关全民福祉，试图获得民意支持；再次，各省设立征收机关，由财政厅长兼任所得税处处长，从组织机构上保证所得税顺利开征；最后，为避免各省区对开征所得税认识不到位，以及技术上缺乏可操作性，专门从财政部派专员来协助各省区筹办所得税，保证全国各地重视所得税开征问题。

5.1.2 博弈初期商会反对开征所得税的理由与策略

（1）博弈初期各地商会的态度

正如上文所分析，北洋政府对开征所得税盲目乐观，根本未考虑到当时已经民生维艰、税负沉重等问题，只是认为只要各省财政厅能够悉心筹划，就能顺利筹办所得税，为政府筹措到大笔收入。北洋政府只关心财政收入而不顾民生的做法，激起了各省商会的强烈反对。

1920年10月1日《申报》第3版刊发直、鲁、豫、晋、苏五省商会反对开征所得税的通电。原文如下：

“北京电：直鲁豫晋苏五省商会通电，反对所得税。京总商会召各业领

① 啸东．所得税［N］．申报，1920－09－25（17）．

② 所得税进行办法［N］．申报，1920－09－29（10）．

袖讨论，决联合各省推举代表，向政府请愿取消（二十九日下午九钟）。”①

10 月 2 日《申报》第 7 版刊发《运动反对所得税》新闻，报道了各地商会群起反对开征所得税，大有形成运动之势。

“征收所得税命令颁布后，各处商会纷纷反对，宁夏总商会主张最烈，已将不能承纳之旨通电全国商会，征求同意。现时附和之者，计有直隶、河南、山西、山东、江苏五商会，其他各省日内亦当有坚决表示。闻京师总商会，前日召集各行领袖讨论办法。结果，拟联合各省推举代表，向政府请愿取消。”②

紧接着，汉口商会、兴化商会、无锡商会、常州商会、苏州商会、上海南市商会和上海北市商会等各地商会，纷纷发表通电，表示坚决反对北洋政府开征所得税，并希望全国各地商会能够联合抗争，共同反对政府开征所得税。

10 月 10 日，《申报》第 3 版刊发汉口商会反对开征所得税的新闻，原电文如下：

“北京电：汉商会来电，反对所得税。”③

1920 年 10 月 19 日，《申报》第 7 版刊发杭州商会反对开征所得税的新闻。原文如下：

“所得税定于十年一月开办，杭州商会昨日开会审议，近年来灾民遍地，筹赈不遑，各业捐税重叠，万难再增负担，决议联合各商会电请中央缓办。”④

1920 年 10 月 24 日，《申报》第 10 版发布了《兴化商会函告反对所得税》的新闻。原文如下：

“上海南北市两商会均接兴化县商会来函云：启者，国家多故，自应人民负责，惟现准官厅函发所得税规则，期十年一月一日施行。查该规则微特琐屑异常，抑且骚扰滋甚，虽曰良税，前此各税并未稍减，属在商界尤为困苦，仅税所得，而于账目往来所失，依然不能保护。易地皆然，是对商民有权利而无义务，何以堪此？在敝会意见，碍难着手。未识贵会如何办理，可

① 京师商会反对所得税［N］．申报，1920－10－01（3）．

② 运动反对所得税［N］．申报，1920－10－02（7）．

③ 汉商会反对所得税［N］．申报，1920－10－10（3）．

④ 杭州快信［N］．申报，1920－10－19（7）．

否联合函陈各总会？请转全国总会，一致进行，即祈见复云。”①

1920年10月27日，《申报》第7版刊发桐乡商会反对开征所得税的函电。

“桐乡商会昨函杭商会，商民一致反对所得税。”②

由上述分析可以看出，当北洋政府宣布开征所得税后，即遭到了各省商会的公开反对，商会反对开征所得税的时间至少不迟于1920年9月29日。博弈初期，反对开征所得税的商会中，《申报》中明确点出名字的，有直隶总商会、河南总商会、山西总商会、山东总商会、江苏总商会、宁夏总商会、京师总商会、汉口总商会等总商会，也有一些县级商会，如浙江的杭州商会、桐乡商会，江苏苏州商会、无锡商会、常州商会、兴化商会、上海南市商会和上海北市商会等。另外，从上文提及的《运动反对所得税》③ 新闻中，可以看出全国各处商会都在反对北洋政府开征所得税。

（2）博弈初期商会反对开征所得税的理由

这一时期，各地商会反对北洋政府开征所得税的理由，还只是仅仅停留在所得税征收手续复杂、滋扰商家、商业凋敝等几方面。这些反对理由都是站在对商家角度来阐述的，未能升华到更高的法理层次和技术层次。它不能得到全国各界的同情和支持。比较有代表性的是《兴化商会函告反对所得税》④ 和《总商会接否认所得税函》⑤。

兴化商会反对开征所得税的理由有三点：第一，所得税征收规则复杂琐碎，对商户带来很多麻烦；第二，其他各税没有停征的前提下，开征所得税，会让商户更加困苦，雪上加霜；第三，政府对商户所得征税，而对商户损失却熟视无睹，属于政府没有履行保护商会的义务。

《总商会接否认所得税函》中提出反对开征所得税的四点理由。第一，国家南北对立，政令不能通行全国，如果仅在东北几省开征所得税，而西南几省不开征，会形成不公平征税。第二，各地自治事项还未开办，实行四五年的财产登记制度也推行不力，土地、产业都无从可查，这时若开征所得税，会造成很多人匿报。第三，各国推行所得税的前提是政府能够维持商业

① 兴化商会函告反对所得税［N］．1920－10－24（10）．
② 桐乡商会反对所得税［N］．1920－10－27（7）．
③ 运动反对所得税［N］．申报，1920－10－02（7）．
④ 兴化商会函告反对所得税［N］．1920－10－24（10）．
⑤ 总商会否认所得税函［N］．1920－10－30（11）．

正常运营，商业有利可图；而当前中国商业凋敝，政府对此不闻不问，何谈征收所得税之事？第四，当前物价上涨很快，各商户如果每年仅收入五六百元，维持家庭生活都很困难，而所得税起征点定为五百元，对民众生活滋扰甚大。

为什么说这一阶段各商会反对北洋政府开征所得税的理由不能得到全国各界人士的同情和支持呢？

第一，商人是所得税的重要纳税人，政府开征所得税必然触动商人的利益。各地商会提出的开征所得税会加重民众负担、滋扰甚多等理由，无“公利”之义，而有“自利”之嫌，可能会被其他各界解读为商人维护自身利益而寻找的借口。

第二，商会并未明确解释政府开征所得税是如何造成对民众滋扰的，也就是未能明确找出开征所得税的技术条件尚不成熟的具体理由，不能服众，自然也就不能赢得民众的同情和支持。

第三，商会未能明确指出国家财政困难的根本原因是巨额军费开支的存在，而巨额军费换来的只是内战纷争和百姓生活困顿，没能很好地利用各方对军阀割据的痛恨这个情感因素。从博弈论的角度看，军阀割据和巨额军费的社会现实，是这次官商博弈中博弈规则的重要组成部分，商会作为博弈主体，没能结合博弈规则来进行博弈，“失策”则是必然的。

第四，商会反对北洋政府开征所得税的各项理由都是感性的理由，初级层次的，未能上升到法理层面，其权威性自然不高。

(3) 商会反对开征所得税的策略

通过《申报》所刊登的各地商会反对北洋政府开征所得税的通电中，我们不难发现，各地商会希望通过联合方式共同向政府请愿，要求政府取消开征所得税的行政命令。具体而言，商会的博弈策略包括如下几个方面：

①各地商会希望联合各地商会的力量，共同向政府请愿。

为什么各地商会希望联合各地商会共同请愿来要求政府取消所得税呢？考察中国近代资产阶级性质商会的历史，我们不难发现，商会在资产阶级争取政治权益和维护自身利益方面发挥了重要的作用。比如，上海商务总会在1909年12月成立了《华商联合报》，利用该报宣传和报道关系商会切身利益的时事，组织全国各地商会的联合行动，以维护商会和商界利益。1910年所发生的币制改革事件、收回铜官山矿权事件、国会请愿活动、抗议九江英巡捕击毙华人事件等多起事件中，都能看到各地商会的联合行动。在中华全国商会联合会成立以后，逐步成为了中国资产阶级商会的领导中心，各地工商界遇到重大事情都会向全国商会联合会求援，得到商会联合会的指导。[①]

②各地商会采取通电方式表示反对开征所得税。

为什么各地商会要采取通电方式表达己方观点呢？在中国近代历史中，通电在政治生活中发挥着重要的作用。晚清民国时期，每逢国内有重大政治事件时，重大利益方都会通过发表通电来表达己方观点。1903 年沙俄撕毁中俄《东三省交收条约》时，上海中国教育会、爱国学社等爱国团体就采取了发表通电的方式，强烈谴责沙俄的侵略行径。1911 年辛亥革命爆发后，各省也是以通电形式宣告独立。在近代中国，通电实际上承担着布告决策和宣传政治主张的作用，成为各界舆论宣传和争取民意支持的工具。争取政治权益的传统方式包括集会、请愿、演说、游行等，但这些方式影响力相对较小，信息传播速度有限，在一定程度上限制了国人参政议政的机会。电报这种联系方式引入中国后，与报纸结合，衍生了诉求政治主张和意愿的新型表达方式——通电，这种表达方式提升了政治诉求的宣传速度，扩大了影响范围，迎合了各政治团体的需求，因此成为晚清和民国时期各团体诉求政治主张的富有特色的表达工具。[②]

需要指出的是，在各地商会纷纷反对北洋政府开征所得税的运动中，媒体起了催化剂的作用。为让更多民众了解所得税的征收方法及税率等事项，《申报》在 1920 年 10 月 6 日和 12 日，特意公布了财政部拟订的《所得税征收规则草案》，该草案对征收机关、征税范围、税率、征收办法等事项做了明确的说明。

上文曾提及，9 月 25 日《申报》刊登文章，质疑北洋政府未经国会许可便开征所得税，涉嫌违反约法。10 月 6 日，《申报》第 16 版再次发表评论性文章《国民承认所得税当要求以裁厘为交换条件》。文章大意是：当时中国的厘金、盐税等等，皆为恶税，已经让民众负担沉重，苦不堪言，百业凋敝，元气大伤了。现在政府又以所谓的“良税”之名来加征，会更进一步加重民众负担。现在拟征的所得税，未经合法国会审议，属于违反约法。

---

① 虞和平．中华全国商会联合会的成立与中国资产阶级完整形态的形成［J］．历史档案，1986（4）：114—119，129.

② 夏维奇．“政治利器”：通电与近代中国政治生态的变迁［J］．历史教学（下半月），2014（9）：39—46.

民众有权拒绝，也有权接受。不过，要想让民众接受所得税，必须以裁撤厘金作为交换条件。其理由有三：第一，关于裁厘加税一事，政府讨论已久，但始终以裁撤厘金会让政府失去大笔财政收入，不利于新成立的民国政府，所以久久不能裁撤厘金。现在既然要开征所得税，所得税收入已经足够抵消裁撤厘金所损失的收入，因此，政府可以裁撤厘金换取开征所得税。第二，厘金制度让民众苦不堪言，但政府没有真正裁撤厘金的决心。现在民众可以借此机会敦促政府裁撤厘金，否则以后政府更不会真心裁撤厘金。第三，政府提出开征所得税是为振兴教育和扶持实业，实际上厘金是阻碍实业发展的关键因素。若政府能裁撤厘金，实业发展快了，就能带来更多的所得税收入。

（4）上海总商会逐步成为反对开征所得税的领导力量

从官商博弈事件的发展来看，反对北洋政府开征所得税的运动，最初不是发源于上海。至于是哪个地区的商会最早开始反对政府开征所得税的，已无从考证。但我们从前述 10 月 2 日申报刊发的《运动反对所得税》的新闻可以看出，宁夏总商会应该是最早通电全国各地商会，要求联合抗争，反对北洋政府开征所得税的倡导者。

但随着事件的发展，上海总商会逐步成为反对北洋政府开征所得税的领导力量。为什么各地商会纷纷致电上海总商会，协商联合全国各商会共同反对政府开征所得税？上海总商会为什么能成为各地商会反对北洋政府开征所得税的中坚力量？究其原因，大致如下：

①上海总商会是中华全国商会联合会的重要发起人之一，在全国商会联合会中具有很高的威信。上海总商会的前身是上海商务总会，成立于 1902 年，是晚清时期第一个资产阶级性质的县级商会。上海商务总会于 1907 年发起召开海内外华商代表会议，意在仿照西方模式建立中国全国商会联合会。经过多年努力，终于在 1912 年 11 月，工商部批准成立全国商会联合会，[①] 上海总商会成为全国商会联合会的总事务所。

②上海是近代中国资本主义经济的重要发源地，上海总商会在争取资产阶级民权、民主及法律意识等方面，走在全国各商会的前列。事实也证明，当上海总商会成为全国反对北洋政府开征所得税运动的中心时，上海总商会从法理、技术条件以及情感因素等各方面找到了反对政府开征所得税的充足

① 佚名．工商部批［J］．历史档案，1982（4）：46.

理由。这些理由将在本书后面的分析中进行具体阐述。

③由于上海近代以来先后建立了英租界（1845 年）、美租界（1848 年）和法租界（1849 年），后来美英租界合并为公共租界（1862 年）。租界在上海的商业中有着不可忽视的影响，上海各界商人和租界关系较为密切，这成为上海总商会借以反对北洋政府开征所得税一个重要力量。上海南北两市商会在是否反对开征所得税的事件上，也征求了租界领事团的意见。1920 年 10 月 26 日《申报》第十版刊发《探询领事团是否赞同所得税》的新闻。原文称：

“南市各业商人以政府新办所得税将于十年一月一日实行开征一致群起否认，现已纷函县商会，探询租界领事团对于此税是否赞同，若仅实行内地蔚，南市各商家更难认可等语。现该会已议决函询北市各商业代表，一俟答复，再行商酌办理。”[①]

5.1.3 博弈初期北洋政府的策略

从博弈事件发展的初期阶段来看，北洋政府迫于财政困难，急于寻找新的收入来源。财政部筹办所得税的通令中明确提出，“目前财政困难，已达极点，自非新开税源，不足以资挹注”，[②] 而通令中丝毫没有提及是为弥补教育经费不足而开征所得税。事实上，这为商会反对北洋政府开征所得税落下了口实。

总体而言，北洋政府对开征所得税过于乐观，认为只要对征税机关进行激励，征税机关就会尽心尽力去筹办所得税，政府就可以获得大量的所得税收入。北洋政府根本没有料想到被视为弱势群体的商会会反对开征所得税。因此，由于北洋政府准备不足，当遇到各地商会的明确反对时，政府所采取的博弈策略有些过于单一。具体而言，北洋政府在博弈初期的博弈策略包括以下几个方面：

（1）北洋政府为保证成功筹办所得税，对稽征机关采取了摊派和激励相结合的策略。一方面，财政部在通令中要求各省进行调查，估认本省能够征收的所得税数额；另一方面，财政部在通令中明言要对筹措到大宗税款的

---

① 探询领事团是否赞同所得税［N］. 申报，1920-10-26（10）.

② 财部催办所得税之通令［N］. 申报，1920-09-16（6）.

稽征机关予以奖励，“果能筹出大宗税款，当呈明优给奖励”。[①]

财政部的这种策略，被各省财政厅效仿，向各县署进行摊派。10月25日《申报》刊发的《饬估所得税之县令》中，也明确提到了江苏省财政厅向各地摊派税款的做法。

“查苏省筹办所得税一案，前奉部令，节经转行各县遵办，并将全年税额由县按表查估确数具报，并经快邮电催在案。兹奉前因，除启会警察教育实业各厅会商办理并分行外，合亟抄发原单，令仰该知事遵照办理，并遵前次文电，讯将该县年收约数查估填报，勿稍稽延。”[②]

（2）北洋政府是以筹措教育经费和振兴实业经费的名义来开征所得税，这是一种策略。但在财政部通令中，未能向各省财政厅明确提出这个目的，属于失策，也埋下了隐患。

（3）当各地商会明确提出反对政府开征所得税时，北洋政府采取了“怀柔”策略，试图通过宣传和解释，化解和消除商会的反对。

《饬估所得税之县令》文中还称：

“现值创办伊始，商民难免过虑，除由部另颁文言白话两项通告并所得税浅说外，应由该厅长先将所得税定率之轻征、征收之平允、用途之严正、范围之审慎，并无查账之纷扰，且不碍小贩细民生计诸要端，会商警察教育实业各厅长，广向士绅商会剀切宣示，以释群疑，而启舆论，是为尤要。”[③]

这段话明确表明财政部希望借助各厅长向士绅商会广泛宣传所得税的“良税”特点，以减少反对之声。

（4）北洋政府试图通过完善征税文件，来让各地商会意识到开征所得税是不可逆转的，迫使各商会接受既成事实。

1920年10月9日《申报》第10版发布消息称，上海县知事沈宝昌已经向上海各市商会、各行业商会转达了财政部征收所得税的相关文件和计划文案。

10月24日，《申报》第10版发布消息称，淞沪警察厅长接到江苏省长公署的训令，言称财政部已经下发《所得税先后征收税目单》，现在转交财政实业警察各厅，希望各厅能够对商界和民众进行宣传解释，以保证顺利推

① 财部催办所得税之通令［N］．申报，1920－09－16（6）．

② 饬估所得税之县令［N］．申报，1920－10－25（10）．

③ 饬估所得税之县令［N］．申报，1920－10－25（10）．

行所得税。

10月31日，《申报》第8版发布消息称，江都县署接到省财政厅训令和财政部部令，令中督促各地不要因有商会反对开征所得税而使筹办工作停滞不前。原文如下：

"江都县署近奉财政厅训令，以奉财政部令开，苏省各县有反对所得税之举，勿因而停顿进行，并仰迅饬所属，妥谕各商遵照等因。为此，令仰该知事遵照办理云云。佟知事查该税章程系定于十年一月实行，已布告商民知照矣。"①

5.2　博弈中期事态发展

任何一次开办新税，不可避免地都会或明或暗地遭到商家的反对，商家若只以新税会加重负担为由反对开征新税，理由显然不够充足，也难以在舆论上获得民众的支持。所以，商会要想有效阻止政府开征所得税，还必须有其他能够得到舆论普遍支持的借口和理由。当各地商会抛出政府未经国会许可而开征所得税属于违法的理由时，这次官商博弈事件发展到了一个新的阶段，笔者将其称为中期阶段。

5.2.1　博弈中期商会反对开征所得税的理由与策略

到了博弈中期，上海总商会掀开了反对开征所得税运动的新篇章。这个阶段，不仅反对北洋政府开征所得税的阵营扩大了，建立了各省议会与商会的政商联盟，而且各商会反对北洋政府开征所得税的理由更加理性、更具说服力。

（1）反对北洋政府开征所得税的政商联盟建立

1920年11月1日，《申报》第10版刊发《总商会会董审查所得税报告》一文，文中称上海总商会委托盛丕华和叶惠钧两位会董审查了所得税相关文件，认为此次所得税法为非法，且征收不公平，主张大家一起反对开征所得税。

上海总商会会董的审查报告，每条理由都犹如一把把尖刀，刀刀切中政

① 扬州快讯［N］．申报，1920－10－31（8）．

府的痛处，所以上海总商会会董审查所得税的报告发布后，引起各界反响，从舆论上获得了各省议会、议员甚至一些地方财政厅的支持。

事实上，早在 10 月 27 日，江苏省议会开第七次会议，会上议员徐堃锡和徐瀛提出提案，要求省议会明确反对北洋政府开征所得税，经省议会讨论，决定由省议会向中央政府表明江苏省议会反对开征所得税的主张，另通电各省议会，号召一致反对中央政府开征所得税。原文如下：

“（江苏省议会）二十七日开第七次大会，徐堃锡反对所得税案、徐瀛取消所得税案合并讨论。各议员次第发表反对意见，有以为所得税与田亩房屋等税重复者；有以为政府行政事事拂民意，故不能取认新税者；有以为此等新税足滋扰累者；有以为现无合法国会，未经通过，人民无承认之责任者；有以为新颁所得税章程，其一部分实侵占地方税范围者。讨论良久，决定迳呈中央表示反对，其主要理由以未经法定程序人民当然不能承认，而以其他理由辅之，并通电各省一致反对。”①

这不仅表明江苏省议会站在了反对开征所得税的阵营，与商会结成联盟，更重要的是，它也表明江苏省议会在争取建立各省议会反对所得税的联盟。若各省议会与各省商会建立起反对北洋政府开征所得税的政商联盟，那么反对开征所得税的阵营就在这场博弈中占尽优势，胜利指日可待。

10 月 30 日，《申报》第 7 版刊发吉林省议会反对北洋政府开征所得税的通电。原电文如下：

“吉林省议会昨电浙议会，一致反对所得税。”②

11 月 3 日，《申报》第 10 版刊发了《朱绍文电请一致否认所得税》。江苏省议员朱绍文通电全省商会，号召一致反对所得税的消息，标志着在本次官商博弈事件中，各地商会获得了一个重要的联盟：地方议会及议员。朱绍文的电文原文如下：

“上海南京总商会、各县商会暨父老兄弟公鉴，阅报载上海总商会审查所得税报告，切中肯綮，极表同情。吾国自非法创设督军制度以来，政纲解纽，民治废堕，各省督军，拥兵自卫，抑且借兵自肥。国家岁入数万万元，供其牺牲者十之八九，不足，犹复滥借外债，尽其瓜分，盐税关税，抵押殆尽。今据各国银行团会议，将以次押及地丁，外债亡国，即在目前。政府当

---

① 苏议会纪事（九）[N]．申报，1920-10-29（7）．

② 吉省会反对所得税 [N]．申报，1920-10-30（7）．

局宜如何惩前毖后，废除督制，检查兵额，节俭虚糜，与民生息，乃全国环请废督，中央充耳不闻，反借倒行逆施之军人主张，以为抵制民意之利器。夫人民纳税，本系供给政治经费，求为利国福民。今所求适得其反，殊与纳税初意不符。按之共和国民纳税原理，即原有租税尚当停缴，以俟实能监督用途，再行完纳，更何论于新税？况所得税条例，原系袁世凯于国会停职之时非法制定，查约法载人民依法律有纳税之义务，此项所得税既非国会议决之法律，人民自无纳税之义务，是根本上不能承认。又况亡国之外债尚为军人瓜分，现在之教育实业经费尚为军饷侵占，则中央所谓取此所得税以用诸教育实业，更有谁人为之保证？是以本省议会议决一致反对。贵会散在各地，与商民接触较近，提倡较易为力，务乞一致否认为盼。江苏省议员朱绍文叩。"①

朱绍文的这篇通电，透出江苏省议会公开反对开征所得税的信息，并表明江苏省议会愿意与各商会结成反对开征所得税的同盟。江苏省议会真正反对中央政府开征所得税的真实目的，从这篇文章中无从窥探。笔者猜测，当时中国各地自治运动兴起，北洋政府解散国会之举招致各地普遍反对。江苏省议会之所以反对开征所得税，可能并不仅仅是同情商户经营困难和负担沉重，或许有更深层次的原因，留待下文进行分析。但仅从商会角度考虑，商会获得了省议会及议员的支持，组成了反对开征所得税的政商联盟，在这场博弈事件中的地位就发生了逆转，由原来博弈中处于劣势地位变为处于占优地位。

11 月 3 日，《申报》第 7 版刊发了浙江省议会议员王以铨反对北洋政府开征所得税的新闻。原文如下：

"（浙江）省议员王以铨提出取消所得税议案，拟通电省内外法团及中央，以是案未经国会通过，应予撤消。"②

11 月 10 日，《申报》第 4 版刊发了顺直省议会反对开征所得税的通电，原文如下：

"天津电：省会电京，反对所得税，并电各省力争（八日下午十一钟）。"③

---

① 朱绍文电请一致否认所得税［N］. 申报，1920 - 11 - 03（10）.

② 杭州快信［N］. 申报，1920 - 11 - 03（7）.

③ 省会否认所得税［N］. 申报，1920 - 11 - 10（4）.

11 月 11 日，《申报》第 10 版再次刊发《顺直省议会反对所得税》的新闻稿件，将顺直省议会通电大总统的电文公布于众。原电文如下：

“北京，大总统、国务院钧鉴：九月十五日，大总统颁布由明年一月施行所得税命令，捧读之下，惶骇莫名。查约法第十三条，明定人民依法律有纳税之义务，今所得税条例系三年一月颁布，并未经国会通过，其不备具法律之形式，确切无疑。既非法律，即不得以行政命令强加人民以纳税之义务，况所得税系租税之一种，理应在预算案内编定。今九年度预算，尚未交国会议决，何得迳以行政命令施行新税，似此背叛约法，破坏财政统系，国民断难承认。政府如必欲期其实行，人民据法力争，难免不发生意外举动。当此国势蜩螗，何堪再生纷扰？本会议员全体一致反对，为此，吁恳大总统收回成命，暂缓办理。一俟该条例交正式国会通过后，再行颁布实行。如是，政府庶免违法之嫌，而该税亦得通行之利。迫切陈词，尚请鉴纳。顺直省议会。”①

11 月 28 日，《申报》第 3 版刊发顺直省财政厅要求缓办所得税的电文，这表明一些省份财政厅也加入了反对开征所得税的阵营。原电文如下：

“天津电：财厅因灾情奇重，呈请缓办所得税（二十七日下午十一钟）。”②

通过上述分析，我们发现江苏省议会及议员、吉林省议会、浙江省议员、顺直省议会以及顺直省财政厅等站在了反对北洋政府开征所得税的行列。

为什么各省议会与议员会站在商会的阵营中，与商会一起共同反对北洋政府开征所得税呢？笔者认为，主要原因有以下几个方面：

第一，在晚清民国时期，资产阶级性质的商会取得官方许可的合法社会地位后，商会政治地位上升。晚清时期，清政府认为西方国家商业发达的一个重要原因就是商会起到了“保商、护商、振商”的责任。资产阶级商会成立后，在国家重大政治事件中发挥了重要作用，特别是中华民国的成立、南北和议以及历次反对帝国主义的运动中，都有商会的声音和身影。资产阶级性质商会政治地位的上升，使得其与代表资产阶级利益的各省议会关系日益密切。可以说，这次各省议会与各省商会共同反对北洋政府开征所得税的

---

① 顺直省议会反对所得税［N］. 申报，1920－11－11（10）.

② 财厅请缓所得税电［N］. 申报，1920－11－28（3）.

政商联盟，实际上是资产阶级不同阶层之间的联盟。

第二，各省议会的议员，是各行各业资产阶级的政治利益代言人；商会是各行各业资产阶级的商业利益代言人，所以，议会和商会同宗同源，都是服务于资产阶级根本利益的力量。在“天然血缘”的联系下，建立起维护资产阶级利益的政商联盟，共同反对北洋政府开征所得税，的确是水到渠成。在民国初期时，各省商会甚至要求“于参议院议员额中加入每省商会二人”“各省省议会由商会加入议员二名”。①

（2）商会反对开征所得税的理由

进入博弈中期，各地商会反对北洋政府开征所得税的运动更加猛烈，短短两个月内，有数十地商会发表通电称反对政府开征所得税。

11 月 1 日，菱湖商会反对开征所得税。②

11 月 9 日，仪征商会反对开征所得税。③

11 月 11 日，苏州总商会反对开征所得税。④

11 月 12 日，江苏、山东商会再次请求缓征所得税。⑤

11 月 16 日，南昌、芜湖两商会请求中央政府缓办所得税。⑥

11 月 21 日，天津总商会、镇江总商会反对开征所得税。⑦

11 月 22 日，上海总商会发表通电，称全国商会联合会定于 12 月 4 日至 25 日在南京总商会召开各地商会代表会议，讨论应对政府开征所得税的措施。⑧

11 月 22 日，上海各界商会再次召开联席会，讨论联合向政府再次提交请愿书，反对开征所得税事宜。⑨

11 月 26 日，苏州总商会决定通电农商部，恳请政府缓行所得税。⑩

12 月 3 日，嘉兴商会、南汇商会反对政府开征所得税。⑪

---

① 虞和平．商会与中国早期现代化［M］．上海：上海人民出版社，1993：89.

② 杭州快信［N］．申报，1920－11－01（7）．

③ 仪征商会反对所得税［N］．申报，1920－11－09（7）．

④ 苏州总商会反对所得税［N］．申报，1920－11－11（7）．

⑤ 通电［N］．申报，1920－11－12（6）．

⑥ 杭州快信［N］．申报，1920－11－16（7）．

⑦ 南京快信［N］．申报，1920－11－21（7）．

⑧ 上海总商会紧要通告［N］．申报，1920－11－22（1）．

⑨ 上海总商会紧要通告［N］．申报，1920－11－22（1）．

⑩ 地方通信［N］．申报，1920－11－26（7）．

⑪ 地方通信［N］．申报，1920－12－03（7，11）

12月6日，汉口总商会再次表明反对政府开征所得税的主张。[①]

12月9日，江苏省商会联合会开会决定通电各省商会联合会，联合起来共同反对政府开征所得税。[②]

在博弈中期，各地商会反对北洋政府开征所得税的理由，逐渐统一到法理、技术和民族情感等几个层次。这些反对理由最初是由上海总商会提出的。

11月1日，《总商会会董审查所得税报告》[③] 称上海总商会委托盛丕华和叶惠钧两位会董审查了所得税相关文件，认为此次所得税法为非法，且征收不公平，主张大家一起反对开征所得税。这次上海总商会称政府未经国会授权即开征所得税，属于政府违法，从而使本次官商博弈事件进入了一个新阶段。

该文反对开征所得税的理由如下：

第一，所得税法须经合法国会通过，才能实施。而当前时期南北对立，国家不仅没有合法国会[④]，而且北洋政府早在8月份连北方的安福国会也解散了，所以，本次开征所得税的文件形式上也不具备法律条件。

“今世立宪国家凡增加人民之负担，须先经代表民意之立法机关承认，庶为合法。今日我国政争未已，南北分歧，是否有合法机关足以代表民意姑不必问，惟即此法律上必要之形式亦不经通过，遽以一纸空文号召全国，是直置民意于不屑问也。我民欲尊重共和，保持民治精神，则此未经国会通过之非法新税，是否有奉行之必要，此吾民当研究者也。”[⑤]

第二，开征所得税的时机未成熟。政府应该在废止一切恶税，并制定保护工商业发展的政策后，再议开征所得税的事项。

“国之与民一厉害之关系而已，故国之取于民者，即以为保民之用，权利义务庶足云平。乃我国今日地租带征之种类日繁，新税之项目又日增无已。国之取于民者既不可谓不丰，国债外债年有增加，国民之负担更为深

---

① 通电［N］. 申报，1920－12－06（3）.

② 南京快信［N］. 申报，1920－12－09（7）.

③ 总商会会董审查所得税报告［N］. 申报，1920－11－01（10）.

④ 1917年段祺瑞政府平息张勋复辟事件后，解散了1912年成立的国会，准备废除《临时约法》，重新选举成立了新国会（史称安福国会）。孙中山邀请部分国会议员在广州召开非常国会，组成了护法新政府。徐世昌当选总统后，主张南北谈判和解，但未达成和解协议。1920年7月，安福国会解散。通常，南方国会称安福国会为非法国会——笔者注。

⑤ 总商会会董审查所得税报告［N］. 申报，1920－11－01（10）.

重。……我工商界事业困顿于苛税横征之下，摇撼于时局万变之中，对内贸易既无所谓保护，对外贸易又无以为后援。各国施行新税，对于负担者例有相对之权利可享，试问我民可享之权利何在？”①

第三，民众不能监督所得税收入是否真正被投入到教育和实业中。事实上，若所得税收入真能投入到振兴教育和扶持实业方面，则全国人民都能从中获得福祉。然而当时军阀混战，各地对五四运动中的学生横加迫害，商会质疑政府获得所得税收入的真正用途。

“当局者宜如何励精图治以对我万民，又何至阋墙斗起？惟权利之是争，战乱频年，弭兵无术，适以保民者为祸民之具，益以天灾流行，哀鸿满野，民之辗转于沟壑非一日矣，保民之政策未睹，而搜括益力，无怪民不堪命，抗税之呼声日高一日。……以我民脂民膏直接供彼武人为自相残杀之具，间接以扰乱我闾阎，使无高枕之日，非特无益，且以自害是。则今日非法之新税更无奉行之义务矣。

夫财政部通告声明所得税之用途，一则曰‘取之于民，用之于民’，……虽然文告之不信于天下也久矣，我人一考既往之历史，即可知政府必无振兴教育与提创实业之诚意。

常年教育经费仅占岁入之十一，以百年树人之大计，固不能即此自满。然他项政费是否无虚靡之点？而常年军费年达七八亿，又何益于国家？养兵以害民与裁兵以事教育，相去又如何？去年学潮发生，青年学子激于爱国热诚，虽未免有过轻之举，然当局不加体谅，竟驱军警以厉行蹂躏，京内京外数见流血，国家元气断丧殆尽甚，且各地方有勒令解散学校之举，湖南等省尽解散官立学校，以教育费充军费，如此摧残之不暇，又何必藉口振兴教育以行搜括之实？

至于提创实业，更不敢信。日者，政府利用国民之射倖心以发行奖券，如民国三年之新华储蓄票已届还本之期，而迁延未了。今年又发行有奖实业债券，亦以提创实业为言，乃成效未睹，又欲藉端以辟新税，夫谁复敢信？”②

第四，政府所颁税法本身有不公平的地方。

“所得税之要旨在调和贫富负担之公平，故取于有产阶级者可略多，而

---

① 总商会会董审查所得税报告［N］．申报，1920-11-01（10）．

② 总商会会董审查所得税报告［N］．申报，1920-11-01（10）．

取于无产阶级者不可不廉。按所得税条例第三条，区别所得税为两种，第一为法人所得及除国债外公债社债之利息所得，第二为不属于第一种之个人所得。又按征收规则草案第九条，对于第一种所得用比例税，对于第二种所得用阶级累进税，前者采所得溯源法，后者采总额课税法，此实破坏租税公平之一大缺点。"①

第五，征收所得税的技术条件还不具备。一方面国民无主动承担纳税义务的道德和意识；另一方面，调查方法、统计方法都不完备，不能为开征所得税提供有力的技术支持。

"以今日我国登记法之未行，地方警政之不完备与国民道德之薄弱，事前既无精确之统计，事后又难得详细之调查，一旦举行所得税，恐租税公平之要旨未必可保。"②

上海总商会会董审查所得税的报告，为各商会反对开征所得税找到了坚实的法理基础和充足的事实材料，从法理、技术和情感等方面严密地驳斥了政府开征所得税的种种借口。第一，从法理上讲，立宪国家征税必须经国会授权才为合法。北洋政府未经国会授权，仅以国务会议讨论和大总统令的形式就开征所得税，属于违宪，这戳中了时值南北护法战争时期北洋政府的痛处，从根本上否定了开征所得税的合法性。第二，审查报告指出当前不具备开征所得税的技术条件，容易使得富人匿报财产，加之统计技术和调查技术都不完善，更有可能造成征税不公，严重质疑政府开征所得税的技术可行性。第三，军阀祸乱百姓，军费开支高达七八亿，甚至部分省份将教育经费充作军费，公开对政府开征所得税的真正目的进行质疑。第四，以政府血腥镇压五四运动中的学生爱国行为等事实，再次否定政府征税为教育的理由，从情感上让民众厌恶政府，进而支持商会，获得舆论支持。

11月20日和21日，《申报》以连载方式，全文刊发了上海总商会致上海县公署的公函，正式向上海县公署提出反对开征所得税及其理由。通览全文，反对开征所得税的理由是在盛丕华和叶惠钧两位会董审查所得税报告的基础上，进行了完善详细的补充。这篇公函的内容主要包括以下几方面：

第一，上海总商会高度重视政府开征所得税事宜。总商会接到县公署转发的开征所得税相关文件后，将相关文件重新排版转印500本，下发到上海

① 总商会会董审查所得税报告［N］．申报，1920-11-01（10）．

② 总商会会董审查所得税报告［N］．申报，1920-11-01（10）．

各行各业，广泛调查，听取各方意见，多次开会进行研究讨论，并同南京、苏州、汉口、吉林、芜湖、松江、武进、常熟等地商会进行沟通，最后才形成总商会反对开征所得税的决议。

第二，总商会认为从法律上看，这次开征所得税不可行的理由有两方面：①未经合法国会授权开征，立法手续不完备。②所得税依据各人纳税能力高下开征，而政府制定的所得税法案违背了这项原则，从立法上即违反所得税制公平精神。

第三，从事实上看，本次开征所得税不可行的理由有两方面：①征收方法不当，主要包括财产登记法未实行，没有精确的统计方法，没有详细的调查方案，这必然造成一些地方偷逃税成风。另外，政府采用包办制责成各省分摊认缴税款，完成任务者中央政府将给予地方政府奖励，这必然会造成地方政府为获得奖励而大肆搜刮，甚至部分官吏借此中饱私囊，对百姓骚扰很多，扰乱社会安宁。②政府征税用于教育和实业的目的让人质疑。首先，历年军费占全国岁入的百分之八十，全部政费占岁入的百分之十，最多不超过百分之二十，而教育经费仅占岁入百分之三，为什么不裁军节约军费而扶持教育呢？其次，去年发生学潮时，政府血腥镇压爱国学生，流血事件频发。湖南等地竟然解散官办学校，将教育经费充作军费，何谈扶持教育？再次，政府民国三年发行的新华储蓄票，以到还本日期，至今未还。该年又发行有奖实业债券，声称是为扶持实业，但实业反而境况愈下。政府公信力已难以让人信服。最后，财政部为开征所得税而发给各省的通令中，明言“目前财政困难已达极点，自非新辟税源，不足以资挹注”，根本未提及教育及实业，所以其政府开征所得税的真实目的，不是为教育实业，而是为筹集更多军费。

第四，当前政府所征税目种类繁多，百姓负担沉重，但政府依旧大量举借外债。从民国元年至民国八年，有据可考的外债数额已达到十二亿八千八百万元，内债二亿元，若加上军事协定等各项秘密借款，合计国债数额高达二十亿元。这么多的国债都被用于各地军费，然而却造成兄弟阋墙，内战不止。由此可见，对于今日之政府而言，所得税不是非征不可。

第五，提出八方面的问题，敦促政府反省。（1）所得税法须经合法国会授权通过；（2）须切实改正所得税法本身不公平的地方；（3）先停征一切恶税，实行保护工商政策，再开征所得税；（4）必须赋予人民监察所得税用途的权利；（5）先实行登记法，改良警政，建立精确的统计办法，再开征所得税；（6）政府必须声明不把所得税作为借外债的抵押品；（7）政府应把拟开征的所得税列入合法预算案中，才能开征新税；（8）政府不裁兵，不节省各项靡费，人民就不同意开征新税。

可见，这次上海总商会向上海县公署提出的反对开征所得税的理由，是综合了总商会会董审查报告、顺直省议会决议、江苏省议会决议等各方面意见，更加充分和详实，且从法理、技术和情感方面都站得住脚。

11月20日《申报》第11版发表评论文章《反对所得税》，文章称各省反对所得税的理由，被归结为非法、不公平、时机不成熟三个方面，实际上归根结底就是政府没有信用，一语中的。

（3）商会反对北洋政府开征所得税的策略

博弈中期，反对北洋政府开征所得税的阵营进一步扩大，形成了各省议会、议员和各省商会的政商联盟，反对的理由更加理性，也更容易获得各界民众的同情与支持，为商会获得博弈胜利奠定了基础。在这一阶段，商会反对北洋政府开征所得税的博弈策略主要包括以下几个方面：

①合纵策略。商会借助各省议会与中央政府的矛盾，积极争取与各省议会建立反对中央政府开征所得税的政商联盟，使得反对所得税的阵营进一步扩大。关于各省议会为什么会和各地商会结成反对中央政府开征所得税的政商联盟，本书已在本节前面有所论述。

各省议会与中央政府之间会有什么矛盾呢？这需要从民国初期国会与政府之间的矛盾谈起。袁世凯成为临时大总统后，各省议会选举国会议员，成立了正式国会。由于多数国会议员是拥护共和制的，对袁世凯称帝野心心存芥蒂，袁政府和国会矛盾重重。为扫除称帝障碍，袁世凯于1914年1月10日解散国会。

护国战争结束后，以段祺瑞为首的北洋政府与护国军达成罢兵协议。北洋政府于1916年8月1日恢复国会，但段祺瑞内阁试图实行独裁统治，赞成共和的议员们选择支持大总统黎元洪，与独裁的北洋军阀做斗争，府院之争由此爆发。张勋以调停府院之争名义进京，逼迫黎元洪于1917年6月12日宣布解散国会。以段祺瑞为首的皖系北洋军阀驱逐了复辟的张勋后，段祺瑞再次上台，但他拒绝恢复先前被解散的国会，并操纵选举了新的国会，史称“安福国会”，“安福国会”于1918年8月12日正式召开。原先国会中赞成共和的议员于1918年8月25日在广州召开国会，史称“非常国会”。这样，民国治下出现了两个国会，一个是北洋政府的“安福国会”，一个是护法军政府的“非常国会”。所以，赞成共和的资产阶级常常称北洋政府治下的国会为非法国会。

国会议员是由各省议会选举产生的，而各省议会议员多数是赞成共和的资产阶级代表，所以各省议会对北洋政府的“安福国会”，多数持否定态度。商会利用各省议会与北洋政府的这种矛盾，成功将一些省议会及议员来进反对北洋政府开征所得税的阵营，建立了政商联盟。

②釜底抽薪，从根本上否定北洋政府开征所得税的合法性。一方面，商会以北洋政府开征所得税未经合法国会授权，属于违反“约法”为理由，从法理上判定了北洋政府开征所得税是非法的，戳中了时值南北护法战争时期北洋政府的痛处。既然此次开征所得税的相关文件是非法的，各地商会自然就不必履行纳税义务。另一方面，商会从现代会计制度未能实行、统计方法尚不够精确等方面，指出当前尚不具备开征所得税的技术条件。不具备开征的技术条件而强行开征所得税，其结果自然是扰民，而且容易造成征纳人员中饱私囊和官员贪腐。

③孤立策略。利用民众厌战情绪和热点时事，唤起民众的情感共鸣，最大限度地孤立北洋政府，削弱它的民意基础。一方面，商会声称北洋政府 80% 多的财政收入用作军费，庞大的军费开支却导致军阀割据，内战混乱，直接造成了民众生活困顿；另一方面，商会进一步以军阀血腥镇压手无寸铁的爱国学生，强化了民众对北洋政府的憎恶之情。商会的这个博弈策略，收效十分显著，迫使北洋政府不得不多次明确表态，开征所得税确实是为振兴教育和实业筹集经费，并制定了相关的制度。

④捆绑策略。商会将缴纳所得税与停止厘金恶税捆绑在一起，政府部门不停征厘金等恶税，商会就不承认所得税。商会的捆绑策略，置北洋政府于两难选择。北洋政府本身财政困难，赤字庞大，开征所得税的目的就是筹集更多财政收入，倘若此时停征收入颇多的厘金，岂不是得不偿失？所以，北洋政府既不愿意停征厘金，又不愿意放弃开征所得税的主张。商会的捆绑策略，实际上就是要让政府进行取舍，放弃开征所得税的决定。

5.2.2　博弈中期北洋政府的博弈策略

在事态发展的前期，财政部面对各地商会公开反对开征所得税时，只是通过发布通令，要求各地财政、警察、教育、实业各厅多加宣传，做好解释与沟通。然而到了事态发展的中期阶段，商会的博弈策略让北洋政府陡然增加了不少压力。北洋政府不得不进行辩解，并试图以实际行动来强制推行所得税，声称推行所得税是不可变更的措施。

（1）博弈中期北洋政府的应对措施

1920 年 11 月 8 日《申报》第 10 版刊发了《总商会请缓行所得税之部批》，财政部在关于商会请求缓办所得税的批示中，针对商会提出的现在税收负担已经很重，不宜再开征新税，财政部称所得税法在民国 3 年（1914 年）已经得到国会通过，不属于新税种；针对商会提出推迟开征所得税的请愿，财政部则称本次开征所得税已经过国务会议审议同意，政府征税决心已下，不会变更。原文如下：

"上海总商会前因政府定于明年一月一日施行所得税消息传布后，接得各商会信函说帖节略，一致否认。爰提出常会议决否认，将议案说帖等呈请农商部，咨请财政部暂缓实行，以恤商艰。昨日接到部批，以所得税并非新增之税，近因教育各费无出，提出国务会议议决，改轻条例，颁布施行，案经公布，碍难变更，仍仰劝导各商，以利推行云。"①

11 月 10 日，《申报》第 6 版刊发新闻称，北洋政府不仅财政部设立了所得税筹备处，农商部和教育部也派出人员会同财政部筹备。原文如下：

"政府为增益国家税入起见，不问商民之如何痛苦、如何困难，决计按照原定日期征收所得税，并已在财政部内设立所得税筹备处。农商部派出参事陈光弼，教育部派出秘书陈在中，即日赴该处帮同筹备，然则所得税有必行之势矣。"②

11 月 13 日《申报》第 6 版刊发了国务院发给各省的通电，再次重申开征所得税一事万难变更。原电文如下：

"北京电：院电各省，所得税案经公布，万难变更，劝告各商，以利指云（十一日下午十钟）。"③

11 月 28 日，《申报》第 7 版刊发了财政部给杭州总商会的复电，电文中不仅再次申明政府开征所得税确实是为振兴教育和实业，并声明财政部已制定好储拨章程，防止所得税收入被挪用，算是回应各界对政府开征所得税真实目的的质疑。原文如下：

---

① 总商会请缓行所得税之部批 [N]. 申报，1920-11-08（10）.

② 京闻纪要 [N]. 申报，1920-11-10（6）.

③ 院电 [N]. 申报，1920-11-12（6）.

“杭总商会昨奉财政部复电称，现行所得税由本部分别先后办理，普通商店资本在二万元以上或有盈余者始行征税，并暂免查账。似此以资产为范围，则穷黎不与；以纯益为标准，则灾歉无关。其用途已奉明令指充教育实业经费，并由部严订储拨章程，以免挪用。事关要政，尚盼协力提倡，并转各商会查照。”①

在本次官商博弈事件的中期阶段，由于上海总商会等团体从法理上、技术上与情感上阐述了不能开征所得税的理由，获得了各省议会、财政厅及其他团体的支持，各方联合向北洋政府施压，要求取消所得税。尽管博弈形势发生了变化，但北洋政府态度和博弈策略没有根本性转变，依旧强硬坚持按期开征所得税，政府并没有对商会和议会提出的各种反对理由加以反驳和反省。

博弈策略选择不当与对手的致命反击，最终迫使北洋政府不得不宣布推迟开征所得税的时间。

12 月 10 日，《申报》第 3 版刊发财政部推迟三个月开征所得税的通电。原文如下：

“北京电：所得税因各省反对，部议缓三个月实行（九日下午三钟）”。②

（2）博弈中期北洋政府的博弈策略分析

在博弈中期，商会根据博弈规则，变通了己方的博弈策略，使得原本双方处于均衡地位的博弈变为了商会处于占优地位的博弈。北洋政府并没有意识到这种博弈状态的改变，或者说即使是意识到了也未能及时改变己方博弈策略，最终导致博弈中期的失利。笔者认为，这阶段的失利，主要应归因于北洋政府博弈策略的失利。具体而言，本阶段北洋政府的博弈策略包括如下几个方面：

①试图通过承诺策略，使反对开征所得税的各方相信，北洋政府开征所得税的决定是不可更改的，从而迫使对方放弃自己的主张。

北洋政府国务院发给各省的通电中，以及财政部给上海总商会和杭州商会的复电中，均声称开征所得税的相关文件已经公布，万难变更，政府开征所得税的决定是不可撤销的。这是北洋政府在本次博弈中采取的承诺策略，意在通过对开征所得税不可撤销的承诺，消除各地商会的反对。

---

① 杭州快信［N］. 申报，1920－11－28（7）.

② 财部缓办所得税电［N］. 申报，1920－12－10（3）.

但北洋政府的承诺策略并未奏效。因为在北洋政府以往的所作所为，已经使人民对政府产生不信任感，也就是说，北洋政府的公信力已丧失殆尽。所以，此时北洋政府所做出的承诺，被商会认定为不可信。

11 月 20 日，《申报》第 11 版发表评论性文章《反对所得税》。文章作者在文中直言，“各省反对所得税之理由，非法、不公平、时机未至三者尽之，然吾谓三者之总因，则以政府之无信用也”。[①] 意思就是说，商会所提出的三种理由，归根结底就是政府没有信用。

11 月 1 日，《申报》第 10 版刊发的《总商会会董审查所得税报告》中，也曾指出：公众不应相信政府开征所得税的目的是为振兴教育和实业，因为民国 3 年发行的新华储蓄票已到还本之期了，但政府却屡次延迟还本日期，至今不还本。北洋政府以前的种种不讲信用的行为，使得民众丝毫不相信北洋政府的本次承诺。政府的承诺策略自然失效。

②借助信号传递策略，试图将政府开征所得税决心不可更改的信息传递给商会，以消除商会的反对。

在不完全信息的博弈模型中，一方博弈主体为了使对方相信自己的博弈主张不可更改，会借助一定的手段将某些信号传递给对方，让对方放弃或者降低自己的利益诉求。在博弈中期，财政部设立了所得税筹备处，并由农商部和教育部也派人会同财政部筹备此事（11 月 10 日《申报》第 6 版）。北洋政府通过筹备所得税处，向商会传递政府开征所得税决心不可更改的信号，试图促使商会撤回反对意见。

③仍寄希望于各省财政厅、实业厅和教育厅能够向各商会进行宣传和劝导，让各商会自动取消反对意见。这种博弈策略实际上在初期已经使用过，没有任何效果。在博弈中期，博弈形势发生较大变化的前提下，北洋政府依旧采取这样的策略，注定了在博弈中要处于劣势，直至博弈失败。

1920 年 11 月 3 日，《申报》第 7 版刊发消息称，江苏省警厅将所得税章程、规则、办法等张贴于各通衢，让众商民知晓。“所得税定十年一月起施行，（江苏）省警厅昨将部颁章程、规则、办法张贴各通衢，备众周知。”[②]

① 反对所得税［N］. 申报，1920-11-20（11）.

② 南京快信［N］. 申报，1920-11-03（7）.

5.3 博弈后期事态发展

尽管北洋政府同意推迟开征所得税，但最终仍未同意取消所得税，所以在中期阶段，各商会与各省议会等团体只是取得了阶段性胜利，并未达到最终取消所得税的目的。这让各商会、各省议会及其他团体十分不满。但这阶段性的胜利也鼓舞他们继续与中央政府进行博弈，迫使中央政府最终取消所得税。在博弈后期，各商会及各省议会态度更加坚决，甚至有些省议会提出不取消所得税，各省就要停止向中央政府缴纳其他税款的激进主张。

12月19日《申报》第11版刊发评论文章《所得税展期》，文章点明人民认为，政府推迟开征所得税只是敷衍人民，绝无取消所得税的真心。反映了当时人民对政府推迟所得税的质疑态度。民众对政府的这种不信任心态，也是各地商会继续抗争的原因所在。原文如下：

“凡事不能从根本解决，而一以敷衍出之，此政府失信于民之大原因也。人民一致赞成之事，而政府不能行又不能不行，则必慰之曰：姑俟将来行之，可也。如今日之对付请废督者是。人民一致反对之事，而政府不能去又不能不去，则必慰之曰：目前姑暂去之，可也。如今日之对付请取消所得税者是。人民知政府之所谓将来必行者，搪塞之词也，将来仍必不能行，于是抵抗之心益烈。人民知政府之所谓目前姑去者，延宕之计也，将来仍必不能去，于是反对之风潮亦不已。总之，不能从根本上谋解决之法，而徒为敷衍一时之计，岂足以解人民之疑而平其气哉。”①

5.3.1 博弈后期商会反对北洋政府开征所得税的理由与策略

受阶段性胜利的鼓舞，博弈后期反对开征所得税的阵营进一步扩大，许多行业性商会也加入了反对开征所得税的联盟中。这一阶段，商会的博弈主张是最终要取消所得税，至少是让政府开征所得税不了了之。除继续坚持上阶段反对开征所得税的理由外，商会的博弈策略也更加丰富化。

（1）反对北洋政府开征所得税的联盟进一步扩大

在中期阶段，各省议会与各地商会结成了反对中央政府开征所得税的政

① 所得税展期［N］. 申报，1920-12-19（11）.

商联盟。在本阶段，各行业性商会、更多的省议会加入了这个联盟中。

1920 年 12 月 5 日，全国银行公会联合会经过讨论后决定，向政府请愿要求缓办所得税。[①]

12 月 9 日，上海华商杂粮油豆饼同业公会发布通电，邀请各业公会致函总商会，共同通电财政部，要求取消所得税。[②]

12 月 12 日，《申报》第 7 版发布浙江省议会反对开征所得税的通电，这意味着浙江省议会也加入了反对中央政府开征所得税的阵营。原文如下：

“（浙江）省议会通电称，顷上大总统国务院电文曰：人民纳税，当依法依律，载在约法，所得税条例未经合法国会议决，加重人民负担，断难承认。如政府不以明令取消，人民亦不能违法缴纳。生财有道，民意难违，谨代表全浙人民促政府之反省，临示迫切，不知所运。闻祈一贯主张。”[③]

12 月 16 日，《申报》第 7 版刊发《赣商帮反对新税大集会》的新闻。文中称，南昌总商会曾致电政府，请求取消所得税，但政府置之不理。道山商帮、盐业赈商公会等十余个商帮召开联合会，商议各商帮一起上街游行，向政府施压，要求政府取消所得税。

12 月 17 日，江西总商会致电北洋政府，请求取消开征所得税的决定。[④]

12 月 17 日，浙江省教育会致电北洋政府财政部，明确表示反对开征所得税，请求财政部取消征税决定。[⑤]

12 月 18 日，《申报》第 10 版刊发《吉林各团体函告反对所得税》，这是吉林省议会、总商会、省农会、省工会、省教育会等 14 个团体联合发出的反对所得税的公函，是各界联合反对所得税的一个真实写照。此外，这份函电中还强硬表示，若中央政府不取消所得税，则开征所得税之日，就是地方停止向中央解款之日。现摘抄原文如下：

“吉林省议会、总商会、省农会、省工会、省教育会等十四团体，公函沪上南北商会并各团体云，迳启者：前关于实行所得税一节，敝省商民极端反对，曾由敝团体等电请中央收回成命，并函致二十二省、敝省三十九县各团体，一致力争等情在案，现逾旬日，尚未奉政府复电。敝省各团体现仍坚

---

① 全国银行公会联合会议纪事［N］. 申报，1920－12－10（10）.

② 杂粮油豆饼业反对加征赈捐［N］. 申报，1920－12－10（10）.

③ 杭州快信［N］. 申报，1920－12－12（7）.

④ 通电［N］. 申报，1920－12－18（6）.

⑤ 杭州快信［N］. 申报，1920－12－18（6）.

持前议，再呈中央，其文曰：呈为再恳取消所得税以恤民艰事，窃前奉明令，民国十年一月实行所得税一节，吉省各团体诵阅之下，不胜惶骇，前曾电请轸念民艰收回成命在案，是否俯准，迄未奉复，敝团体心怀惴懼，仍有不能已于言者，剀切陈之。查所得税法，虽通行于欧美各邦，然施之中国，则为创举，事体重大，骇人听闻，律以国家之旧例、地方之情形、人民之习惯，种种窒碍，不便实多，原非仓卒间颁一法令、拟一章则所能办到也。按此项条例，定于民国三年，如果易于推行，袁政府早便见诸事实，何必迟至今日？中国税率纷繁，人民负担已重，如施行此种，必将其他苛税一律免除，方昭公允。否则，税上加税，民力几何，焉能胜此？况国家行一法必期普及，彼此推行无阻，人民始免苦乐不均之慨。现值南北迄未统一，政权尚出多门，北省加税而法令独不及于南方，同是国民，纳税互异，何以服人？不但此也，本年内省旱灾，赤地千里，各省筹募义赈，人民认捐已巨，加以比年来干戈满地，疮痍未复，天灾人祸，分沓而来，人民所受痛苦，更有不忍言者，若遽施行此税，是人民待苏之望已绝，铤而走险亦意计中事。总之，衡情揆理，审时度势，以中国现状论，尚非加税之时。况所得税法颁自袁政府，非经国会通过，未发生法律上之效力，决难责人民之服从，万乞我大总统、总理、总长，盱衡时局，轸念民艰，毅然呈请大总统收回成命，勿失民心，实为至祷。否则，此税果行，吉省人民决不承认。政府既不恤念人民，人民亦无向政府担负义务之责，是所得税实行之日，即协济中央各款停纳之日，危迫上言，伏后鉴裁。除分呈大总统、国务院、财政部外，相应缮具取消所得税各缘由，公请鉴核，收回成命施行，谨呈等语。尚望贵县各团体仍合力电争，务达到收回成命目的为止，事关加重人民负担，且未经合法国会通过，万难承认，特再函达，望速进行。”①

12 月 22 日，广州商会发表通电，明确表示反对北洋政府开征所得税。②

12 月 25 日，杭州总商会再次致电中央政府称，商业凋敝，商家不堪重负，绝不承认所得税。希望中央政府能够体恤商民，取消开征所得税的决定。③

12 月 27 日，上海、南京和苏州三地的肉业公会召开联席会，共同反对

① 吉林各团体函告反对所得税［N］. 申报，1920－12－18（10）.

② 南方近事记［N］. 申报，1920－12－23（3）.

③ 杭州快信［N］. 申报，1920－12－26（7）.

政府开征所得税。[①]

12月31日，安徽省各界通电财政部，要求取消开征所得税的决定。[②]

1921年3月18日《申报》第10版刊发《北京教职员否认维持所得税》。原文如下：

"北京国立专门以上各教职员，因报载北京国立专门以上各学校与京师学务局寒日通电请维持所得税，该教职员等并未与闻，特通电否认。原电照录如左：全国商会联合会、报界公会并转各报馆，转各省教育会、总商会，公鉴。本日北京各报等载，北京国立专门以上学校及京师学务局寒日致各省教育会、总商会、上海全国商会联合会、各报馆，电请维持所得税，并一致要求政府严订征收、保管、支用及监督之方法等语。该电，同人等并未预闻。查所得税系经政府公布，以七成拨作教育基金，亦复未见实行。现在北京国立专门以上各校已数月无费，已到无可维持之地步，同人等业已暂行停止职务，请求政府准予指拨铁路、邮电等项内的款，充作北京国立专门以上各校经常费，以期维持，尚祈协助为荷。北京国立专门以上各教职员公叩谏。"[③]

3月20日，中国烟酒联合会开会议决，要与其他各行业商会一起反对北洋政府开征所得税。[④]

5月20日，安徽省议会表态，反对北洋政府开征所得税。[⑤]

由上述分析可以看出，反对北洋政府开征所得税的阵营进一步扩大，各行业性商会、各省教育会、一些省份的农会、工会等也加入了这个联盟。反对北洋政府开征所得税联盟的扩大，意味着北洋政府开征所得税的民心进一步丧失。

（2）商会反对北洋政府开征所得税的策略

商会反对北洋政府开征所得税的理由，继续坚持博弈中期提出的非法、不公平、技术条件不成熟、质疑其真实用途以及税负沉重等几条。

1920年12月19日《申报》第7版刊发《商会联合会审查所得税》，江苏省商会联合会召开大会，公推上海总商会代表盛丕华为审查长，于12月

---

① 肉业会议反对新税［N］．申报，1920-12-28（11）．

② 皖省近事［N］．申报，1920-12-31（8）．

③ 北京教职员否认维持所得税［N］．申报，1921-03-18（10）．

④ 烟酒联合会常会纪事［N］．申报，1921-03-21（11）．

⑤ 南京快信［N］．申报，1920-05-20（8）．

17 日在南京召开审查会，再次审查所得税。审查结果与上海总商会审查结果相同，多了一条“若租界以内不须完纳所得税，是非特放弃一部分绝大之税收，且不啻尽驱华人营业于租界，而自绝其发达内地工商之希望，租税公平之旨，亦因以破坏。”①

1921 年 1 月 7 日，《申报》第 10 版刊发《所得税之先决问题》，江苏省全省商会联合会提出了要想开办所得税，政府必须先解决商会提出的七项条件，否则全省商会难以答应开征所得税。这七项条件包括：第一，切实修改所得税法本身不公平的问题；第二，先停征一切恶税，实行保护工商政策；第三，赋予人民监察所得税收入用途的权利；第四，实行登记法，改良警政，实行精确的统计方法；第五，政府先发布声明，将来不会用所得税做抵押来借外债；第六，政府想开征的新税，须先列入政府合法预算案中；第七，政府裁兵，节省各项靡费，否则人民不会认可新税。

北洋政府曾公开表示，将来不会将所得税充作借外债的抵押。然而 1921 年 3 月 20 日《申报》披露，教育部拟以所得税作抵押向银行解款的消息，进一步证实了商会所提出的政府毫无公信力的指控。“北京电。教部向华银团协商月垫二十万充教育基金，以所得税作抵。银团方面需财部有切实担保，方可正式谈判。今晨，王次谒周，请提付阁议决议（十九日下午一钟）”。②

但在博弈策略方面，更加丰富。具体而言，博弈后期，商会除继续坚持中期阶段的合纵策略、孤立策略、釜底抽薪策略和捆绑策略外，还增加了威胁策略和不合作策略。

①威胁策略。北洋政府面对各省议会、各地商会甚至一些省财政厅要求停征所得税的呼声，仅仅同意推迟三个月开办所得税，并没有取消所得税之意。

吉林省议会、总商会等十四个团体在 1920 年 12 月 18 日联合发出的反对所得税的公函中，明确表示若中央政府不取消所得税，则所得税的开征之日，就是各地停止向中央缴纳其他税款之日。“否则，此税果行，吉省人民决不承认。政府既不恤念人民，人民亦无向政府担负义务之责，是所得税实

---

① 商会联合会审查所得税［N］. 申报，1920-12-19（7）.

② 北京电［N］. 申报，1920-03-20（6）. 王次，指时任教育部次长王章怙；周，指时任财政总长周自齐——笔者注。

行之日，即协济中央各款停纳之日，危迫上言，伏后鉴裁”。①

12 月 12 日，浙江省议会发表的通电中，也明言“如政府不以明令取消，人民亦不能违法缴纳。生财有道，民意难违，谨代表全浙人民促政府之反省”。②

江西总商会准备“集全省商民巡行警告，分向军民两署请愿”。江西省各商会为反对北洋政府开征所得税，而号召全省商民游行，确实开了各省先例。“赣人素以谨愿著，闻此项特殊举动，实开各省先例”。③

1921 年 4 月 21 日，福州总商会号召各商帮均派代表 4—10 人，到福建省长公署请愿，要求取消所得税。④

②不合作策略。更多的商会则是采取不合作策略，来应对北洋政府开征所得税。

12 月 27 日，《申报》第 7 版刊发消息称，杭州商会号召各商民不与政府合作，不让稽征人员查账。原文如下：

“杭商对于印花新章及所得税两案，多数以实行期届，呈部请免之电尚无复示，已决定在未奉圆满批答以前，官厅设迫令实行，于印花税则不受检查，所得税则不许查账。”⑤

12 月 30 日，《申报》第 6 版刊发顺直省总商会发出布告，要求各商民勿单独缴纳所得税。原文如下：

“天津电：总商会布告，印花新条例与所得税未明令免征以前，各商应拒绝，勿单独交纳（二十九日下午十钟）。”⑥

1921 年 2 月 19 日，上海总商会召开第四期常会，决定号召各商会拒绝协助财政厅和上海县公署调查所得收入事项。“上海县公署函，以奉部令，所得税事在必行，现由财政厅饬将全年税收约数查报，所有调查估计方法请由会协助办理等语。……［议决］维持原案，拒绝协助。”⑦

3 月 26 日，《申报》第 7 版刊发消息称，安徽省总商会开会讨论，决定与各省商会保持一致态度，在北洋政府裁撤厘金之前，对任何税收都加以否

① 吉林各团体函告反对所得税［N］. 申报，1920－12－18（10）.

② 杭州快信［N］. 申报，1920－12－12（7）.

③ 赣商帮反对新税大集会［N］. 申报，1920－12－16（7）.

④ 福州通信［N］. 申报，1920－04－29（7）.

⑤ 杭州快信［N］. 申报，1920－12－27（7）.

⑥ 商会拒认所得税［N］. 申报，1920－12－30（6）.

⑦ 总商会第四期常会议事录［N］. 申报，1921－02－20（10）.

认。原文如下：

“省商会对于所得税，昨日开会讨论，众以事关全国商人负担，表决与各省商会取一致态度，如裁厘加税案未实行以前，无论何税均宜否认。”①

4 月 9 日，《申报》第 8 版刊发消息称，南京、上海、苏州和通州四地总商会坚持主张，不裁厘金，绝不承认所得税的施行。

5.3.2　博弈后期北洋政府的博弈策略

博弈中期，北洋政府未能及时因应商会博弈策略的改变，博弈策略单一、滞后，造成北洋政府处处被动，最终于 12 月 9 日宣布推迟三个月开征所得税。在博弈后期，北洋政府除继续坚持博弈中期的信号传递策略和承诺策略外，还增添了连横策略、分化策略、游说策略和树立榜样策略。

（1）信号传递策略

北洋政府通过正式成立所得税处、催促各地速办所得税、制订《所得税征收支用监督办法》及《金库经理所得税章程》文件等信息，向反对开征所得税的阵营传递信号，政府不可能取消所得税。

1921 年 2 月 3 日，财政部先在北京成立了所得税分处，所得税分处办公地点设于财政部后楼，孔祥榕为分处处长。可见，财政部筹办所得税的工作并未停止。2 月 11 日《申报》第 10 版刊发《北京所得税分处成立》的新闻，文中还称孔祥榕召集各科室人员，宣讲所得税是最为公平之税，在西方各国为大宗收入的税种，现在政府财政困难达于极点，教育经费无有着落，教员薪金无从发放，教学设备无从采购，所以需要开办所得税为教育和实业筹款。

2 月 21 日，北洋政府国务院决定将财政部所得税筹备处改称为全国所得税处，负责所得税征收事宜。②

3 月 11 日，浙江省财政厅厅长兼任浙江省所得税分处处长，并称浙江省所得税分处将于日内成立。③

3 月 21 日，《申报》第 11 版刊发《财厅特设所得税专科之函告》，表明江苏省财政厅时任厅长严孟繁按照财政部要求，设立专门负责所得税的科

① 皖省近事［N］. 申报，1921－03－26（7）.
② 阁议［N］. 申报，1921－02－21（6）.
③ 杭州快信［N］. 申报，1921－03－11（7）.

室，继续筹备开征所得税事宜。原文如下：

“本埠各公署昨接江苏严财政厅长公函，以所得税一事，现奉部令特设专科，业于本厅附设组织成立，函知查找云云。”①

全国所得税处与各省所得税分处的成立，是北洋政府及各省筹备所得税的必要工作，也是北洋政府藉此向各商会传递信息——政府开征所得税的准备工作已到位。

1920 年 12 月 24 日，《申报》第 6 版刊发消息称，北洋政府国务院审议通过了《所得税施行细则》《所得税支拨章程》等文件。

1921 年 3 月 17 日，北洋政府国务院召开例会，会议内容之一就是制订所得税征收保管支用监督办法。②

3 月 22 日，北洋政府国务院再开会议，决定将拨归实业经费的所得税款中，抽出三成作为法定各项实业保息基金，由国家银行专储。会议还决定，必须先经政府批准才可拨用这笔经费，同时要通知各地商会知晓拨款事宜，按月将收支数字登在政府公报上，以彰显政府公信。③

3 月 29 日，国务院召开会议表决财政部拟定的《金库经理所得税款章程》。④

北洋政府制订这一系列文件，是想向反对开征所得税的阵营传递信息，政府开征所得税收入切实是用于支付教育经费和振兴实业经费，不是用于军费开支的。同时，也意在提醒各商会，政府筹办所得税的技术性文件已经制订完毕，希望各商会能够放弃反对意见。

（2）连横策略

在商会采取合纵策略，与各省议会、行业性商会、教育会、农会等团体结成反对开征所得税的联盟之后，北洋政府开始尝试连横策略。北洋政府的连横策略，是中央政府与各省军事长官、行政长官之间的联盟。毕竟，在军阀割据的社会背景下，中央政府权威不足，很多事情需要借助于各省的军事长官和行政长官才能办成，所以中央政府也试图通过与各省军事长官和行政长官的结盟，促使各省能够协助中央政府成功开征所得税。

1921 年 3 月 31 日，《申报》第 3 版刊发消息称，国务院致电各省军事

① 财厅特设所得税专科之函告［N］. 申报，1921-03-21（11）.

② 北京电［N］. 申报，1921-03-18（4）.

③ 北京电［N］. 申报，1921-03-23（4）.

④ 北京电［N］. 申报，1921-03-31（3）.

长官与行政长官，希望能够协助推行所得税。原文如下：

“院电军民两长，所得税难再展缓，请饬属协力进行。”[①]

各地督军和省长很快就开始协助推进所得税的筹办工作。4 月 5 日，《申报》第 10 版刊发的《所得税妥速筹办之厅令》中，即明确指出：财政厅奉督军、省长第 2904 号训令，要求各县知事能够协助财政厅妥善筹办所得税，不要观望，以致耽误要政。

（3）分化策略

北洋政府宣称所得税收入的七成要拨作教育经费，而有些省份的教育会却加入了反对开征所得税的阵营。于是，北洋政府积极拉拢北京的国立学校教职员，希冀能够与这些教职员结成联盟，既扩大支持所得税的阵营，又达到分化反对阵营的目的。

3 月 16 日，《申报》第 4 版刊发北京国立专门以上各学校及京师学务局的来电，声称教育经费不足，希望各商会能够支持政府决定。原文如下：

“北京教育界来电，上海，省教育会、商会、全国商会联合会、申报、新闻报、时事新报、时报、神州日报，公鉴。民国成立，政争迭起，教育生机之绝如线，国内大小男女学校，靡不以经济困难屡濒危殆，长此以往，行见教育停辍，国本动摇，亟起维持，匹夫有责。查民国三年一月公布所得税条例，经财政部呈准，于民国十年一月施行，以七成振兴教育，三成提倡实业，如果实行，确为利国福民至计。惟是此项税则维端伊始，若保管无法，运用不宜，则税法虽良，仍无实效。同人等职司教育，无任殷忧。除公呈政府外，为此敬告台端协力维持，并一致要求政府严订征收保管支用监督之方法，并使学商各界各得与闻。庶几涓滴归公，款不虚縻，此项税源亦不致发生障碍。诸公热心爱国，谅荷赞同。临电恳诚，毋任企幸。北京国立专门以上各学校及京师学务局，寒。”[②]

然而，北洋政府试图与北京教育界建立同盟的计划，却遭到了北京国立各专门学校教职员工的反对。3 月 18 日，《申报》第十版刊发《北京教职员否认维持所得税》。

3 月 28 日，《申报》第 10 版刊发《学生总会之反对所得税电》。原电文如下：

---

① 院电［N］. 申报，1921－03－31（3）.

② 公电［N］. 申报，1921－03－16（4）.

“学生总会作致北京各大学电云，北京国立大学校代理校长蒋梦麟先生暨国立专门各学校校长钧鉴，顷阅公等上教育部呈文，主张以所得税维持教育，同人再三考虑，实有未敢赞同之处，特为公等陈之。按自所得税条例颁布后，商民一致反对者，正如公等所谓‘武人之专横，政客之攘夺，不改旧规，似此不顾大局不恤民艰尽国民之膏脂，恐亦不足以资挥霍’，并非实行伊始不免怀疑也。即令严密订定征收、保管、支用及监督之方法，而武人、政客如故，公等将何以制裁之？国家固有预算中不列有教育费一项也，此项教育费既挪作别用，公等除消极对付外，尚无如之何？则异日将所得税挪作别用，公等亦只有消极对付之一法耳。长此以往，徒增商民以重大之负担，而莘莘学子荒废课程，无异于今日不知者。将疑公等受武人、政客之利用，故为鼓吹。众矢所集，公等其何以自解乎？且七成所得税果为振兴教育，亦应用之添设学校扩充经费，若以固有预算中之教育费移填武人、政客之欲壑，复以七成所得税移作固有预算中之教育费，则加税其实振兴教育其名耳。设使各省之武人、政客尤而效之，尽吸收其范围内之教育费，届时省立各学校校长步公等之后尘，要求行他种苛税以维持教育，重重剥削，国民虽卖妻鬻子亦不胜其诛求矣。岂惟教育如是，推之实业，何独不然？同人固知公等用心无他，不过，公等言动易为国人注意，差之毫厘失以千里，敢贡愚忱，诸维垂查，专肃敬候铎安。中华民国学生联合会总会谨启，三月二十七日。”①

这两份电文，让北洋政府与发表支持政府开征所得税通电的各学校校长及京师学务局十分尴尬，彻底打乱了政府试图与教育界建立联盟的企图。

北洋政府鼓动北京国立专门以上学校校长及京师学务局发表通电，声称支持开征所得税的做法，希望能够分化教育界，让各地教育界与北京教育界、北京教育界内部产生纠纷，减少北洋政府面临的反对压力。

（4）游说策略

为减少各地商会的阻力，北洋政府及各省公署、财政厅纷纷派人游说各商会，希望各商会能够放弃反对意见，协助政府推行所得税。

1920年12月28日，《申报》第11版刊发消息称，教育部特派佥事沈彭年到上海，就所得税问题与各团体进行联系疏通，希望能说服各团体支持政府开征所得税。然而消息中也特意提到，上海各商会团体经过协商，拒绝

① 学生总会之反对所得税电［N］．申报，1921－03－28（10）．

与沈彭年见面。

1921 年 1 月 23 日，浙江省长派秘书郑云鹏、第一科长孙智敏，浙江督军派顾问松庆列席杭州总商会的会议，游说各商会代表支持政府开征所得税。①

不过，在杭州总商会的该次会议上，各商会代表依然坚持反对政府开征所得税的主张，并请郑云鹏、孙智敏和松庆向省长及督军转达商会请求，希望省长与督军能够代为向中央政府请愿，请求取消所得税。②

江苏省财政厅时任厅长严孟繁特意到上海，同上海总商会及各商会代表就所得税问题进行沟通。各商会代表向严厅长陈述了商业凋敝、税负沉重，难以承认所得税等主张。5 月 16 日，严厅长由上海返回南京后，即将所得税难以开展等情形电告财政部。③

由上述分析可以看出，北洋政府试图通过游说策略，来消除各商会的反对，但这种游说策略最终失败了。

（5）树立榜样策略

为了展示政府公平征税的良好形象，政府先从官吏薪俸入手开征所得税，让政府官吏为商会做好榜样。

1921 年 1 月 22 日，北洋政府发表声明称，中央各机关要于本月开始对薪俸扣缴所得税。原电文如下：

“北京电。中央各机关本月份薪水实行扣征所得税（二十二日下午三钟）”。④

3 月 2 日，财政部通电各省区，要求先从官俸开始征收所得税。⑤

然而，北洋政府的这个策略效果不太明显。3 月 19 日《申报》第 6 版刊发的一则消息，原文如下：

“北京电。所得税从官俸入手，三月办起。各省尚观望。苏省着手最早，在财厅设专科，主任一，科员八，请部备案（十八日下午二钟）”。⑥

北洋政府想通过先从官俸入手开征所得税，在社会上树立榜样，展示政

---

① 杭州快信［N］. 申报，1921－01－24（7）.
② 浙商会议决反对三苛税［N］. 申报，1921－01－25（7）.
③ 南京快信［N］. 申报，1921－05－17（7）.
④ 京闻纪事［N］. 申报，1921－01－23（6）.
⑤ 北京电［N］. 申报，1921－03－03（6）.
⑥ 京闻纪要［N］. 申报，1921－03－19（6）.

府的决心以及公平征税的好形象，但各省的观望，也使得这个策略失去了效果。

（6）反驳策略

针对商会所提出的各种反对理由，北洋政府终于给出了回应，对各条反对理由进行了逐条反驳。

1921 年 1 月 19 日《申报》第 11 版发布了上海县商会所接到的上海县公署函件，函件中转发了财政部针对各地商会反对所得税理由的反驳意见。大意如下：①反对者称：所得税条例未经国会通过，所以此次征所得税违法。财政部对此反驳说：该条例于民国 3 年公布之时，虽然未经国会通过。但是民国 5 年 6 月 29 日大总统令曾称，凡是没有明令废止的法令，仍旧有效，而且当时国会已经复会，国会没有建议废止此税条例，所以所得税条例合法。②反对者称：目前西南各省不受中央辖制，开征所得税将无法普及到西南各省，违背公平征税原则。财政部则反驳说：同一税法，施行的地方有先有后，各国也曾有先例，所以不能以此为借口，反对开征所得税。③反对者称：近年来内战频发，灾害侵扰，商业凋敝，所得税不可贸然开征。财政部对此反驳说：各国施行所得税，也多数是于国家多事之秋开始开征，岂能因为商业困难就不开征所得税？况且所得税是针对有纯收益的商户开征，与经营亏损的商家毫无关系，加上政府已经降低税率和定有起征点，因此反对者更不能以这个理由反对开征所得税了。④反对者称：现在税目太多，民众负担沉重，不能开征新税。财政部反驳说：现在世界各国已经没有征收单个税种的国家了，多税种是发展趋势，所得税税率轻，又是以纯收益为课征标准，不会加重民众负担。⑤反对者称：现在各地自治尚未实行，不便于开征所得税。财政部反驳说：所得税属于国家税种，与地方自治无关。⑥反对者称："登记法"尚未实行，调查方法不完备，恐怕引起纠纷。财政部反驳说："登记法"与所得税的调查事项联系很少，而且财政部现订所得税稽征办法从简，不会引起很大纠纷。⑦反对者称：本次所得税以法人所得为征税对象，有失公平。财政部反驳说：本次所得税先征税目是以官吏公俸所得为首期开征的，怎么能说对法人单位不公平呢？此外，财政部还表明 1920 年 11 月 23 日国务会议已经表决，所得税所收税款除了征收费用及奖励费用外，余款的七成用于振兴教育，三成用于扶持实业，希望藉此消除民众对所得税收入用途的质疑。

1921 年 3 月 29 日《申报》第 11 版刊发《征收所得税之预备》，文中也对商会质疑所得税用途一事进行了辩解和反驳。文中称："至各商会虽间有误会呈请缓办者，均经本部开白解释。现据江苏省上海总商会呈请于裁厘之后实行，此良税当经本部指定作为教育实业经费，自不能与其他税项混为一致。裁厘一节，业经组织委员会开会讨论、积极进行等语批答。遵照该省区如有此等情形，亦应一律开晓，以免碍阻。"①

这次博弈从 1920 年 9 月底开始，一直持续到 1921 年 9 月。最终，所得税没有能够在全国顺利推行，这可以从以下两个消息得到佐证：

1922 年 7 月 21 日，财政部所得税处被并入税务处。②

1922 年 9 月 8 日，《申报》第 13 版刊发《甘商会请缓办所得税之求助》一文。该文称经各地商会和各省商会的请求，1921 年财政部决定缓办所得税一年。现在又届财政部规定的所得税施行日期，希望各地商会再次联合请愿要求缓办所得税。

而查所得税开办历史，北洋政府虽然短暂对官俸开征了所得税，但税收收入极少，最终未能成功推行所得税。当然，这是以后的事情了，不在本书研究范畴之内。

---

① 征收所得税之预备［N］. 1921 - 03 - 29（11）.

② 北京电［N］. 申报，1922 - 07 - 22（4）.

第 6 章

博弈规则辨析

任何博弈都要受既定博弈规则的约束和指导。我们观察和分析博弈主体的行为决策是否理性，需要将历史事件还原到它所处的社会背景中，社会背景决定了参与人在什么时候该做出什么样的选择，所以，我们说社会背景是博弈规则的重要组成部分。

北洋政府在本次官商博弈事件中，之所以处于非占优地位，与当时的社会背景、博弈策略选择失当等多种原因有关。清末民初，国内生产力发展缓慢，尽管机器工业形态发生了萌芽，但以农业为主的社会形态并未发生根本性改变；国力衰弱，反抗外侮的战争屡战屡败，各种不平等条约不断加诸于身，主权逐步沦丧；仁人志士开始向西方学习，引入西方思想及制度，统治阶级也被迫采纳了一些西方政治制度，然而没落的封建制度依旧顽强，和引入的西方制度发生了很多冲突；在帝国主义列强“门户开放”政策干涉下，国内的封建集权逐步过渡到军阀割据状态，中央政府统治力不断下降。这些社会背景与政治现实，奠定了本次博弈事件最根本的博弈规则。认识和理解这些博弈规则，有助于我们更清晰地识别博弈主体的理性决策。

6.1 民智开化：西方所得税理论与自治思想的传播

积贫积弱的清政府，屡屡遭受外侮，不平等条约分沓而来，各种赔款和割地行为屡次发生。腐朽没落的清政府在反抗外部侵略的战争中屡战屡败，刺醒了一部分国人，促使他们开始游学西方，向西方学习，借鉴西方社会、政治及工业制度。“睁眼看世界”的这些仁人志士，回国后开始向国人介绍西方，宣传“师夷长技以自强”的思想和理念，国内逐步形成了向西方学习的运动思潮。在此背景下，清政府晚期也被迫开始向西方学习，考察西方宪制，试图通过立宪来延长自己的统治。不管初衷如何，清政府官方组织的留学和考察西方宪制，最终促进了资产阶级民权思想在各地的传播与普及。

6.1.1 西方所得税思想在中国的传播

中国经历了两千年的封建思想浸淫，“皇权至上”思想长期根植人心，百姓习惯于无偿向帝王缴纳赋税和服劳役。当西方民权思想以及“不出代议士不纳税”的税权意识被介绍到中国时，国人从思想认识上还难以理解，更不用说认可和采纳了。因此，必须让当时更多的国人认识、理解、认可和接纳所得税思想及其制度，所得税才能在中国被付诸实施，这是所得税在中国推行的思想基础和前提条件。所得税在中国推行的思想条件可以分为广义与狭义之分。广义的思想条件包括民权思想、共和思想、自治思想、法治思想以及科学意识等社会思想及制度的深层次变革；狭义的思想条件仅限于西方财税思想在中国的传播。本书所述及的思想条件限定为狭义的思想条件，即西方财税思想在中国传播并被逐步认可。

清朝末年内外交困，社会、政治、外交的诸多动荡，使得许多图议变革之士将视野放至国外，学习国外先进制度和经验，也包括学习西方税收体系与制度。“当时值维新之初，凡百外制，均在大量吸收，欧美税制自在采择之列”。[①] 当时国人学习和借鉴外国财税思想的途径主要包括两种：一是外国财税思想及著作在中国的传播，使得国内很多开明之士逐步接受了西方财政思想及制度；二是大量官派或自费出国留学的留学生，在西方国家学习并亲身体会到了西方税制的优越性，归国后开始传播西方财政思想及制度。这两种途径都大大提升了国人对西方财政思想的了解和认可，在中国开征所得税的思想条件随之逐步成熟。

（1）晚清民国外国财政著作在中国的传播情况

介绍和引进西方所得税思想及制度的运动，始于晚清时期。相比于清末，民国时期对西方所得税的介绍更系统，更侧重于对所得税制度介绍以及实施政策的引进。而西方所得税思想及其制度的引进，对民国时期所得税的开征、改革及其演变有着重要的影响。

---

① 胡毓杰．我国创办所得税之理论与实施［M］．上海：经济书局，1937：11.

如本书第2章所述，译自国外财政学者的著作共计70部，从原作者国籍来看分别来自日本、美国、英国、德国、苏联（含俄国）等7个国家，另外有2名作者国籍不详。

而《中国经济学图书目录（1900—1949)》中列出的财政方面的书籍，内容所涉及的国别来看，分别涉及日本、美国、英国、法国、意大利、苏联（含俄国）、德国等14个国家。由于难以觅到部分著作文本，仅从这些图书介绍看，另有一些著作涉及世界各国制度、欧洲各国制度及南美洲各国制度，未提及具体国家。如表6-1所示。

表6-1　原著所介绍财政制度的国别统计

国别	日本	美国	英国	法国	意大利	苏联（含俄国）	德国
数量	34	32	37	25	15	20	29
国别	印度	奥地利	瑞士	澳大利亚	加拿大	朝鲜	菲律宾
数量	1	3	1	1	1	1	1
国别	南美	欧洲	世界各国				
数量	1	4	33				

数据来源：谈敏．中国经济学图书目录（1900—1949）[M]．中国财政经济出版社，1995年．

从译著的出版年份统计，可看出当时国人持续引进和介绍外国财政思想及制度的著作，且在所得税开征之前，这些著作的出版数量逐年增加。

从这些统计数据来看，民国时期积极引进各国财政著作，广泛研究各国财政制度与财政工作，以寻求解决和改革本国财政问题的有效良方。西方财政思想的引入和其他国家财政制度的引进，对普及所得税思想和建立所得税制度奠定了思想基础。

（2）官派留学

1868年，曾在美国留学的容闳上书军机大臣文祥，希望清政府能够派遣学生到美国留学，学习西方工业、矿业及其他自然科学。1870年清政府批准了派遣幼童赴美学习的奏请，设立“总理幼童出洋肄业沪局”，负责国内遴选赴美留学幼童事宜。1872年8月11日，第一批留学美国的幼童由上海出发，自此揭开了清政府官派留学的历史序幕。1872年至1875年的4年间，清政府共官派120名幼童赴美国学习。除官派留学生外，很多经济条件相对丰裕的家庭，也愿意将自己家的孩子送往国外留学，称为私人留学或游学。

根据一些学者统计，自 1896 年至 1911 年，清代官派留美学生为 558 人；[①] 官派留欧学生为 987 人；[②] 留日学生则高达 45000 人。[③] 而民国前期 1912 年至 1926 年留美学生为 4148 人，[④] 留欧学生为 1637 人；[⑤] 1912 年至 1922 年留日学生为 28000 多人。[⑥] 这些海外留学生不仅向西方学习自然科学知识，也接触到很多西方人文社会科学知识，为近代中国引进西方财税思想奠定了基础。

以民国时期的历任财政总长为例，自民国成立以后，共有 37 任财政总长，其中 29 位有海外留（游）学或者官派留洋经历。财政总长具有海外留（游）学或者官派留洋经历，对于借鉴和引入西方财税体制起到了很大的促进作用。

6.1.2　自治思想在中国的传播

西方地方自治思想在中国的传播，要比宪政思想和财税思想在中国传播的时间更早。汪太贤考证后认为，西方地方自治思想在中国的传播时间，可追溯于 19 世纪 30 年代。[⑦] 1838 年美国传教士艾来亚·高曼（Elijah Coleman Bridgeman）在国内介绍了美国的地方自治制度。

1848 年，徐继畲出版《瀛寰志略》一书，其中也介绍了瑞士、美国等国家的地方自治制度。但徐继畲并未有出国考察的经历，他的著作主要是通过走访在华的外国人，以及收集来华的传教士著作等资料编纂而成。

1866 年，斌椿带领同文馆学生游历英、法、比、意等欧洲各国，归国后出版《乘槎笔记》一书。在该书中，斌椿简要介绍了英国地方自治制度。

---

① 陈学徇，田正平．中国近代教育史资料汇编：留学教育［M］．上海：上海教育出版社，1991：686—687.

② 刘集林．20 世纪初晚清留欧教育特点与存在问题分析［C］．李喜所主编．留学生与中外文化［M］．天津：南开大学出版社，2005：241.

③ 刘英杰．中国教育大事典（1840—1949）［M］．杭州：浙江教育出版社，1993：124.

④ 周棉主编．中国留学生大辞典［M］．南京：南京大学出版社，1999：590—591.

⑤ 所统计数据为 1914—1915、1917、1921—1925 等年份。根据孙璐《民国初年中国留学生群体考析——以 1912 年—1925 年留学生群体为对象》（载于《学术界》2014 年 3 期第 195—205 页）的数据整理。

⑥ 根据孙璐《民国初年中国留学生群体考析——以 1912 年—1925 年留学生群体为对象》（载于《学术界》2014 年 3 期第 195—205 页）的数据整理。

⑦ 汪太贤．晚清国外地方自治思想输入考论［J］．湘潭大学学报（哲学社会科学版），2004（5）：9—21.

这是清政府官派人员游历西方各国时，首次提及西方地方自治制度。

1877 年，出使英国的副使刘锡鸿在其著作《英轺私记》中，第一次详细地向国人介绍了英国的地方自治制度。刘锡鸿介绍的英国地方自治制度主要包括以下几个方面内容：第一，英国地方自治机构为市镇议会及市镇议员。第二，英国地方市镇议会及市府参事会不同的职能分工。第三，英国地方市镇议会选举制度及参选议员条件。刘锡鸿高度赞赏英国地方自治制度，“以民治民，事归公议，有不获，则合绅耆之众以图之；有不当，则绅耆商诸美亚而改之”。①

1902 年，清政府派载震和唐文治考察欧美及日本，撰写了《英轺日记》，对多国地方自治制度进行了系统介绍：第一，介绍了比利时地方自治制度，重点介绍了地方议事会制度。第二，介绍了法国地方自治制度，尤其是地方议事会的选举制度、县董会的职责等制度。第三，介绍了美国地方自治制度，尤其美国州属立法、行政、司法等官吏的选举制度。第四，介绍日本地方自治制度及地方税制度。

1905 年出国考察政治的五大臣，也曾考察西方各国的地方自治制度。他们还认为，地方自治制度是英国政治制度的特色，地方基础设施由地方自治机构负责办理，“至于一国精神所在，虽在海军之强盛，商业之经营，而其特色实在地方自治之完密。……凡地邑民居，沟渠道路，勤工兴学，救灾恤贫诸事，责其兴办，委曲详尽，纤细靡遗”。②

无论是民间士绅，还是官派考察西方的大臣，他们对西方各国地方自治制度的介绍和宣传，极大地促进了自治思想在中国的传播，这最终导致了民国初期各地自治运动的兴起。自治思想实际上是各省议会存在的政治基础，构成了各省议会敢于反对中央政府的重要理由。各省议会和各地商会都始终强调各地军阀割据，自治尚未实现，不适合现时推行所得税。

6.1.3 民智开化与博弈事件

考察宪政，西学东渐，官派留学，这些都促进了民智开化，让西方资本主义民权思想、民主思想、国家治理思想以及财政思想在晚清民初时期深入

① 刘锡鸿. 英轺私记［M］. 台北：文海出版社，1968：11—12.

② 故宫博物院明清档案部汇编. 出使各国考察政治大臣载泽等奏在英考察大概情形并再赴英呈递国书折［C］. 清末筹备立宪档案史料［M］. 台北：文海出版社，1981：10.

国人内心，逐步培育起当时人民的民权意识和民主意识。民智开化是博弈规则的重要组成部分，这主要体现在以下几个方面。

（1）民主与民权意识的觉醒

由于清末之后仁人志士的努力，民主与民权意识在当时逐步深入人心，使得商人阶层敢于挑战政府的非法征税行为。商会在反对所得税中提出的"征税未经国会授权""政府未能保护商业发展""征收规则易滋扰商民"等几个理由，均是民主与民权思想的体现。

（2）所得税思想的传播

西方所得税思想的传播，不仅让中国人民认识和了解所得税，还让更多的人认可所得税的优点，承认其为"良税"。商会通过比较中西方所得税征收制度的差异，在博弈中指出了当前征税技术条件不成熟、征收规则易扰民等制度上的不足。

（3）自治运动加剧了中央政府与地方政府的矛盾

晚清民初，封建地主阶级和大买办阶层在社会上层的统治地位仍较为强势。清末时期，清王朝尽管在中央政府层面仍保持着强大的统治力。但自从允许地方开设咨政局后，一些督抚在地方政府层面将开明士绅阶层引荐到了咨政局。后来一些开明士绅和绅商逐步演化成了资产阶级商人，这为资产阶级从清王朝统治薄弱的地方政府开始争取政治权利奠定了基础。资产阶级积极传播西方自治思想，实际上是从争取地方统治权，然后由地方区域开始，逐步建立资本主义生产关系。带有资产阶级夺取地方政权性质的自治运动，削弱了代表上层的封建地主阶级和大买办阶层利益的中央政府对地方的控制权，显然违背了封建地主阶级和大买办阶层的利益，造成了中央政府和地方政府的利益冲突。中央政府和地方政府的矛盾，对本次官商博弈产生了重要的影响，商会利用这一矛盾，与各省议会结成了联盟，同时也孤立了中央的北洋政府。

因此，作者认为，晚清民初的民智开化是本次官商博弈的重要社会背景，是博弈规则的重要组成部分。认清并充分利用这一博弈规则的商会，能够结合规则制订合理有效的博弈策略，最终赢得了胜利；而未能认清和利用博弈规则的北洋政府，没有意识到拉拢更多的同盟，被商会削弱了民意支持，最终走向了博弈失败。

6.2 政治现实：军阀割据与共和运动

民国初期军阀割据，名义上各地都拥护位于北京的中央政府，但实际上对本地政治、军事甚至征纳赋税都有实质控制权。各地商会反对中央政府开征所得税时，一个重要理由就是军阀混战，耗费了80%的财政收入，要想征收所得税必须先裁兵。事实上，军阀割据的社会背景，以及共和思想深入民心的思想变革，是本次官商博弈事件中不可忽视的政治现实和博弈规则。一方面，军阀割据的政治现实决定了中央政府权威性低下，无法对商会实施强有力的政治威胁，从而使中央政府在本次博弈中处于被动地位。另一方面，若当时不存在军阀割据，商会就难以利用地方政府与中央政府的矛盾，与各省议会建立反对所得税的政商联盟。

6.2.1 辛亥革命与共和运动

军阀割据是如何形成的呢？笔者认为军阀割据是辛亥革命的必然后果，也就是说，军阀割据是产生于辛亥革命后的，而不是传统史学家所认为的产生于晚清时期。

（1）君主立宪运动与共和运动

鸦片战争后，国人开始睁眼看世界，但当时只是提出要向西方学习，主要是学习西方的近代工业和自然科学领域的知识。甲午战争后，尤其是日俄战争后，国人看到日本这样的亚洲小国，经过变法后，竟然能够战胜欧洲大国沙俄，感到十分震惊。当时很多士绅都认为日本胜利的根本是实行了“君主立宪”制度，“日俄之胜负，立宪专制之胜负也”，[①] 纷纷提出要向日本学习，尤其是要建立君主立宪制。于是立宪成为国内各阶层的共同呼声，“上至勋戚大臣，下逮校舍学子，靡不曰立宪立宪，一唱百和，异口同声。”[②]

君主立宪制，是晚清时期开明士绅和改良派为追求国家富强、免受列强

① 1904年6月张謇给袁世凯投书，希望他效法日本伊藤博文主持立宪事宜，信中提到“日俄之胜负，立宪专制之胜负也”——笔者注。

② 中国未立宪以前当以法律遍教国民论［N］．东方杂志．1905（11）：221.

欺凌而提出模仿英国和日本，在保留皇帝为名义元首的基础上，成立议会，颁布宪法，建立近代以宪治国的国家治理结构。1898年的戊戌变法，就是资产阶级改良派在晚清建立君主立宪制的政治尝试，但这次尝试失败了。戊戌变法的失败，并没有让资产阶级改良派失去建立君主立宪制的信心和希望，他们只是把变法的失败归咎于慈禧的干政，并没有认清晚清王朝从内心上是不愿意实行宪政的。

康有为和梁启超等资产阶级改良派在戊戌变法失败后，依旧在国外遥喊呼吁清政府建立君主立宪制。光绪后期，清政府为应对来自各方的压力，多次派大臣到欧美日等国考察宪政，表面上声称为君主立宪做准备，但1911年（清宣统三年）清王朝宣布成立的“皇族内阁”① 让资产阶级改良派彻底醒悟，意识到晚清政府根本不愿意接受君主立宪制，但这并没有彻底根除君主立宪制在中国的支持势力及其希望。

戊戌变法失败后，一部分人提前觉醒，认为君主立宪制在中国走不通，应该在中国实行共和制。主张共和制的政治派别希望在中国成立资产阶级议会，通过选举产生国家元首和权力机关。主张共和制的资产阶级的政治要求产生时间较晚，政治主张还不够完善，以致于辛亥革命爆发后，主张共和制的资产阶级革命派对于如何在中国建立资产阶级共和国还没有清晰的思路。

共和运动在中国的开展，实际上只是在海外华侨、留学生、南方沿海地区的开明绅商及南部一些省份的新军中有一定的影响力，绝大部分基层士绅、农民及其他阶层对共和制是一无所知的（费正清，2007）。② 以孙中山、黄兴等人为代表的主张在中国建立资产阶级共和国的资产阶级革命派，在国内曾经努力尝试过依靠秘密会社、土匪和一些宗教组织来起义，推翻清政府的统治，但为数不多的几次尝试都以失败而告终。从日本军事学校归国的一些留学生，在加入湖北、湖南等长江地区新军后，把共和制思想带入了新军，并秘密在其他省份的新军中发展其支持者。辛亥革命的爆发，具有共和制思想的新军实际上起到了至关重要的作用，其他各省份响应独立的重要力量实质上也是主张共和制的新军。

笔者认为，晚清时期，国内资产阶级君主立宪运动经过长时期的宣传和

---

① 1911年5月8日，清政府宣布成立内阁，组成内阁的13名国务大臣中，皇族占有7人，满洲权贵大臣2人，汉族大臣仅有4人，故而称之为“皇族内阁”——笔者注。

② ［美］费正清．剑桥中国晚清史（下卷）［M］．北京：中国社会科学出版社，2007：368.

政治实践，已经深入人心，而国内并未真正开展过共和运动或普及过共和思想，其拥趸很少。所以，当辛亥革命爆发后，国内各主要派别在建立什么样的政体方面并未形成共识，于是，资产阶级改良派为防止统治权限落入革命派手中，他们需要通过寻找一位代理人，实现他们的政治主张，袁世凯就成为他们心目中的最佳人选。所以，袁世凯能够窃取辛亥革命的成果，也是当时各方利益团体博弈的结果，一方面是因为他在清末拥有强大的军事力量支持，另一方面是因为他是资产阶级君主立宪派心目中最佳的政治代言人。

（2）辛亥革命与军阀割据

由于国内缺失共和运动，所以也缺失威信高且被各派共同拥戴的共和运动领袖。辛亥革命爆发后，武昌新军只能临时推选新军协统黎元洪和湖北咨议局局长汤化龙为首领，而黎元洪和汤化龙实际上都由旧官僚阶层转变而来，内心并不是真正的共和派拥趸，这样辛亥革命的成果就拱手让给了资产阶级改良派。其他省份情况也是如此，各省宣布独立后的军事长官和行政长官，几乎都由旧官僚阶层人士担任，如表6－2所示。这也说明，由于缺乏共和运动的洗礼，即使是共和制拥趸的新军也认为建立资产阶级共和国离不开改良派的领导。

表6－2　辛亥革命中各省独立时新推选都督简介表

省份	新推选都督	新推选都督在辛亥革命前所担任职务
湖北	黎元洪	陆军暂编第二十一混成协协统领
湖南	焦达峰	革命党人，多次筹划起义
陕西	张凤翙	陕西新军督练公所委员，后任陆军第三十九混成协参军官，参谋兼二标一营管带
江西	李烈钧	江西混成协第五十四标第一营管带
山西	阎锡山	山西新军第四十三协第八十六标标统
云南	蔡锷	新军第十九镇第三十七协协统
浙江	汤寿潜	浙江咨议局议长
江苏	程德全	江苏巡抚
安徽	朱家宝	安徽巡抚
广西	沈秉堃	广西巡抚
福建	孙道仁	新军第十镇统制
山东	孙宝琦	山东巡抚

主张共和制的革命派名义领袖孙中山，常年在国外华侨中活动，筹集革命经费，宣传革命主张，但对于国内的反清起义直接参与较少。在主张共和的革命派中，除了孙中山尚有一些号召力外，其他领袖更难得到大家的认同。于是，辛亥革命爆发后，革命派的各团体临时拥戴孙中山成为临时大总统，但他们绝对没有形成孙中山的坚定支持者群体。于是，当资产阶级改良派提议，若袁世凯能够逼迫清帝退位，愿意拥立袁世凯为临时大总统时，革命派中的很多人也附议同意。于是，资产阶级改良派和革命派妥协的结果就是袁世凯接任临时大总统。

中华民国成立后，为了维护辛亥革命成果、维持地方秩序，军队的政治势力增长迅速，为军人干政埋了隐患。民国成立后，对于建立什么样的资产阶级共和国，在国内主要有两种主张，第一种是建立中央集权的共和国，以袁世凯、梁启超为代表；第二种是建立地方分权的议会制政府，这以孙中山、宋教仁为代表[①]（麦致远，Edward Mccord，1982）。围绕政体应该如何建设的问题，国内发生了二次革命，以袁世凯为首的北洋军事集团取得了战争的胜利。辛亥革命并未建立起统一、稳固的资产阶级革命派领导的军事集团，由旧官僚体制转化而来的各省督军，要么拥戴袁世凯，要么为了一已之私拥兵自重。

袁世凯死后，北洋军事集团为了各自小团体的利益，分化成了更多的军事小集团。于是，军阀产生了。

军阀有四个必不可少的要素：第一是必须拥有个人控制的武装，第二是空间上占有一定的控制地盘，第三是在军权、人事权和财政权上拥有一定的控制权，自成派系，第四是以武力为后盾干预政治甚至控制政治（翁有为，2010）。[②] 通过这几个要素的考察，我们不难发现，军阀割据实际上是辛亥革命后期才产生，可以说是由于辛亥革命后围绕如何建立资产阶级政体的斗争，产生了军阀割据现象。

（3）军阀割据下的共和运动

共和运动在辛亥革命之前，在中国国内缺乏宣传和普及，但民国成立后，尤其是经过二次革命、护国运动和护法运动等战争，使国内越来越多知

---

① ［美］麦致远（Edward Mccord）著，陶宏开译．近代军阀与辛亥革命［J］．华中师院学报，1982（5）：144—150.

② 翁有为．北洋时期的军阀纷争与时代主体论略［J］．吉林大学社会科学学报，2010（2）：73—80.

识分子认识和了解了共和，相当于是在国内进行了一次共和运动的补课。

袁世凯违背民意称帝，反映出国人已经从内心极度憎恶君主制度；而护法运动则是在维护《中华民国临时约法》的名义下，对北洋政府的专制统治进行挑战，号召国人在国内建立共和制的资产阶级政权。护法运动对宣传和普及共和思想影响深远。

因此，笔者认为，尽管晚清和民国初期国内缺乏共和运动的洗礼，造成了军阀割据的局面，但是在国内群起反对军阀的运动中，反而实现了一次影响深远的共和运动，让法治、民权和共和成为国内知识阶层和士绅阶层耳熟能详的政治主张。这对本次官商博弈事件也产生了重要影响，商会和其他阶层由此提出了北洋政府非法征税的反对理由。

6.2.2 军阀割据下的中央和地方关系与财政困境

由前文谈到的军阀的四个要素，可以看出军阀割据实际上是军阀在自己所控制的地盘拥有高度自主的军事权、人事权和财政权，相当于一个实质上独立的“小国家”，这必然造成中央政府权威低下、地方政府可与中央政府抗衡的“弱干强枝”的央地关系。

（1）军阀割据下的中央与地方关系

在北洋军阀纷争时期，尽管出现了皖系、奉系、直系、晋系、桂系、滇系等很多地方军阀，也出现过南方的护法政府等，但我们可以看到，各地军阀始终承认北京政府为中华民国的中央政府，从表面上维护中国统一，这是各地军阀的共识。表面上承认北京政府为中央政府，不代表各地军阀完全遵照和执行中央政府政令。

在二次革命中，袁世凯尚能掌控北洋军事集团，其军事势力远远高于支持孙中山的滇系和桂系等地方军阀，所以他很轻松地击败了革命派，占领了湖北、湖南等地。袁世凯死后，北洋军阀分化为皖系、直系和奉系，后来这些派系内部又进一步分化为更多的小军阀，各军阀之间尽管军事实力有一定的差距，但还没有出现一家独大的军阀割据，也就不会出现能够依靠武力统一中国的强有力的军事力量。因此，表面上各地军阀都拥护中央政府，但当中央政府想要干涉军阀控制地区的军权、人事权和财政权时，这些地方军阀会通过联合的方式来同中央政府对抗，所以军事实力不够超强的中央政府无法过多干预地方事务。直皖战争、直奉战争，甚至滇系和桂系支持的护法运动，其实质都属于争夺中央政府控制权或者是反对中央政府干涉地方事务的军阀战争。

笔者认为，北洋军阀割据下的央地关系是“弱干强枝”，也就是中央政府军事力量并不够强大，无法震慑地方军阀，而地方军阀实力并不弱，以致于能够独自或者通过联合方式来抗衡中央政府，所以地方军阀能够掌控地方上的军权、人事权和财政权。“弱干强枝”的央地关系，给商会提供了联合地方遏制中央政府的博弈机会，因此，军阀割据下“弱干强枝”的央地关系，也是本次官商博弈事件的重要政治现实和博弈规则。

（2）军阀割据下的财政困境

在军阀割据时期，无论是中央政府，还是地方的军阀，为了维持自己的既得利益，不得不维持庞大的武装，1914 年全国陆军人数是 45.7 万人，1918 年是 85.5 万人，1919 年是 138 万人，1923 年为 160 万人①。伴随着军队数量的增长，军事支出成为当时财政支出中的最大项目。商业凋敝，经济困顿，收入很少，而其他各项支出不能减少的情况下，又要不断加大军事支出，财政困境不难想象。《财政年鉴》在描述北京政府财政状况时，直言：“民六以还，局势纷乱，军阀专横，称兵无已，中央财政渐随当时局势，转入紊乱之途。就军费支出而言，辄占总收入十分之九，甚且举全国收入，悉充军费，犹觉供不应求”②，“民十以后，政局益紊，军阀跋扈，财权分散。不仅各省专解各款停顿，甚至常关税、印花、烟酒税，悉被截留”③。

各省解款，实际上就是各地将财政收支余额解缴中央，接济国库。1913 年（民国 2 年）各地解缴中央政府的数额仅为 560 余万元，不及中央预算的六分之一④；而到 1918 年（民国 7 年）以后，各地几乎已经不再向中央政府解缴解款⑤。1919 年，全国总预算财政收入为 39900 余万元，而财政支出为 64800 余万元⑥，赤字高达约 24900 万元，财政困难程度令人吃惊。

由表 6-3 可以看出，第一，自 1918 年（民国 7 年）以后，多数省份已经不再向中央政府解款。第二，反对中央政府开征所得税最为激烈的江苏和浙江，恰恰是少数几个在 1920 年（民国 9 年）和 1921 年（民国 10 年）仍

① 焦建华：中华民国财政史［M］．长沙：湖南人民出版社，2015：216.
② 财政部财政年鉴编纂处．财政年鉴［M］．上海：商务印书馆，1935：1.
③ 财政部财政年鉴编纂处．财政年鉴［M］．上海：商务印书馆，1935：1.
④ 财政部财政年鉴编纂处．财政年鉴［M］．上海：商务印书馆，1935：3.
⑤ 财政部财政年鉴编纂处．财政年鉴［M］．上海：商务印书馆．1935：8.
⑥ 丁文江，赵丰田．梁启超年谱长编［M］．上海：上海人民出版社，1983：848.

旧向中央政府解款的省份。第三，在 1921 年（民国 10 年），江苏省向中央政府的解款数额大幅度下降。究竟官商博弈事件和江苏省向中央政府解款数额大幅度下降有无直接联系，已无从考证。但我们可以推论，尽管浙江和江苏两省激烈反对中央政府开征所得税，但中央政府对两省商会依旧采取劝告和游说的怀柔策略，而不是采取强硬的威胁策略，应该和这两省是少数几个坚持向中央政府解款的省份有一定的关系。若中央政府此时采取强硬的威胁策略，或许连这两个省份也不会向中央政府解款了。

表 6－3　　1917—1921 年各省解款数额表　　单位：元

省别＼年份	1917	1918	1919	1920	1921
直隶	750000	500000			
山东	1255200	1255000			
河南	600000	600000			
山西	668000	80000			
江苏	3000000	1950000	1900000	1900000	170000
安徽	150000	150000			
江西	2160000	2160000	2160000	2160000	2160000
福建	1080000	1080000			
浙江	2936664	2936664	1500000	1500000	1500000
湖北	438000	483000			
陕西	960000	960000			
京兆	150000				
奉天					
湖南	1200000				
四川	3000000				
广东	250000				
总计	18597684	12154864	4260000	4260000	3830000

数据来源：财政部财政年鉴编纂处．财政年鉴［M］．上海：商务印书馆，1935：8.

中央政府军费支出和政费支出的比较，也可以显示出中央政府财政支出主要流向了军费支出项目中。在不考虑地方政府的财政支出情况下，仅中央政府的财政支出中，军费支出占比就达到 70% 左右，见表 6－4。

表 6 - 4　　1917—1921 年中央政府军政两费支出表　　单位：元

科目	政务费	军务费	军费支出财政支出比例（%）
1917	46718677	83928134	64.24
1918	57779364	137529658	70.42
1919	45886986	112985534	71.12
1920	45809617	107730172	70.16
1921	40990487	97984769	70.51

数据来源：财政部财政年鉴编纂处．财政年鉴［M］．上海：商务印书馆．1935：11.

同期，教育经费支出占财政支出的比例仅为 2% 左右，见表 6 - 5。由此可见，教育经费与军费相比，寥寥无几。然而，如商会所言，就这寥寥无几的教育经费，还要被北洋政府挪作军费支出，无怪乎商会的这一反对理由，很快就引起各界民众同情和支持。

表 6 - 5　　1917—1921 年中央政府教育经费费支出表　　单位：元

科目／年份	财政支出总额	教育经费支出额	教育经费支出财政支出比例（%）
1917	130646820	2712523	2.08
1918	195309022	3118586	1.60
1919	158872520	3051714	1.92
1920	153539789	3184838	2.07
1921	138975256	3489306	2.51

数据来源：财政部财政年鉴编纂处．财政年鉴［M］．上海：商务印书馆．1935：11.

至于北洋政府时期的债务（含外债和公债），在 1917 年（民国 6 年）数量还不多，但到 1918 年（民国 7 年）已达到 26000 余万元①。1917 年至 1921 年间，财政支出科目中，仅偿还内债外债的数额，约计每年在 8000 万元以上，这还不包括未统计在内的内外债应付本息②。

由上述分析，可见军阀割据下的北洋政府财政困境之一斑，所以它需要拓展税源，以获得更多的财政收入。所得税在此背景下被提上北洋政府日程，但各地商会以财政困境源于过多的军费开支为借口，反对开征所得税。

① 财政部财政年鉴编纂处．财政年鉴［M］．上海：商务印书馆，1935：12.

② 财政部财政年鉴编纂处．财政年鉴［M］．上海：商务印书馆，1935：12.

《中华民国财政年鉴》中关于北京政府时期中央政府的财政支出统计数据，从一定程度上佐证了商会的反对理由。

在财政如此困难、军费支出如此庞大的背景下，北洋政府不思量裁兵以节约财政支出，而是采取拓展税源以供其支持庞大的军阀武装，自然会引起各界民众的反感，民众支持商会来反对政府开征所得税，自是不难理解了。

6.2.3 夹缝下生存的商会

晚清民初资产阶级性质的商会成立以来，就积极参与政治，试图能够拥有相应的政治权利。除前文述及的积极参与反对帝国主义列强侵略活动，以及支持辛亥革命外，他们还在国家危困时期，积极向国家捐款和认购国债。1914年（民国3年）和1915年（民国4年），袁世凯政府发行公债，分别募集到2500万元和2600万元，[①] 远远超过政府预期目标（袁文伟，2009），这反映了商会对新政府的高度支持。1915年各地商会为反对“二十一条”，自发发起“救国储金”倡议，仅京师总商会3月11日就认储11万元。[②]

商会积极组织各地民众参与救国储金大会，从表6-6可以看出救国储金大会影响力之广泛。

表6-6　　主要城市救国储金大会参加人数统计表[③]

城市	时间	参加人数	总人口	比例	备注
北京	5月23日	30万	81万	36.58%	总人口是1917年统计的城市人口；类似规模的集会有2次
天津	6月6日	10万	71.9万	13.8%	总人口是1917年统计的城市人口；类似规模的集会有3次
上海	5月9日	5万	200万	2.5%	以“国民大会”的名义召开
汉口	5月17日	3	24万	12.5%	总人口数是1913年的统计数字
西安		4万—5万	20万	20%	

注：表格中的数字来源于1915年5—6月的《申报》相关新闻中的估计数字。

① 袁文伟．论中国近代军阀政治产生的社会根源［J］．西北大学学报（哲学社会科学版），2009（2）：59—63.

② 齐大芝，任安泰．北京商业纪事［M］．北京：北京出版社，2000：92.

③ 本表引自：刘宇聪．1915—1916年救国储金运动研究［D］．天津：南开大学，2007.

然而，商会的热情并未换得较高的政治权益。一方面，执政的北洋政府不停地以主权换取帝国主义列强的支持，使得本国资本主义商业不断受到外国资本主义商业的欺凌与压榨。另一方面，军阀之间战乱不停，严重扰乱商业发展的环境，甚至出现预征税收和强行借垫的事件。四川新都在 1920 年 8 月即开始预征 1921 年的粮税，而 12 月又开始预征 1922 年的粮税。[①] 尽管第一次世界大战期间（1914—1918 年），西方列强主要集中精力于欧洲战场，为中国发展民族资本主义提供了一些喘息机会，但国内的军阀战争并未停止，商人所面临的恶劣商业环境并未改变。所以，在帝国主义列强和军阀割据之下，商会实际上是在夹缝中寻求生存，不仅商业凋敝，经营困难，而且税收负担越来越重。

当商会意识到，北洋政府索求无度时，商会对新政府的幻想就破灭了。北洋政府在民国三年所发行的国债，迟迟不能还本付息，政府公信力严重受挫；军费开支庞大，军阀争战不止，扰民滋甚；为了获取更多的外债以发展各自的军事力量，各地军阀不断出卖主权。这些都让商会更清晰地认清了北洋军阀的真实面目，所以当北洋政府提出开征所得税时，商会为了自身利益，才不得不极力反对。其实，这也可以视为夹缝下生存维艰的商界的无奈之举。

6.2.4 政治现实与博弈规则

军阀割据的政治现实，以及国民对共和的期盼，也是博弈规则的重要组成部分，这主要体现在以下几个方面。

（1）中央政府权威丧失与博弈规则

军阀割据，使得中央政府权威低下，中央政令难以畅行地方，央地矛盾突出，这为商会利用央地矛盾，公开反对中央政府开征所得税提供了空间。这也决定了中央政府在博弈中难以采取强硬措施迫使商会接受所得税。

（2）政府陷入财政困境与博弈规则

军阀割据，军费激增，中央和地方财政均陷入困境，是北洋政府开征所得税的直接原因之一。北洋政府一方面迫切希望获得所得税，另一方面难以采取强硬措施，所以在博弈中尽可能采取怀柔策略游说商会。

---

① 章伯峰，李宗一．北洋军阀：1912—1928（第四卷）［M］．武汉：武汉出版社，1990：513.

(3) 共和思想与博弈规则

共和思想的普及，使得各阶层希望由国会制约政府的种种行为。北洋政府多次解散国会，被主张共和的阶层冠以“专制”之名，助长了商会等团体公开反对中央政府开征所得税的决心。

(4) 民众参政意识增强与博弈规则

商会对政治权利的渴求与热衷，换来的是北洋政府及军阀战争对商业发展环境的严重扰乱。政治现实不仅促使商会公开反对中央政府开征所得税，也是商会与北洋政府进行博弈的行动规则。

6.3 国会之争：合法与非法的博弈边界

无论是资产阶级立宪派还是革命派，都渴望在中国建立议会（国会）。但君主立宪制下的国会和共和制的议会有所不同。中华民国成立之始，采用议会制共和制度，也就是说，通过选举产生议会，然后由议会选举总统和中央政府各部长官。然而，袁世凯想建立的是专制政府，所以对议会有着天然的敌对性。民国初年，他需要借助国会选举他为正式大总统，所以还能容忍国会。一旦当选为大总统后，他需要的是加强大总统的权力，以实现专制统治，然而国会却过多地限制了总统的权力，所以他要解散国会是必然之举。袁世凯在众叛亲离之下郁闷死后，北洋政府曾短暂恢复国会，但瓦解了张勋复辟后，段祺瑞未恢复所谓的民选议会，而是重新选举了听命于政府的新国会，引起了合法国会与非法国会之争。因此，笔者认为，国会之争，实际上是引起商会质疑中央政府开征所得税合法还是非法的根源之一。

6.3.1 国会之争：合法国会与非法国会

(1) 中国国会的发展历史

资产阶级君主立宪派在19世纪后期即提出要召开国会，制定宪法，限制君主权利，推动国家治理方式与西方国家接轨。20世纪初期，清政府为了延缓自身灭亡的脚步，于1906年提出预备立宪，并决议用9年时间来完成立宪进程。1909年2月，两广最先设立咨议局，至9月，全国除新疆外，其他省份都成立咨议局。在预备立宪的方案中，咨议局是地方议会的准备机构，主要目的是为中央政府的资政院储备人才。在中外压力下，清政府于

1910 年 9 月，宣布成立资政院。作为国会成立前的准备机构，议员共计 200 名，其中钦定 100 名，民选 100 名。钦定议员的做法，实际上也昭示了清政府立宪的虚伪性和欺骗性。然而，事情的发展超出了清政府的控制，皇族内阁和资政院矛盾颇深，为干涉资政院议政事项，甚至多次撤换资政院总裁，引起议员不满。资政院所应发挥的议政作用，也未见成效。随着辛亥革命的爆发和清政府的灭亡，资政院也不了了之。

辛亥革命爆发后，各主要政治团体派出代表，成立临时国会。临时国会审议通过《中华民国临时约法》，这具有临时宪法性质。临时国会的成立，是主张立宪制的立宪派、主张共和制的革命派以及封建地主阶级和士绅阶层等各派临时妥协的产物，其基础并不稳固，这为以后国会内部斗争埋下了隐患。北洋政府成立后，拥护袁世凯的立宪派、地主阶级和士绅阶层的议员们同革命派的议员们之间矛盾重重，使议会失去了制约袁世凯政府的诸多机遇和权力。于是，1914 年 1 月 10 日，袁世凯宣布解散国会，中华民国第一届国会由此中断。2 月 28 日，袁世凯又下令解散各省议会。

（2）合法国会与非法国会之争

袁世凯称帝后，唐继尧、蔡锷等人在云南声讨袁世凯，护国战争爆发。在护国战争中，南方各军阀以维护共和国体为号召，各省纷纷响应。袁世凯死后，接替袁世凯掌控北洋政府的段祺瑞宣布恢复《临时约法》和国会。1916 年 8 月，第一届国会复会，选举黎元洪为大总统，段祺瑞为总理，成立责任内阁。然而，第一届国会复会后，立宪派拥护段祺瑞的北洋系，而少数革命派拥护大总统黎元洪以制约北洋系，从而造成了“府院之争”。实际上，此时的国会已经成为军阀政客交易的场所，议会制的民主已经远去。1917 年 5 月，段祺瑞辞职，而黎元洪在张勋的威逼之下，解散了国会。第一届国会再次中断。

1917 年 8 月，原第一届国会的部分议员在广州召开“非常国会”，选举成立中华民国军政府，孙中山为大元帅。

张勋复辟后，段祺瑞指挥北洋军击败张勋，以“再造共和”的功臣自居，再次掌控北洋政府。然而，段祺瑞此次并未恢复国会，反而是着手制订新的国会组织法，于 1918 年 5 月重新选举成立新的国会。时值南北战争，新的国会中，原革命派的议员席位被剥夺，而北洋政府支持下的安福系议员获得了绝大多数席位，第二届国会沦为北洋政府的傀儡，被称为“安福国会”。

南方各军阀和孙中山领导下的革命派认为第二届国会选举不合法，一方面是南北交战中，南方五省（广东、广西、云南、贵州和四川）不承认也未参与国会选举，所以新的国会中没有南方五省的议员代表；另一方面，第二届国会选举中存在着贿选、暗箱操作等问题，所以拒不承认第二届国会，故称之为非法国会。相对应地，他们称南方的“非常国会”为合法国会。于是，中国当时存在着南北两个国会。

1920 年 7 月，直皖战争爆发后，皖系军阀被击败，直系和奉系军阀控制北洋政府，段祺瑞辞职。8 月，北洋政府宣布解散“安福国会”。

国会之争的社会背景下，南方军政府经常指责北洋政府国会通过的文件为非法文件，不具有法律效力。9 月，北洋政府宣布开征所得税时，“安福国会”也已被解散，所以只能直接以大总统令的形式宣布开征。各地商会以非法来形容政府开征所得税的总统令，直接切中了北洋政府痛处。

6.3.2 立法权缺位下的博弈规则辨析

立法，是国会的重要职责之一。解散国会，最重要的影响之一就是立法权缺位，国家任何重要规章制度都无法披上法律的外衣。资产阶级在反对封建主义的斗争中，以民主、宪政、自由、民权和法律面前人人平等为号召。资产阶级如何使民众相信它所倡导的民主与民权呢？它借助于资本主义法制来让民众相信它的主张。因此，资产阶级掌握政权后，建立了三权分立的政权结构，其中议会行使立法权，政府行使行政权，司法机关行使司法权，议会成为资产阶级彰显民主和法制的重要工具。北洋政府屡次解散国会，不仅仅是让民众感觉到政府无视国会，更重要的是让民众看清楚了政府不愿意受议会制约实行共和制国体的真面目。所以，北洋政府未经国会通过并授权的各项规章制度，均可被称为非法，这是立法权缺位时导致的最直接后果。

税收在资本主义政治经济生活中占有重要地位。赋税制度最开始作为西方宪政史上重要的政治法律制度出现。很多资本主义国家在宪法中明确规定了“税收法定”原则。“无代议士不纳税”可以看作是历史上西方各国资产阶级议会争取制税权的重要口号和手段。考察英国历史，在英国由封建社会转向资本主义社会的过程中，制税权是君主和议会争夺的重要内容。经过长期的斗争，在都铎王朝时期，最终确定了制税权掌控在议会手中，只有议会同意，君主才能征税。[①] “光荣革命”后，议会进一步强化了对赋税征收权的控制，议会通过立法形式开征税收成为常态。

晚清和民国时期，国人在考察西方政治制度和学习西方先进的国家治理经验时，也认识到了税收在资产阶级政治经济生活中的重要性。晚清时期几次派大臣考察西方宪政，其中重要的一项内容都是财政制度问题。尤其是民国成立后，西方财税制度在中国的普及，让更多人知晓了“无代议士不纳税”的内涵。所以，在北洋政府解散国会后，政府以大总统令的形式颁布开征所得税，直接被商会等反对方以未经国会授权的理由，从根本上否定了北洋政府征税的合法性。

由此可以看出，北洋政府解散国会，致使政府征税无法可依，被民众冠以“非法”标签，在本次官商博弈中至关重要，是不可忽视的社会现实及博弈规则之一。

6.4 殖民政治：外国列强在华利益分割

北洋政府时期另一个突出的社会现实是中国处于半殖民地半封建社会，帝国主义列强在中国有着重要的经济与政治利益，他们的存在影响着中国政治和经济结构。北洋政府时期所发生的重大政治事件背后，都可以看到帝国主义列强围绕自身经济政治利益而进行的博弈。中国社会的半殖民地性质与当时其他半殖民地社会重要的不同之处在于中国受到多个帝国主义列强干涉政治经济社会，列强美其名曰“门户开放”，实质上就是要共同瓜分中国。尽管是半殖民地，但北洋政府时期的政治中仍然含有帝国主义的殖民政治成分。什么是殖民政治？殖民政治就是帝国主义国家通过军事、经济以及政治手段，拉拢或收买殖民地或半殖民地的政治力量，使其成为自己实现殖民统治的工具和代言人。

6.4.1 军阀割据与殖民政治渗透

在军阀割据时代，各军阀为维护自身利益，必然倚重于不断扩充自己的军事实力。然而，国家财政枯竭，经济凋敝，军阀没有充足的军费来征兵和

---

① David Loades, “Power in Tudor England” [M], London: Macmillan Press, 1997, 12.

购置军火，于是军阀们开始依靠借外债来维持军费开支。帝国主义也寄希望通过借债方式来拉拢军阀，让军阀听命于自己，成为自己在中国政治经济利益的代言人。

以皖系军阀段祺瑞为例，1917 年 7 月，段祺瑞向日本提出借款，以用于购买军械，后于 1917 年 12 月 30 日和 1918 年 7 月 31 日，分两次共向日本借得外债 3200 万日元，[①] 全部用于购买军械，装备给皖系军队。日本学者曾评价日本愿意借款给段祺瑞的真实理由，“日本资本家不仅向中国输出产业资本，对中国人进行奴隶般剥削，以获取利润，还抱着更大的野心，为了让中国在政治上也隶属于日本”，[②] “寺内内阁欲乘机把段祺瑞政府变为自己的傀儡，乃于 1917 年 9 月至 1918 年 9 月间，给了上述的大借款。”[③] 作为回报，段祺瑞政府默认日本在东北日益增长的投资和权益要求。1918 年，日本在东北的投资扩充到交通、金融、矿业、面粉以及糖业等各个方面，日本的投资额占到日本所有外资投资额的 70%。[④]

直皖战争中，皖系军阀被击败，奉系军阀又成为日本在中国的政治傀儡和政治代言人。1920 年 11 月，奉系张作霖派于冲汉访日，向日本表达了愿意同日本合作的愿望，“（对日本）应采取真正亲善政策。亲日的段祺瑞垮台，外界传说我将代替他，对此余甘愿领受”。[⑤] 作为回应，日本内阁开始扶植张作霖，“援助掌握满蒙实权的张作霖，以此来确保我国在满蒙的特殊地位”。[⑥] 直系军阀则受英美支持。

在北洋军阀战争中，虽然英国表面上明确表态持中立态度，但实际上英国与日本结成了英日同盟。1916 年 2 月，英国同日本签订秘密协议，英国支持日本在战后继承德国在山东的权益，而日本则承诺援助英国同德奥帝国的战争。在 1920 年以后，英国看到日本在中国的势力过于膨胀后，为维护自身利益，与美、日、法等国又签订协议，要相互尊重各自在中国的既得权益。

---

① ［日］铃木武雄监修．西原借款资料研究［M］．东京：东京大学出版会，1972：245.

② ［日］井上清，铃木正四．日本近代史（下册）［M］．北京：商务印书馆，1972：344.

③ ［日］井上清，铃木正四．日本近代史（下册）［M］．北京：商务印书馆，1972：344—345.

④ 沈予．日本东方会议和田中义一内阁对华政策——评《田中奏折》伪造说［J］．近代史研究，1981（1）：288—289.

⑤ 1920 年 9 月 24 日关东军特报（支那）第 32 号［C］．日本外交史研究——日中关系展开［M］．有斐阁，1961：66.

⑥ ［日］原奎一郎．原敬日记（第 9 卷）［M］．福村出版株式会社，1981：135—136.

笔者认为，军阀割据尽管有中国经济分散、中央政府缺乏权威等内部原因，但很大程度上也是由于帝国主义列强为了维持自己在中国的利益而有意扶持自己的政治代理人的因素。帝国主义通过扶持各地军阀作为自己的傀儡或者利益代言人，将殖民政治渗透到中国的经济、政治和社会的每一角落。

6.4.2 弱干强枝与中央政府权威丧失

各地军阀依靠横征暴敛和举借外债，不断扩充自己的军事实力，造成了中央政府权威丧失、地方军阀实力强劲的“弱干强枝”局面。尤其是袁世凯死后的 1916 至 1928 年，直系、皖系、奉系等军阀为了控制中央政府，多次发动战争。滇系、桂系等军阀为了反对北洋军阀各系，也多次同北洋军队发生战争。下面的几组数据可以看出当时各地军阀势力尽管差距较大，但还没有一家军阀达到能够足以凭借武力统一全国的地步，“弱干强枝”的军阀割据局面确实存在。

1917 年护法战争爆发时，北洋军约有四十七万四千人，滇系、桂系及其他拥护护法军的地方军阀兵力约有十五万人以上。[①] 尽管护法军总兵力与北洋军差距较大，但由于主战场在南方，南方护法军可以将所有兵力投入战争中，双方的战斗实力相当，这也是为什么北洋军难以在战场上击溃护法军的一个重要原因。

北洋军分裂为皖系、直系、奉系和其他一些小军阀后，北洋军内部各军阀实力也大致相当，难以形成一方独大的局面，更难以支持其依靠武力统一全国。1920 年直皖战争爆发时，皖系军队约有二十四万人，[②] 直系军队约有十八万人，[③] 奉系军队约有四万人。[④]

袁世凯死后，北洋军事集团分裂为直系、皖系、奉系三家大的军阀及若干个小军阀，中央政府的权威即开始下降。比如，在发生“府院之争”时，江苏督军直系冯国璋、江西督军李纯、湖北督军王占元暗中支持总统黎元洪，以反对国务总理段祺瑞，迫不得已，段祺瑞辞职，又鼓动张勋以调解人

---

① 根据《中华民国史：第三卷（1916—1920）》第 137—138 页资料统计而得的数据。

② 根据李新，李宗一．中华民国史：第三卷（1916—1920）［M］．上海：中华书局．2011 年，第 491—492 页资料统计而得的数据。

③ 根据李新，李宗一．中华民国史：第三卷（1916—1920）［M］．上海：中华书局．2011 年，第 492 页资料统计而得的数据。

④ 根据李新，李宗一．中华民国史：第三卷（1916—1920）［M］．上海：中华书局．2011 年，第 492 页资料统计而得的数据。

身份到北京逼迫黎元洪辞职。这些都说明，尽管当时各地军阀都承认北京政府是中国的中央政府，但又不服从中央政府号令，各自为政，中央政府权威严重下降。

6.4.3 殖民政治与博弈规则

帝国主义列强在华的经济利益，及其扶持各地军阀作为代言人的行为，也构成了本次博弈的博弈规则。这主要体现在以下几个方面。

（1）租界与博弈规则

帝国主义在华建有租界，租界实行自治管理，内部成立有市政管理机构，负责市政、税务、警务、交通、卫生等公用事业职能。租界的经济繁华程度往往超过所在城市的其他地区，成为城市的商业中心。租界不仅带动了商业的发展，也成为一些商人财富和产业的重要匿藏地，这样可以逃避国内沉重的税收负担。

在本次博弈事件中，一方面，上海部分商会曾就反对所得税的问题，专门咨询租界的外国领事团意见，另一方面，商会在反对所得税中也明确提出租界容易成为商人避税之地。这表明租界及帝国主义在华领事团是影响博弈的因素之一，构成博弈规则的一部分。

（2）殖民政治渗透与博弈规则

造成“弱干强枝”的原因中，不可忽视的因素就包括帝国主义对华的殖民政治。而“弱干强枝”又是导致地方议会及商会联合反对中央政府开征所得税的重要影响因素。所以，殖民政治也构成本次博弈规则的一部分，是中央政府无法采取武力威胁迫使地方与中央保持一致的重要因素。

6.5 物质基础：资本主义生产方式基础薄弱

1688 年，英国议会反对派发动光荣革命，确立了英国的资产阶级政权，18 世纪 60 年代发生的工业革命，开始以机器取代手工业，资本主义生产力有了长足发展，1798 年英国才成功开征所得税。所得税是在资本主义生产力发展过程中，逐步形成并最终开征的，是与资本主义生产方式相适应的“良税”，它建立在资本主义生产方式大发展的基础上的。中华民国虽然成立于 1911 年，但北洋政府却仍是封建军阀和大地主阶级的政治代言人，资本主义生产力依旧十分薄弱，资产阶级未彻底掌握政权，资本主义制度未彻底建立。

6.5.1　资本主义经济基础薄弱

民国成立到 1921 年，民族资本主义工业有了一个较大发展，号称民国时期资本主义发展的“黄金时期”。近代工业陆续发展起来，民族资产阶级数量增长较快。但与南京国民政府时期的经济发展相比，北洋政府时期的资本主义生产方式基础还是十分薄弱的，资本主义生产方式未能在当时占据主要地位。

通过对比北洋政府时期与南京国民时期的下列几组指标，可以看出北洋政府时期资本主义生产方式仍属于起步阶段，基础薄弱，开征所得税的物质基础尚未成熟。

（1）民用工矿企业数量及资本额

表 6 – 7 显示的是 1912—1921 年中国新成立的资本在 1 万元以上的民用工矿企业数量及资本额情况统计表。可以看出，1912 年至 1921 年，新注册的民用工矿企业数量不断增加，资本额也不断增多，说明资本主义生产力有所发展。新注册企业数量 1921 年是 1912 年的 2.16 倍，新增注册资本额 1921 年是 1912 年的 7.33 倍，可以看出资本额增幅更快。从一定意义上也说明 1921 年新注册企业资本实力更强。

表 6 – 7　1912—1921 年中国新成立民用工矿企业数量及资本额情况统计表

年份	新注册企业户数	资本额（千元）
1912	85	10382
1913	79	13587
1914	102	14868
1915	114	19615
1916	86	13907
1917	105	26270
1918	132	41746
1919	172	36741
1920	173	45485
1921	184	76166

数据来源：杜恂诚．民族资本主义与旧中国［M］．上海：上海社会科学院出版社，1991：107.

表6－8显示的是1927—1936年中国机械工业新成立的企业数量及资本额统计表。这里仅仅统计机械工业新成立企业数量，1936年新成立机械工业企业是1927年的19.84倍；1936年新成立机械工业企业资本额是1927年的44.71倍。

表6－8　1927—1936年中国机械工业新成立企业及资本额统计表

年份	新成立企业数量	新增加资本额（元）
1927	19	194160
1928	53	778180
1929	101	1626450
1930	139	4304500
1931	191	4809700
1932	145	5875146
1933	195	6701446
1934	228	7433546
1935	275	8028746
1936	377	8681496

数据来源：中国第二历史档案馆．中华民国史档案资料汇编（第五辑第一编）［M］．江苏古籍出版社，1994：200.

表6－9显示的是1927—1936年中国纺织工业企业及资本额统计表。1936年企业数量是1927年的3.96倍，企业资本额1936年是1927年的2.25倍。

表6－9　1927—1936年中国纺织工业企业及资本额统计表

年份	企业数	资本额（元）
1927	293	89743472
1928	376	101052472
1929	435	107572102
1930	502	121941222
1931	606	133813512
1932	675	139856452
1933	772	145614002
1934	886	156195302
1935	1058	194309207
1936	1160	202218142

数据来源：中国第二历史档案馆．中华民国史档案资料汇编（第五辑第一编）［M］．江苏古籍出版社，1994：200.

表 6 – 10 显示的是 1927—1936 年中国化学工业企业数量及资本额。企业数量 1936 年是 1927 年的 3. 31 倍，资本额 1936 年是 1927 年的 3. 35 倍。

表 6 – 10　　　1927—1936 年中国化学工业企业及资本额统计表

年份	企业数	资本额（元）
1927	131	22073168
1928	147	24885941
1929	169	26493741
1930	203	28531939
1931	258	32679239
1932	277	34184039
1933	317	37327439
1934	362	40995439
1935	398	42791439
1936	434	73912439

数据来源：中国第二历史档案馆．中华民国史档案资料汇编（第五辑第一编）［M］．江苏古籍出版社，1994：201.

尽管表 6 – 7 与表 6 – 8、表 6 – 9、表 6 – 10 三张表的统计口径不同，但 1936 年南京国民政府开征所得税时，机械工业新注册企业数量已经比 1921 年北洋政府时期新注册民用工矿企业数量要多，机械工业、纺织工业和化学工业三个行业内，资本主义生产方式有了快速发展。这从一定意义上说明，1936 年南京国民政府成功开征所得税时资本主义生产力发展要比 1920 年北洋政府拟征所得税时要强大，物质基础已经十分雄厚了。

（2）铁路客货运输量及运输收入

资本主义生产力的发展，一个突出表现就是货物销往全国甚至全球市场，所以从铁路客货运输量方面也可以看出北洋政府时期与南京国民政府时期的资本主义经济发展差异。对比表 6 – 11 和表 6 – 12，1920 年北洋政府拟征所得税与 1936 年南京国民政府成功开征所得税时的物质基础差异可见一斑。

在北洋政府统治后期（1920—1928 年），中国封建军阀割据，内战不休，比较大的战争就有：1920 年直皖战争、1922 年第一次直奉战争、1924 年第二次直奉战争、1925 年第一次国民革命军的两次东征战争、1926 年的北伐战争等等。其他小规模战争更是不计其数。在战争中，铁路毁坏严重，

表 6－11　　1915—1921 年铁路客货运收入情况对比表

年份	客运		货运	
	运输量（万人公里）	收入（元）	运输量（万吨公里）	收入（元）
1915	99264	22044047	225077	33841148
1916	206448	25655825	262007	35878349
1917	212838	25749295	276684	36951002
1918	232080	30311193	342581	45945146
1919	251926	32612376	386310	48727508
1920	316153	36813742	454094	52450092
1921	316223	36101641	470994	57452749

数据来源：严中平．中国近代经济史统计资料选辑［M］．北京：北京科学出版社，1955：207，209.

表 6－12　　1928—1935 年铁路客货运收入情况对比表

年份	客运		货运	
	运输量（万人公里）	收入（元）	运输量（万吨公里）	收入（元）
1928	235077	47969808	233600	58900823
1929	318320	68451984	249608	80273295
1931	434005	61910692	445747	76461195
1932	345058	55559762	445661	80321289
1933	403037	60793128	477095	81309638
1934	405772	60850281	626700	99294533
1935	434885	62420017	648880	102529093

数据来源：严中平．中国近代经济史统计资料选辑［M］．北京：北京科学出版社，1955：207，209.

经济被摧毁。比较表 6－11 和 6－12 可以看出，1928 年的客运运输量和货运运输量都不如 1921 年。就算是忽略战争对经济的摧毁因素，1935 年客运运输量是 1920 年的 1.38 倍，货运运输量 1935 年是 1920 年的 1.43 倍。可以看出，南京国民政府 1936 年开征所得税时的物质基础依旧比 1920 年时要雄厚。

6.5.2　物质基础与博弈规则

生产力决定生产关系，经济基础决定上层建筑。资本主义工商业不断发展，为开征所得税孕育了相对坚实的物质基础，相当于培育了比较坚实的税源。资本主义生产力的发展，最终必然要引发上层建筑变革，也会影响本次官商博弈的博弈规则。

而北洋政府时期，尽管资本主义萌芽也在迅速发展，但毕竟总体规模还比较小，资产阶级自然是不愿意将收入的一部分交给封建地主和大买办阶层的军阀政府，其反对意愿比较强烈。资本主义生产力发展影响博弈规则主要通过以下几个途径展开：

（1）资本主义经济实力决定了资产阶级对政治的影响力

北洋政府时期，资本主义生产力发展缓慢，资产阶级对政治影响力薄弱，掌握中央政府政权的仍是封建军阀和大地主阶级，他们在制订所得税制度时，不考虑资本主义企业的实际税负，也不注重考虑资产阶级的政治诉求。但在地方，资本家和具有资产阶级倾向的士绅阶层对地方议会的政治影响力比较强。所以在本次博弈中，地方议会和中央政府之间所代表的阶级利益不同，容易导致双方博弈。

（2）资本主义经济实力决定了税源丰富程度

北洋政府时期，资本主义经济总体薄弱，在全社会中所占比重较小，所以它为中央政府提供的税源较少。北洋政府时期，税收是财政收入的主要来源，主要税种包括关税、常关税、盐税、田赋、厘金、统捐、工商税、各种杂捐等，但封建制度下的主要税种关税、常关税、盐税和田赋仍是当时的主要税种。关税被西方列强所控制，常关税则不利于发展资本主义工商业，不利于货物跨地区销售，盐税依赖于人口数量和消费数量，田赋依赖于土地。由此可以看出，主要面向资本主义工商业征收的工商税，在当时的税收收入中微不足道，为北洋政府所提供的税收贡献不大，所以资产阶级商会的政治诉求难以引起中央政府重视，导致在博弈中北洋政府忽视资产阶级商会的实力，有所轻敌。

第 7 章 博弈主体的深度分析

在本次官商博弈事件中，涉及北洋政府，各地商会，各省议会，各省军民署长及财政、实业、警察、教育各厅，以及其他一些社会团体。这些团体之间根据各自博弈动机，构成了北洋政府与各省军民署长及财政、教育、警察、实业等厅之间的支持征税联盟，以及各地商会与各省议会、其他社会团体之间的反对征税联盟。合纵连横成为博弈主体重要的策略，以及本次博弈的重要特征。

从历史角度来看，这些主体之间并非天然形成两个联盟。这两个联盟的形成，实质上也是多方主体进行博弈的结果，这些博弈包括商会与商会之间的博弈，商会与各省议会之间的博弈，商会与北洋政府之间的博弈，以及各省议会与北洋政府之间的博弈。为了更清晰地认识各主体的博弈诉求与博弈动机，本章重点研究各主体之间的博弈问题。

7.1 商会与商会之间的博弈

中国近代资产阶级性质商会的溯源，可以追及至晚清时期。各地商会尤其是全国商会联合会的成立，体现了商人在经济、政治等事务方面务求团结以维护商人利益的诉求，但各地商会在争夺商会领导权、处理与政府关系等方面也表现出很多矛盾，可以说，商会与商会之间也存在着博弈。在本次官商博弈事件中，各地商会能够联合反对中央政府开征所得税，实质上也是各方博弈的结果。

7.1.1 近代商会的成立

早在 1895 年，《上今上皇帝书》即有“今各直省设立商会、商学、比较厂，而以商务大臣统之，上下通气，通同商办，庶几振兴”[①] 的建议。1898 年，王锡蕃上书清政府，建议在沿海地区设立商会，“专以联络各项商业为急务，讲求出进口货物之利弊，详达各商家之隐情”。[②] 然而，戊戌变法失败后，设立商会的请求也被搁置。1902 年，盛宣怀专折奏请设立商会，声称商会是振兴商业的关键着手点，“中国商业之不振，大率由于商学不讲，商律不谙，商会不举。而三者之中，尤以创设商会为入手要端”。[③] 1904 年 1 月，清政府商部专折上奏，详细表明创设商会对于振兴商业的重要性，“纵览东西诸国，交通互市，殆莫不以商战角胜，驯至富强。而揆厥由来，实皆得力于商会。……则今日当务之急，非设立商会不为功”。[④] 随后，清政府批准了商部的奏请，并饬令各省筹办商会。

辛亥革命以后，资产阶级革命派把商界作为实行民生主义的依靠力量，“今中华由专制而创共和，国既成立，而贫弱至此，何以能富强。我中华之弱，由于民贫。余观列强致富之原，在于实业。今共和初成，兴实业实为救贫弱之药剂，为当今莫要之政策”，[⑤] 迎来商会成立的高潮时期。孙中山及其支持者积极倡导组建经济团体，振兴实业，自 1911 年 12 月至 1915 年 12 月，全国共成立经济团体达到 107 个，[⑥] 如表 7－1 所示。

表 7－1　　1911. 12—1915. 12 全国经济团体发展过程表

时期	1911. 12—1912. 3	1912. 4—1913. 6	1913. 7—1915. 12
数量	22	73	12

数据来源：虞和平，朱英．中国近代商会通史（卷 2）［M］．北京：社会科学文献出版社，2014：630.

① 康有为撰，姜义华，张荣华编校．康有为全集（第二卷）［M］．北京：中国人民大学出版社，2007：40.

② 国家档案局明清档案部编．戊戌变法档案史料［M］．北京：中华书局，1958：389.

③ 盛宣怀．请设上海商业会议公所折，愚斋存稿卷 7［M］．台北：文海出版社有限公司，1975.

④ 清商部．商部奏劝办商会酌拟简明章程折［J］，东方杂志，1904（1）：248.

⑤ 中国社会科学院近代史研究所．在上海中华实业联合会欢迎会的演说［C］．孙中山全集（卷 2）［M］，北京：中华书局，1981：340—341.

⑥ 虞和平，朱英．中国近代商会通史（卷 2）［M］．北京：社会科学文献出版社，2014：630.

晚清后期，商会积极致力于服务商业发展和争取政治权利的活动，1903—1908年，全国设立的新式工业公司高达104家，而1902年之前全国新式工业公司仅有23家，[①] 可见商会在投资建设资本主义工业方面发挥的巨大作用。政治方面，商会积极参与立宪运动、地方自治运动，参与咨议局并推选议员，抵制洋货和维护国权，参与商法制订等等。在这些政治与经济活动中，各地商会意识到进行联合的必要性，并逐步出现了建立全国性商会联合会的意愿。

1907年，上海商务总会等团体召集各地商会代表在上海举行商法讨论会，全国有14个省80余个商会派代表参会，会议议决要筹建全国商会联合会，并委托上海商务总会和新加坡中华商会负责筹办事宜。然而，建立全国商会联合会并未得到各地商会的积极响应，到1909年2月内地仅有上海、汉口和烟台等地商会响应，海外则由15个华商商会响应。[②] 到1911年7月，共有270个商会响应。辛亥革命的爆发，使得筹备成立全国商会联合会的工作一度中断。

1912年7月，汉口总商会和上海商务总会再次倡议成立全国商会联合会。11月，北京政府工商部召集各地商会代表召开全国临时工商会议，研究制订全国工商政策。会议期间，全国45个商会的代表开会议决组织成立全国商会联合会。12月20日，工商部发文批准设立全国商联会。[③] 很快，国内22个省纷纷成立商会省事务所，华侨在海外也成立了7个华商事务所。[④]

7.1.2 各地商会的竞争与合作

各地商会成立以来，在争取商界政治及经济权益方面，表现出高度团结特征，但在全国商会联合会的领导权争夺以及一些比较敏感的政治事件上，也出现过竞争。这表明，商会与商会之间也存在着博弈。

（1）各地商会的团结与合作

全国商会联合会成立的目的之一，就是要促使各地商会联合起来，共同为商界争取政治权利和经济权益，促使各地商业共同发展。“无全国商会联

---

① 虞和平，朱英．中国近代商会通史（卷2）［M］．北京：社会科学文献出版社，2014：666.

② 本报社为华商联合会事布告海内外未经签印各商会书［N］，华商联合会报，1910－3－15（1）．

③ 中华全国工商业联合会成立之部批［N］，《时报》，1913－1－3.

④ 虞和平，朱英．中国近代商会通史（卷2）［M］．北京：社会科学文献出版社，2014：674.

合会，则各省商人只知故步自封，而必无相关而善之日”。[①]

在1914年反对袁世凯取缔全国商会联合会时，各地商会表现出高度团结，分别于1914年3月和1915年3月召开两次全国商会联合会会议，商讨对策。22个省商会联合会联名向北京政府请愿，要求保留全国商会联合会。各省商会坚持认为全国商会联合会在协调各省商会统一行动、维护商人利益方面具有无可替代的作用，“今之商会法已无全国商会联合会，只有各省商会联合会，则虽欲知识之互换、营业之改良，而意见未融，必有私心自用之事，方域所限，难言利源广辟之时，此全国商会联合会不可不兴也”。[②] 经过联合力争，1915年12月，北洋政府终于接受各地商会意见，保留全国商会联合会。

在维护国家主权和参与政治事务方面，各省商会也曾积极协调，共同行动。比如，1915年反对“二十一条”运动中，各地商会纷纷发表通电，拒绝承认“二十一条”，要求政府挽回国权，抵制日本侵略行为，总计有上海、广州、山东、湖南、山西等近百个省县商会以及大阪、神户、小吕宋等数十个海外中华商会明确表明反对“二十一条”。除了发表通电外，各地商会纷纷在本地开展“救国储金”活动，号召人民进行专项储蓄。从1915年4月7日至5月1日，全国有海宁、镇江、天津、杭州等16个城市成立“救国储金事务所”。[③] 表7-7则显示了商会组织的救国储金运动的影响力。

出于维护商业发展环境及商界利益，各地商会曾联合参与调停袁世凯政府与国民党之间的党争问题。1913年5月直隶高阳商会在给全国商会联合会直隶事务所的公函中，直言为维护商业发展环境而请全国商会联合会出面调停党争，“自刺宋、解款两案发生，南北猜疑，两党交讧，朝野鼎沸，岌岌可危，影响流播，市面萧条，金融因之停滞，而商业首蒙其害，拟陈请全国商会直隶事务所干事长通电各省联合会征求意见，设法维持，以靖人心”[④]。

上述分析可以看出，各地商会在涉及到全国商界整体利益及发展环境时，会通过联合各地商会的方式向政府及相关政党施压，维持自身利益，彰

---

① 汉口商务总会致上海总商会公函［N］．中华全国商会联合会会报，1915-7（39）．

② 汉口商务总会致上海总商会公函［N］．中华全国商会联合会会报，1915-7（39）．

③ 虞和平，朱英．中国近代商会通史（卷2）［M］．北京：社会科学文献出版社，2014：882—883.

④ 商会联合会调和两党纪事［N］，中国商会联合会会报，1913-10（1）．

显了各地商会的合作方针。

（2）各地商会的竞争与矛盾

各地商会在维护地域利益及其自身特殊利益时，也会表现出竞争和矛盾方面的特点。比如，在争夺全国商会联合会领导权时，就将商会内部的派别和地域之争表现的淋漓尽致。1912年11月各地商会在参加全国临时工商会议，议筹全国商会联合会时，以上海商务总会为首的南方各商会主张商会联合会总机关设于上海，以北京商务总会为首的北方各商会主张将总机关设于北京。[①] 后来双方达成妥协，将商会联合会总事务所设于上海，将商会联合会总部设于北京。一个商会设有两个总机构，且一在上海一在北京，其不利之处显而易见，充分体现了商会内部的派别矛盾。1916年和1918年两次选举全国商会联合会会长时，也都爆发出南北方为争夺会长职位所产生的矛盾。

在一些热点的政治事件中，各地商会为了自身利益，也曾矛盾重重。比如，1915年反"二十一条"运动中，各地商会号召开展专项储蓄，以备国家抵抗侵略之用。然而，北京总商会就将救国储金捐助给袁世凯，用于袁世凯复辟帝制的活动经费。[②] 袁世凯复辟时，京师总商会致电全国总商会，意在邀请各地商会共同拥戴袁世凯称帝，然而全国只有陕西、太原及天津三个商会赞同。经袁世凯控制下的京师总商会和筹安会一再动员，全国约有24个商会赞同君主立宪。[③] 而上海总商会、广州总商会等诸多商会则明确表示反对。袁世凯称帝后，上海、南京、广州、福建等地总商会纷纷要求本省独立，以表明反对袁世凯称帝意志。

再如，1919年巴黎和会将德国在华的权益转给了日本，严重践踏中国主权，消息传到国内，引发了五四运动。五四运动很快得到了全国工商界的广泛支持，北京总商会最先表态支持学生运动。很快，天津、保定、上海、苏州、安庆、九江、广州、开封等地商会相继表态支持学生，形成了全国性的反帝救国运动。[④] 然而，1919年5月9日，上海总商会发出一封关于解决

---

① 华商联合会天津代表郑虞裳杨志青报告全国华商联合会会议进行情况，天津商会档案汇编：1903—1911［M］．天津：天津人民出版社，1989：295—296.

② 虞和平，朱英．中国近代商会通史（卷2）［M］．北京：社会科学文献出版社，2014：885.

③ 虞和平，朱英．中国近代商会通史（卷2）［M］．北京：社会科学文献出版社，2014：744.

④ 龚振黄．青岛潮·全国商界之崛起，五四爱国运动资料［M］．北京：科学出版社，1959：110—111.

山东问题主张的电报，报文中称“径与日廷磋商交换手续，和平解决”，[①]这与当时力争在巴黎和会上直接由中国恢复山东主权的舆论要求存在较大差别，引起其他商会的不满和反对。由于电报发出日期按韵目排列为“佳”，故称之为“佳电”风波。1920 年 8 月，上海总商会为此进行了会董换届改选，原有的 33 名会董中改选了 31 名。[②]

7.1.3　各地商会联合反对所得税的原因分析

全国各地商会能够广泛联合反对北洋政府开征所得税，其主要原因应该有以下几个方面。

（1）经济环境恶化

国内连年战争及帝国主义列强的重新干预，严重破坏了商业发展环境。第一次世界大战期间各帝国主义国家忙于欧洲战事，无暇顾及中国，为中国商业发展提供了相对宽松的环境；而到 1920 年，各帝国主义国家恢复并稳定了国内局势，开始重新干预中国发展，各地商业发展环境再度恶化。面对全国性的商业环境恶化，各地商会为了共同的利益，继续坚持合作方针，共同反对北洋政府开征所得税。

（2）爱国、求变热情

刚刚经历“五四运动”的各地商会，继续保持了爱国热情。对于刚刚改选的上海总商会而言，也需要借助这样的运动摆脱因“佳电”风波带给各地商会的不良印象。因此，作为全国商会联合会总事务所的上海总商会，积极倡导本次反对所得税的运动，实现了全国各地商会的大联合。

（3）共同的利益诉求

北洋政府开征所得税，带来的结果是全体商界都要承受更重的税收负担，各商会都难以逃避加税的问题，而他们的共同敌人是位于北京的中央政府。以往的斗争经验提醒各地商会，只有全国商会联合起来一致行动，才有迫使政府放弃征税的可能性。所以，也可以理解成，博弈形势逼迫各地商会必须走向合作。

尽管如此，我们不难发现，贵州、广西、云南等西南诸省的商会在本次博弈中并未发声，而广州商会也只是在 1920 年 12 月 23 日表示反对开征所

---

① 总商会对青岛问题之主张［N］. 申报，1919－5－10.

② 虞和平，朱英. 中国近代商会通史（卷 2）［M］. 北京：社会科学文献出版社，2014：906.

得税，此后再未有其他行动。这是因为当时西南诸省处于南方军政府管辖之下，北洋政府政令难以在西南诸省畅行，所以这些省份的商会根本未将北洋政府开征所得税视为当前威胁。而北洋政府治下的江苏、浙江、山东、宁夏、河南、安徽、江西、直隶等省，各地商会迅速串联起来共同采取行动反对开征所得税。

综上所述，笔者认为，正是由于各地商会对以往博弈经验以及本次博弈规则的充分认识，才采取联合博弈的方式，共同反对强大的对手——北洋政府及各地军阀。

7.2 商会与各省议会的博弈

商会是资产阶级工商阶层的联合会，代表的是资产阶级工商阶层的经济及政治利益；而各省议会起源于晚清各省的咨议局，代表的是资产阶级的政治利益。可以说，商会与各省议会是资产阶级在不同利益方面的代言人，所以二者存在着天然的血缘关系。但由于各省议会议员成分的复杂性，使得各省议会与商会之间也存在着博弈。

7.2.1 商会与各省议会的渊源分析

近代资产阶级商人与各省咨议局都拥有一个共同的渊源——近代绅商。绅商是指晚清时期拥有功名的士绅甚至官员加入到商人队伍中，从事带有资本主义性质的近代工商业，从而形成的一个特殊群体。“绅商”群体的特殊之处就在于既与清政府有较密切的联系，又从事着近代工商业，可以理解为亦绅亦商。绅商的形成，得益于洋务运动及历次向西方学习的政治运动，使得较为开明的官吏士绅开始尝试开办近代工商业，以图挽救不断衰落的中国。

清政府为立宪，拟先在各省成立咨议局，为未来的议会储备人才。1907 年 10 月 19 日，清政府批准各省筹设咨议局，1908 年 7 月颁布《咨议局章程》。《咨议局章程》中规定议员应由各州县选举产生，选举人和被选举人的资格有严格的限制，主要体现在性别、年龄、财产、职业及受教育情况等方面，这使得大地主、官僚及资产阶级上层人士有资格当选为议员。“（上谕）著各省督抚，均在省会速设咨议局，慎选公正明达官绅，创办其事，即由各属合格绅民，公举贤能，作为该局议员”。[①]事实上，这些当选议员中，很多都是绅商。比如，广东咨议局 94 名议员全部具有功名，其中至少 24 人拥有或直接经营工商业。[②]

中华民国成立后，1912 年 9 月颁布《省议会议员选举法》，很多内容都是借鉴了晚清的《咨议局章程》，选举人与被选举人在性别、年龄、国籍、纳税情况、不动产情况及受教育情况方面也有明确的限制。绅商阶层尤其是身为晚清咨议局议员的绅商，一部分依旧当选为本省议会的议员。

同样，绅商阶层在商会中也拥有较大的发言权。对中华全国商会联合会第一届正副会长资历进行研究，我们发现 6 人中有 4 人属于绅商。[③] 比如，周金箴，清末记名道员，上海道尹，四明银行总董，上海华盛纺织局协理，通久源轧花厂等公司董事；向瑞琨，农商部主事，两件总督张仁俊幕僚，湖南靖港米谷公司创始人，久大精盐公司监察人。胡瑞霖，清末知府头衔，句容垦牧公司创始人，大同水利公司创始人。张弼士，清朝驻新加坡领事，头品顶戴太仆寺少卿，上海新裕洋行创始人，慎裕五金杂货行等洋行所有人。

所以，笔者认为绅商阶层同时在商会与各省议会中发挥重要作用，足以证明商会与各省议会是近代资产阶级在经济和政治等不同方面的利益代言人，商会与各省议会具有天然的血缘关系。

7.2.2　商会与各省议会的博弈

商会中除了绅商阶层外，还有新兴资产阶级工商界人士，这些人士不具有晚清功名，是纯粹的商人身份，他们对商会的期望是维护商业发展环境及争取更多的政治经济利益。而各省议会中除了绅商阶层人士外，更多的是资产阶级革命派尤其是国民党代表，以及代表教育、法律等阶层的资产阶级人士。所以，商会与各省议会都存在着人员构成成分的多样性问题，自然就会存在着博弈。

在本次博弈事件中，浙江、直隶、江苏、吉林等省议会明确表示反对北洋政府开征所得税，并与商会建立起反对所得税的政商联盟。而其他各省议

---

① 大清光绪朝实录卷 577 [M]. 中国第一历史档案馆藏.

② 章开沅，马敏，朱英. 辛亥革命前后的官绅商学 [M]. 武汉：华中师范大学出版社，2011：286.

③ 虞和平，朱英. 中国近代商会通史（卷 2）[M]. 北京：社会科学文献出版社，2014：693—694. 根据相关资料统计而得。

会并未明确表示反对开征所得税，这至少说明在是否反对政府开征所得税方面，其他各省议会内部并未达成一致意见；商会与各省议会之间未能寻找到共同利益点。

关于江苏、吉林、浙江与直隶等省议会愿意与各商会建立起共同反对开征所得税的联盟，笔者分析其原因大致如下：

（1）资产阶级商会地位上升

伴随资本主义经济发展，资产阶级地位上升，资产阶级商会成为资产阶级革命派实现民生主义的重要依靠力量，所以资产阶级革命派占主导地位的省议会，重视与商会的合作，共同为优化资本主义工商业发展环境而建立联盟。

（2）资产阶级共同利益诉求

资产阶级商会与各省议会拥有天然的血缘关系，是资产阶级在不同利益方面的代言人，都服务于资本主义根本利益，所以共同的利益驱使他们结成了反对所得税的联盟。

（3）地方政府与中央政府的政治矛盾

各省议会与北洋政府之间也存在着诸多矛盾，不排除各省议会为了削弱北洋政府对本省的控制和影响力，而采取与商会结盟共同反对中央政府开征所得税。比如，当时浙江督军卢永祥，为皖系军阀重要代表人物；而 1920 年 8 月以后，执掌中央政府权力是直系和奉系。因此不排除浙江省议会反对开征所得税中有军阀派系斗争的政治因素。

当然，在支持商会反对北洋政府开征所得税的省议会中，也不是所有议员都赞成联合各地商会的。比如，《申报》中披露的江苏省议会纪事中，每次就反对北洋政府筹办印花税和所得税问题，各议员要辩论很久，省议会才能形成相应决议。议员之间的辩论，能说明议会内部本身即存在着不同意见。

7.3 商会与北洋政府之间的博弈

中华民国成立之时，各地商会欢欣鼓舞，对新政体充满期盼。一方面，资产阶级商会期盼新的共和政体能够为工商业发展提供良好发展环境，促进经济发展。正如张謇所言，希望新政体下“一切实业、教育之障碍，渐可解除”。[①] 另一方面，资产阶级商会希望能在新政权中获得更多的政治权利。在 1912 年商议国会选举办法时，商会曾力争国会中专门给工商界留有议员席位，希望大总统、国会能够“宽订商界议员额数，克日宣布，由联合会通行全国商会，遵章选举，赴会与议”，[②] 但最终商会并未如愿以偿。北洋军阀执政时期，商会的种种努力未能换来政治地位的明显提高，商会与政府之间博弈增多。

7.3.1　商会与北洋政府的合作

自袁世凯执政至北洋军阀覆灭，商会与政府之间存在着很多合作，积极参与国家政治，有力地支持国家经济建设。这些合作主要表现在以下几个方面。

（1）参与民初国家工商政策制订工作

为促进工商实业发展，制订国家新的工商政策，北京政府工商部在 1912 年 11 月召开全国临时工商会议，听取工商界代表的意见和建议。《临时工商会议章程》中明言“工商部为工商矿业改良发达，亟欲征集全国实业家及专门学者之意见，讨论方法，以备采择，特开临时工商会议”。[③] 这次工商会议，实质上是工商部与商会在振兴实业方面的一次合作与互动。

由于晚清及辛亥革命期间，工商业确实萧条，各地商会迫切希望恢复正常的商业环境，所以各地商会参加本次临时工商会议的积极性很高。全国共有 40 多个商会选派 70 余名代表参会，另外其他工商团体也派有代表参会，据统计，工商界代表约占全体代表的 80%。[④] 这次会议讨论内容广泛，涉及工商、金融、贸易、实业、矿业、商法等诸多方面，共审议议案 70 余件。这次会议可以称为政府与商会合作的良好开端与样板。

（2）为维持商业发展而积极参与调和党争

袁世凯当选临时大总统后，为了进一步巩固对中央政权的掌控，削弱国民党对议会的控制权，操纵成立进步党，在议会与国民党进行抗争。1913 年 3 月宋教仁被刺案和袁政府的“善后大借款”案，使得国民党与进步党在国会的斗争日趋激烈，社会对立也日趋严重。

---

① 张孝若．政闻录（卷 9），张季子九录［M］，上海：中华书局，1931：20.

② 中华全国商会联合会请求宽订商界议员额数电［N］．时报，1913 - 1 - 23.

③ 赵秉钧．临时工商会议章程，工商会议报告录（第 1 编）［M］．民国工商部刊本，1913：4.

④ 虞和平，朱英．中国近代商会通史（卷 2）［M］．北京：社会科学文献出版社，2014：640.

作为民间团体的商会，本与两党之争毫无关系，但还是以中间人身份积极调停党争。这是因为商业发展关键在于环境，商会担心两党之争会重新掀起社会动乱，甚至引发战争，如此下去，最终的结果是破坏商业发展，使得商人阶层无端蒙受损失。

事实上，在商会调停两党争端的过程中，商会最初支持袁世凯政府。商会认为宋教仁案自有法庭判决，“善后大借款案”自有国会议决，各党不应为此杯葛，破坏国家建设，“近日纷纷争议，宋案也，借款也，选举总统也。窃谓宋案审判于法庭，借款、选举取决于议院，自有法律为范围，岂尚气血为胜负？商人在商言商，不知附和。若有破坏而无建设，乱靡有定，胡所底止”。[①]

虞和平与朱英经过研究，推测有两方面原因造成商会支持袁世凯政府。一方面，袁世凯接任临时大总统后，处处为自己塑造保护工商业发展的贤明形象，逐步赢得商会的好感。比如，袁世凯就任大总统后，曾签发《通饬重农保商文》，要求各地方要“保护市面，使农勤于野，商悦于途”。[②] 在第一届国会选举时，选举法通过财产限制方式约束了商人选举权，商会对选举法非常不满，袁世凯为笼络商会，也曾提请国会修改选举法，以照顾商界利益，但遭到国会否决。这使得商会对国会产生不满，对袁世凯心存感激，所以民初时期袁世凯与国会产生矛盾时，商会基本上均支持袁世凯。另一方面，袁世凯由临时参议院选出担任民国临时大总统，对于缺乏长远政治眼光的商会来讲，袁世凯政府从形式上是合法政府，国民党是破坏稳定和统一的始作俑者，所以商会选择支持袁世凯政府。

(3)“二次革命”中支持袁世凯

1913年“二次革命”爆发，战乱与动荡再次发生，商业发展受到破坏。商会将国民党视为破坏和平与稳定的罪魁祸首，并不同程度帮助袁世凯政府。比如，全国商会联合会山东省事务所于1913年7月23日发布通电，反对“二次革命”，并指责革命党不顾商民生计，以一党私利而贻害商民，“湖口倡乱，战祸再作，……，益以破坏，贻商民之重累，败全国之金融，……，当兹乱党谋覆政府，不过欣羡资财，撤我保护，危词嫁祸，……，而

① 总商会电请维持秩序［N］．申报，1913－5－8.

② 白蕉．袁世凯与中华民国，近代稗海（第3辑）［M］．成都：四川人民出版社，1985：38.

若彼已名利双收，藉成叛乱，毒蛰所及，首在商民”。[①] 武汉商务总会也发出通电，声称国民党人发动战争，最终使商业受损，社会秩序打乱，“江西兵事相延逾旬，遐迩震动，商市恐慌，……，若使此次兵祸蔓延，再遭惨劫，……，我商人若复忍而坐视，不亟谋保持治安之谋，尚无前途岂堪设想”。[②] 除了发布通电表达反对“二次革命”外，多数省份商会还想方设法劝阻地方政府背离中央，协助袁世凯政府讨伐叛逆。

除此之外，商会与北洋政府在修订经济法规、筹措财政经费等方面也存在着诸多合作。商会与北洋政府在许多方面能够合作的原因在于：第一，北洋政府作为初掌中央政府职能的新政府，许多政策制订与执行以及筹措财政经费方面需要依赖商人及商会，北洋政府愿意与商会合作以笼络商会为政府服务。第二，北洋政府是社会事务及宏观层面的管理者，商会在商业政策、商业法律、维持发展环境等诸多方面也需要依赖政府，因此注重与北洋政府维持良好关系。第三，在不损害各自核心利益的前提下，双方能够通过加强合作实现双赢，但若有一方核心利益受到损害，成为零和博弈时，双方的合作就不可能继续存在。所以，双方的合作是不稳定的、非常态性的。

7.3.2 商会与北洋政府之间的矛盾与冲突

商会与北洋政府之间为了各自利益，同样也存在着诸多冲突。冲突，实质上是双方未能寻求到利益妥协点。除了前文曾提及的袁世凯政府试图解散全国商会联合会、多数商会反对袁世凯称帝的事例外，比较典型的还包括下面几个。

（1）商会与北洋政府的政治分歧

①1917年皖系军阀掌控中央政府，段祺瑞出任握有实权的国务总理。段政府主张对德宣战，参与第一次世界大战。商会为维护难得的商业发展机遇，极力反对中国参战。安徽总商会于1917年5月发表通电，号召全国各地商会联合阻止政府参战。随后全国商会联合会、武昌商会、直隶商会等多个商会团体纷纷发表通电，表达反对政府参战的主张，恳请政府致力于保护商业发展。

②1917年护法战争时期，为维护商人利益，商会再次扮演调停人角色，

① 山东事务所通电［J］．中国商会联合会会报，1913-12：23—24.

② 武汉商务总会致商会联合会各省代表电［J］．中国商会联合会会报，1914-1：1—2.

试图促使南北双方和解。但本次调停中，商会支持孙中山领导的南方护法政府。1918年1月上海商界发表通电支持护法政府，拥护约法，“此次义军崛起，均以拥护约法，保障国会，惩办祸首为目标，……义军勉以护法自矢，必能贯彻始终”。[①] 在“二次革命”中，商会通电称南方军队为“作乱”，而“护法战争”中，商会称南方军队为“义军”，商会的态度显然可见。

③五四运动中，多数商会支持学生爱国运动，发动罢市，给皖系军阀掌控下的北洋政府带来很大压力。1919年5月6日，北京总商会召开会员大会，形成三项决议，“（一）不购日货；（二）急救学生；（三）以本会及全国商会名义电欧会力争”，[②] 明确表示反对政府镇压学生爱国运动。天津总商会6月9日召开代表大会，决定自10日起全体罢市，“案查此次罢市，原为借此要求政府惩办曹、陆、章及保护爱国学生，如此项目的达到，即时可以恢复原状”。[③]

（2）商会与政府的利益冲突

商会与北洋政府之间存在矛盾与冲突，其关键原因还在于各自的核心利益诉求不同。

①商人及商会的根本利益在于获取商业利润，其所有行动包括政治诉求行动的根本出发点仍是维护商业利益。晚清商人只重视商业利润，不重视政治，他们认为政治应由政府衙门处理，商人就是负责银钱买卖，“商管银钱账项买卖，绅管学习机器教训学徒，官主保护而不侵利权。即有事涉衙门，有绅承担，不累商民，无可疑惧”。[④] 民国成立以来，商人尽管重视政治参与，但参与政治的根本目的仍是维护商业利益，上述几项事例充分说明了商会处处以维护商人及商业利益为先，为维护商人利益而参与政治。

②北洋系历届政府的核心利益是维护对中央政府的控制权及己方政治经济利益。当掌控中央政府的派系利益与商会利益有共同点时，政府则与商会形成合作，若商会危害到己方核心利益时，则会通过各种手段压制商会。

③北洋政府与商会在本次开征所得税问题上，产生博弈的根本原因也在

① 二十二省旅沪绅商致西南电［N］. 民国日报，1918-1-6.

② 龚振黄. 青岛潮·全国商界之崛起，五四爱国运动资料［M］. 北京：科学出版社，1959：107—108.

③ 中国社会科学院近代史资料编译室. 总商会决议罢市，五四爱国运动（上）［M］. 北京：中国社会科学出版社，1979：558.

④ 章开沅. 辛亥革命与近代社会［M］. 天津：天津人民出版社，1985：137.

于利益冲突。征税博弈属于零和博弈，北洋政府所获的所得税收入恰好就是商会的利益损失。由于北洋政府在维护商业环境、保护商人其他权益方面未能给予商会一定补偿，所以商会极力反对北洋政府开征所得税。

7.4　各省议会与北洋政府之间的博弈

7.4.1　各省议会的成立与被迫解散

1912 年 8 月颁布的国会组织法规定正式国会中的参议员应由各省议会选举产生。为保证第一届国会选举如期举行，临时参议院修改通过袁世凯政府提交的《省议会议员选举法》，于 1912 年 9 月颁布实施。至 1913 年 2 月，全国有 18 个省完成省议会议员选举。根据现有 10 个省议员选举的文献资料，国民党在 7 个省份中占有优势，这 7 个省份分别是江西（国民党籍议员比重为 74%）、浙江（国民党籍议员比重为 76%）、湖南（国民党籍议员比重为 83%）、安徽（国民党籍议员比重为 67%）、广东（国民党籍议员比重为 100%）、福建（国民党籍议员比重为 47%，进步党籍议员比重为 31%）、[①] 奉天（国民党籍议员比重为 69%）。[②] 国民党籍议员控制各省议会，其所选举的国会议员有很大几率为国民党籍，那么国民党对国会控制权就会加强，从而严重威胁袁世凯政府的行政权力及权威。

各省议会成立时，临时参议院尚未审议通过《省议会暂行条例》，这意味着各省议会无法依照章程参政议政。1913 年 2 月 1 日，袁世凯发布总统令，要求在《省议会暂行条例》颁布之前，各省议会暂按晚清《咨议局章程》行事，“前清《咨议局章程》系属现行法律之一，所有各省议会一切组织及职权，除该章程与民国政体及新颁法令抵触者外，当然适用”。[③] 袁世凯政府要求省议会暂遵行《咨议局章程》，实际上是其限制各省议会的一个策略。《咨议局章程》中规定咨议局只是地方政府的咨询机构，并无权干涉

---

① 江西、浙江、湖南、安徽、广东、福建等省数据来源：沈晓敏．民初袁世凯政府与各省议会关系论述［J］．历史教学，2004（10）：15—21.

② 奉天省数据来源：吕雪飞．东北三省咨议局、资政院及第一届国会、省议会议员选举考略［D］，长春：吉林大学，2012.

③ 临时大总统令，北洋政府公报［M］．1913－2－1，第 266 号．

地方政府行政事务；而各省议会是地方政府的参政议政机构，对地方行政机关有监督和制约权力。所以，袁世凯政府要求省议会按照《咨议局章程》行事，实际上是变相褫夺省议会的参政权力。袁世凯政府的这一做法，导致浙江、广东、湖北、河南、吉林、贵州等诸多省议会的强烈反对。1913年4月，《省议会暂行条例》颁布，各省议会取得了法定参政权利。

各省议会成立后，在扩大省议会权限、反对善后大借款等很多问题上与袁世凯政府产生矛盾和斗争。1913年8月6日，袁世凯政府以江西省议会曾发布宣言欲脱离中央政府为由，下令解散江西省议会；8月8日，下令解散广东省议会；8月15日，以浙江省议会20余名议员倡乱附逆、要求独立为由，要求逮捕这些议员。其他参与“二次革命”的省议员，要么被捕，要么被褫夺议员资格。1914年1月10日，袁世凯政府下令解散国会；2月28日，又下令解散各省议会。

1917年府院之争时，黎元洪受张勋威逼，下令解散国会。段祺瑞击败张勋，皖系军阀重新掌控中央政府后，并未恢复国会，而是重新选举受皖系军阀控制的安福国会。按照国会组织法，国会议员应由各省议会选举产生，时值南北争战，南方各省并未参与国会议员选举。所以，第一届合法国会未被恢复，依旧以“非常国会”名义在广州存在；皖系军阀控制下的安福国会又备受各省议会职责，北洋军阀与各省议会矛盾依旧存在。1920年直皖战争结束后，段祺瑞下台，直系和奉系军阀联合控制中央政府，但依旧未恢复合法国会，各省议会无法通过国会议员参与国家政治事务，依然引起各省议会不满。

由上述分析可以看出，自袁世凯起，北洋系历届政府与各省议会都存在着诸多矛盾和冲突，有些矛盾甚至是不可调和的。究其原因，根本还在于对政治权力的争夺与控制。

7.4.2 各省议会反对北洋政府开征所得税的原因分析

各省议会反对北洋政府开征所得税的原因，除了前文提到各省议会中多数议员是资产阶级人士，与资产阶级工商界存在着天然血缘关系外，笔者认为还有以下几点需要注意。

(1) 以争夺中央政府控制权为政治目标

各省议会尤其是国民党籍议员比重占优势的省议会，意在代表资产阶级革命派争夺中央政府控制权，这是他们反对北洋政府的根本原因和出发点。

所以，一些省议会选择与各地商会建立联盟，共同反对北洋政府开征所得税，其根本目的或许是要藉此机会削弱北洋政府执政基础，拉拢商会支持革命派，省议会考虑的关键利益还是政治利益，而不是商会的商业利益。

（2）阶级立场决定省议会立场

北洋军阀集团代表的是封建地主阶级、大买办阶级以及改良派的利益，而资产阶级革命派则代表的是资产阶级的根本利益，所以阶级属性决定了革命派占优势的省议会与北洋政府之间矛盾的不可调和性。省议会反对北洋政府开征所得税，是这种阶级斗争在税制领域开辟的一个新战场。

（3）政治主张促使双方合作

资产阶级性质商会成立后，在国家重大政治事件中发挥了重要作用，中华民国的成立、南北和议以及历次反对帝国主义的运动中，都有商会的声音和身影。资产阶级性质商会政治地位的上升，使得其与代表资产阶级利益的各省议会关系日益密切。可以说，这次各省议会与各省商会共同反对北洋政府开征所得税的政商联盟，实际上是资产阶级不同阶层之间的联盟。

7.5　各方主体“合纵连横”的本质分析

各地商会、各省议会及其他社会团体组成反对征税的“合纵联盟”，北洋政府与各地军民长官、财政厅、警察厅等组成支持征税的“连横联盟”，这些主体之间的联合，实质上仍是利益博弈的结果。

7.5.1　合纵联盟的利益诉求分析

商会与省议会的合纵联盟，最直接、最表层的利益诉求是要求北洋政府取消开征所得税的决定。但从深层次分析，其利益诉求是多元化的，且各方诉求并不统一，只不过是为了反对暂时共同的敌人，而聚集在“反对所得税”旗帜下所结成的一种暂时的联盟。

（1）商会利益诉求

商会的实质利益诉求是要求北洋政府保护商业发展及商人权益。在本次反对所得税的博弈中，商会有两项理由可以佐证这一观点。第一，商会要求政府把裁撤厘金作为换取商会承认所得税的前提条件。厘金、常关等税阻碍商人开拓更广阔的市场，而所得税属于中性税种，并不会阻碍资本主义工商业发展，所以商会要求废除厘金而承认所得税。这说明商人重视净化商业发展环境，这种给商人带来比所纳所得税更多的新增利益。第二，商会声称北洋政府只知道对商户征税，而对商户损失却熟视无睹，属于政府没有履行保护商会的义务。这说明若政府能够采取有效措施保护商人利益及商业发展，商会愿意向政府缴纳相应税收作为交换条件，但现阶段政府并没有履行保护商业的义务，所以商会也拒绝向政府缴纳更多的税收。

（2）各省议会利益诉求

省议会的实质利益诉求在于政治，即意在获得更多政治控制权甚至是对中央政府的控制权。这也可以从本次博弈事件中，各省议会反对征税的通电中看出端倪。第一，1920 年 10 月 27 日，江苏省议会开会讨论所得税时，有议员提到“新颁所得税章程，其一部分实侵占地方税范围”，也有议员提到“（所得税）未经法定程序人民当然不能承认”。侵占地方税，自然损害地方利益，未经法定程序则有损议会威信，所以这两项实质上也是政治问题。第二，1920 年 11 月 3 日，朱绍文发表的通电中称“全国环请废督，中央充耳不闻，反借倒行逆施之军人主张，以为抵制民意之利器”，以及“况所得税条例，原系袁世凯于国会停职之时非法制定”。[①] 这些理由，也属于政治问题，是省议会将在政治运动中未能实现的目标移到了本次反对所得税的运动中。第三，1920 年 11 月 11 日，顺直省议会发表的通电中称，“今九年度预算，尚未交国会议决，何得迳以行政命令施行新税，似此背叛约法，破坏财政统系，国民断难承认”，“一俟该条例交正式国会通过后，再行颁布实行”。[②] 可见，顺直省议会的理由仍是围绕国会问题展开的。

7.5.2 连横联盟的利益诉求分析

北洋政府与各省军民署长能够建立支持征税的联盟，理由相对简单，因为当时中央政府与地方政府都陷入极端的财政困境，双方都希望能够成功开征所得税，缓解各自面临的财政压力。但是，我们也必须清楚，北洋政府与各省军民署长之间的联盟，也是暂时利益博弈的结果。

第一，各省军民署长多数是由各地军阀控制下的行政与军事长官，多数情况下要秉承地方军阀的意志行事。而地方军阀与掌控中央政府的军阀派系

① 朱绍文电请一致否认所得税［N］．申报，1920－11－03（10）．

② 顺直省议会反对所得税［N］．申报，1920－11－11（10）．

之间存在着不可调和的矛盾和冲突，所以他们之间的合作也只是暂时合作。第二，由于中央政府威信较低，无法强迫地方军民长官执行中央政令，所以这种合作不存在绝对的上下级命令与服从的关系。第三，地方军民署长在行政事务上与省议会之间关系较为复杂，在经济事务上仍要借助商会力量，所以地方政府在开征所得税事件上，也是采取游说与怀柔策略，而不是强硬威胁策略。这也说明了中央政府与地方政府联盟的松散性和离心性。

本章分析表明，在关于开征所得税的官商博弈中，尽管各方主体建立了不同的联盟，但这些联盟的背后，实质上是不同主体之间利益博弈的结果，是不同利益诉求的临时妥协。

第 8 章

北洋政府与商会博弈的模型分析

北洋政府与商会的博弈事件，可以借助于博弈模型进行深入研究和分析，从理论上进行阐释。总体而言，这次博弈属于不完全信息下的动态非合作博弈，但它又和经典的不完全信息下的动态非合作博弈模型有不同之处。他们的主要区别在于：不完全信息下的动态非合作博弈模型强调的是参与人自始至终掌握的信息都是不完全的；而这次官商博弈事件中，双方经过数个回合的博弈后，逐渐地都掌握了双方的博弈策略、信息等情况，参与人所依赖的信息接近了完全信息状态，所以博弈的最后阶段演化成了完全信息博弈。因此，笔者借助不完全信息下的动态博弈模型，结合本次博弈中展现出来的信息逐步完善的特点，建立了信息递增的动态博弈模型。

8.1 本次博弈的性质判定

博弈论理论经过数十年的发展，已经形成了相对完善的学科体系，研究博弈论的学者们建立起了诸多博弈模型。这些博弈模型，可以依据一定的标准，将其分为不同的类别。我们可以借助这些分类方法，来判定本次博弈的性质。

8.1.1 博弈模型的基本分类

(1) 完全信息博弈和不完全信息博弈

根据参与人所掌握的双方信息情况是否充分、完整和对称，可以将博弈分为完全信息博弈和不完全信息博弈。完全信息博弈是指参与人对对方的利益诉求、偏好和策略有充分的、对称的了解，这种博弈情况下博弈结果和博弈双方所预期的效果是一致的，因为每一方都能够对对方的博弈策略做出准确预判。

不完全信息博弈则是指博弈参与人（至少有一方参与人）对对方的特征、偏好和策略信息掌握不充分、不完全或者不对称，导致在博弈过程中需要估计对方的策略，进而才能做出己方的决策，这种博弈结果具有不确定性。我们将博弈双方所掌握的信息是不对称的，也就是说一方参与人所掌握的信息，比其他参与人掌握的信息要多，称之为非对称信息博弈。

（2）动态博弈和静态博弈

根据参与人行动的先后顺序，可以将博弈分为静态博弈和动态博弈。静态博弈是指参与人同时行动，或者行动次序虽有先后，但后行动者并不知道先行动者的选择。

动态博弈，是指参与人在选择行动上，有先后次序，后行动者可以观察先行动者的选择和策略，然后来决定自己的选择和策略。由于参与人行动次序的不一致，所以他们之间不存在同时做出博弈决策的问题，因而称之为动态博弈。

需要提醒的是，在动态博弈中，有一种博弈称之为序贯博弈，这种博弈是指参与人行动次序有先后之分，后行动者可以根据先行动者的决策调整自己的决策。但序贯博弈只能进行两期博弈，而动态博弈可以进行不少于两期的博弈，所以，序贯博弈只是动态博弈的一种特殊类型。

（3）合作博弈与非合作博弈

根据参与人能否达成一种有约束力的协议，博弈可以分为合作博弈和非合作博弈。合作博弈强调参与人之间能达成具有约束力的协议（也可称之为妥协），这种协议能使双方要么利益都获得增加，要么是在其他各方利益不受到损害的前提下，至少有一方利益获得增加。非合作博弈则强调参与人之间无法达成具有约束力的协议，因为一方利益的增加是以损害其他方利益为前提的。大多数博弈都是非合作博弈，只有少数博弈属于合作博弈。

需要指出的是，合作博弈和非合作博弈的划分标准，不是从博弈结果中双方是合作还是非合作上来区分的，而是从博弈中双方能否达成具有约束力的协议这个标准上来判断的。如果能够达成具有约束力的协议，则博弈各方的行为上肯定是合作的，因为具有约束力的协议会对不合作方进行惩罚，这是确保各方都采取合作行为的根本机制。

8.1.2 本次官商博弈的类型判定

本次官商博弈属于不完全信息下的动态非合作博弈。

(1) 不完全信息博弈性质的判定

在本次官商博弈事件中，商会对北洋政府财政开支情况、政治现状等基本信息掌握较为充分，而北洋政府对商会博弈策略了解不够充分，尤其是未曾估计到商会会采取与各省议会建立联盟，从法理上和技术上否定政府命令以及从情感上孤立政府等策略，导致北洋政府在博弈中处处被动，这属于典型的非对称信息博弈。

需要指出的是，这里所讲的策略，是指参与人在博弈中的一种行动方案，不同于中文传统意义上的计谋或者是技巧。

(2) 动态博弈性质的判定

在本次官商博弈事件中，北洋政府和商会的博弈选择是不同步的，在北洋政府发布筹办所得税的大总统令后，商会可以根据政府决策选择自己的博弈策略，而随后北洋政府又可以根据商会的博弈策略来调整自己的博弈策略，属于典型的动态博弈。

(3) 非合作博弈性质的判定

在本次官商博弈事件中，北洋政府与商会之间是非合作博弈，因为一旦政府成功开征所得税，必然会损害商会利益，双方之间不能达成均衡状态下的具有约束力的协议。

8.1.3 本次博弈与经典不完全信息动态博弈的区别

在不完全信息博弈中，是指参与人对对方的信息掌握不够充分。而在本次博弈事件中，尽管初期北洋政府对商会的博弈策略以及商会对北洋政府的博弈策略掌握不够充分，但由于双方策略的有限性，经过有限次的重复博弈后，使得双方对对方的博弈策略及其他信息掌握的相对充分了，所以在最后一阶段的博弈中由不完全信息博弈转化成了完全信息博弈。

但是需要提醒的是，尽管在最后一阶段博弈由不完全信息博弈转化成了完全信息博弈，但在此之前的有限次重复博弈都是不可逆的。最后一阶段之前的有限次重复博弈，就好像是双方互相刺探对方信息，补充自己所掌握信息的过程。笔者将这种转化称为信息递增过程。若参与人能通过有限次的信息补充过程，将不完全信息补充完全或者接近完全（接近完全状态下，参与人没有掌握到的信息，对博弈决策没有影响），则博弈过程就会简化很多，笔者将这样的博弈模型称之为信息递增的动态博弈模型。

因此，本次博弈与经典不完全信息动态博弈最显著的区别就是，在本次博弈中存在着信息递增情况，使得不完全信息博弈在最终博弈阶段转变为了完全信息博弈，而在最终阶段之前的重复博弈是不可逆的。

8.2　信息递增的动态博弈模型构建与分析

信息递增的动态博弈模型的构建，同样需要依赖于给模型建立基本假设条件和构建模型的扩展式表述。

8.2.1　基本假设

（1）参与人（player）

存在两个参与人甲和乙，存在一个虚拟参与人“自然”，“自然”可以被理解为模型的一切外生要素的组合。参与人是理性的和智能的。

理性的，是指参与人能够在给定约束下最有效地实现预期目标。这也意味着，如果约束条件变化了，理性参与人也能调整预期目标，并最有效地实现预期目标。

智能的，是指参与人在参与博弈时，能够像博弈专家一样对局势做出一切推断。①

（2）行动（action）

甲和乙都有两个行动选择。甲可供选择的行动为 A1 和 A2；乙可供选择的行动为 B1 和 B2。

（3）行动顺序（order of play）

在最后一阶段博弈之前的重复博弈中，甲先采取行动，然后由乙采取行动，按照这个顺序由甲和乙轮流采取行动；由于经过前面有限次的重复博弈后，甲和乙对双方的信息掌握已经足够充分，故最后一阶段博弈中，由甲来

① ［美］罗杰·B. 迈尔森著，于寅，费剑平译. 博弈论：矛盾冲突分析［M］. 北京：中国人民大学出版社，2015：3.

采取行动。

在最后一阶段博弈之前的重复博弈都是不可逆的，也就是说，参与人在前面阶段的博弈中，不会知道最后一阶段博弈的具体结果是什么，所以无法利用预估到的后面阶段的博弈结果来影响前面阶段的行动决策。

（4）信息（information）

甲和乙均对己方信息掌握完全，而对对方信息掌握不够充分。但是，双方参与人均具有信息补充能力，也就是经过有限次重复博弈后，双方参与人都能将信息补充完全，由不完全信息状态转化为完全信息状态。

（5）战略（strategy）

战略是博弈参与人在给定信息集的情况下的行动规则，也就是说战略规定了参与人什么时候该采取什么样的行动。可以看出，博弈论中的“战略”一词的含义不同于管理学中“战略”一词的含义，管理学中的“战略”一词是指企业为开发和获取核心竞争力而采取的长期规划。

我们假定战略是完善的，即它能够给出参与人在每一种可能情况下的行动选择。也就是说，就算对方没有预期到的情况发生了，战略也能给己方指出该采取什么样的行动。

（6）支付（payoff）

它是指参与人在一个给定的战略组合下所得到的期望效用水平。在本模型的最后一阶段博弈中，期望效用水平不代表任何具体数值，只是代表一种水平状态，比如，1就代表参与人在这场博弈中获得了正的期望效用水平，-1代表参与人在这场博弈中获得了负的期望效用水平。在支付组合（1，-1）中，前方的数字1代表甲的期望效用水平，后方的数字-1代表了乙的期望效用水平。正的期望效用水平要优于负的期望效用水平。

比如，甲如果获得了正的期望效用水平，代表着甲从这次博弈中所获得的收益（可能是获得金钱收入、声望增加、获得良好形象等）比在这次博弈中付出的成本（可能是付出的金钱成本、声望损失等）要多。甲如果获得了负的期望效用水平，代表着甲从这次博弈中所获得的收益比在这次博弈中付出的成本要少。至于正的或者负的期望效用水平具体是多少，怎么比较金钱和声望的期望效用水平等，我们不加深入讨论。

（7）结果（outcome）

结果是指甲和乙在经过有限次重复博弈后，最终得到的均衡行动组合。

（8）参与人采取行动的成功几率（probability）

在博弈中，每个参与人采取行动的成功几率，是由虚拟参与人“自然”决定的。但“自然”在决定某参与人每一阶段采取行动的成功几率时，主要取决于下一个阶段对手所主张的理由是否比该参与人现阶段所主张的理由更有优势，这些优势可能是但不限于以下衡量指标：除参与人以外的其他民众对双方支持率的比较、双方承诺的可信程度比较、双方威胁的可信程度比较、双方声望的比较等。也就是说，“自然”就像一个万能的裁判一样，能够准确识别出每一阶段哪方主张的理由更胜于另一方，就会给予该方较高的成功几率。

在模型中，用 p_i代表甲的成功几率，$(1-p_i)$ 代表甲的失败几率，$0\leqslant p_i\leqslant 1$，i 代表甲在做出行动决策的第 i 个博弈阶段，$i=1,2,3,\cdots$。用 q_t 代表乙的成功几率，$(1-q_t)$ 代表乙的失败几率，$0\leqslant q_t\leqslant 1$，t 代表乙在做出行动决策的第 t 个博弈阶段，$t=1,2,3,\cdots$。

需要声明的有两点：第一，在某一博弈阶段，需要采取行动的某参与人在做行动决策时，只能通过“自然”来获得这次行动的成功几率是多少，但该参与人在做行动决策时不可能准确知道在下一博弈阶段，对手会针对己方行动提出什么样的主张理由，所以无法确定他的成功几率与对手后续行动的成功几率孰高孰低。第二，后行动者可以观察到先行动者的行动，但无法确切知道先行动者成功的几率。但随着有限次的重复博弈，双方参与人对信息的掌握越来越充分，以致于在最后一阶段的博弈中，双方对行动结果所带来的期望效用水平是明确具体的。这一基本假定保证了在最后一阶段，博弈实际上转变成了完全信息博弈。

8.2.2　模型基本描述与分析

在上述基本假设下，信息递增的动态博弈模型的扩展式表述，可以用图 8－1 来表达。

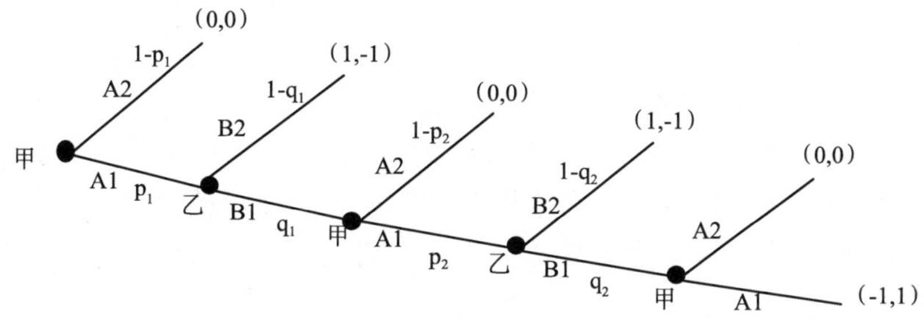

图 8－1　信息递增的动态博弈模型扩展式表述

（1）博弈第一阶段

①甲的选择。根据甲选择行动A1的理由，“自然”赋予其成功几率p_1，甲能够估计到这个成功几率$p_1 \gg 0$。甲认为，若选择行动A2，则期望效用水平是0；在成功几率p_1下，选择行动A1，其期望效用水平远远高于0（具体期望效用水平有多高，甲可能没有具体的衡量），所以选择行动A1。

②乙的选择。甲选择行动A1，乙需要对此做出反应，其行动可能是B1，也可能是B2。乙不知道甲成功几率p_1究竟是多少，乙只能参考甲选择行动A1的理由和己方所了解的有关甲的信息，以此来选择自己的行动。乙认为，若选择行动B2，自己的期望效用水平为-1，这是自己最差的效用水平状态；若发表选择行动B1的理由，“自然”赋予自己成功几率q_1，估计$q_1 \gg 0$，选择行动B1带来的期望效用水平要好于选择行动B2，所以乙选择行动B1。

（2）博弈第二阶段

①甲的选择。根据第一阶段乙选择行动B1的理由，甲由此得到了更多的关于乙的相关信息，其信息掌握程度要比第一阶段更为丰富。甲评估获得的关于乙的信息以及己方信息，来决定本阶段自己的行动选择。甲发表自己再次选择行动A1的理由，“自然”会赋予其新的成功几率p_2，甲估计到$p_2 >> 0$（可能$p_2 \geqslant p_1$，也可能$p_2 \leqslant p_1$）。甲认为，此时若选择行动A2，获得的期望效用水平为0；若选择行动A1，获得期望效用水平远远高于0，所以甲继续选择行动A1。

②乙的选择。根据第一阶段和本阶段甲的行动理由，乙对甲的信息了解也更丰富了。乙会评估获得的有关甲的信息及己方新，来决定本阶段己方的行动选择。乙认为，若己方发表再次选择行动B1的理由，“自然”会给予自己新的成功几率q_2，估计$q_2 >> 0$（可能$q_2 \geqslant q_1$，也可能$q_2 \leqslant q_1$）。乙认为，若选择行动B2，获得的期望效用水平为-1，这仍是自己最差的效用水平状态；在成功几率q_2下，若选择行动B1，期望效用水平要远远好于选择行动B2。所以，乙再次选择行动B1。

就如上面所述，甲和乙每经一阶段的博弈，双方获得的信息就增加一部分，经过有限次重复博弈后，双方所掌握的信息已经足够充分和对称了，原来的不完全信息博弈终于转化成了完全信息博弈，于是来到了博弈模型的最后一个阶段。

（3）博弈的第n阶段（也就是博弈的最后一阶段）

经过前面有限次的重复博弈后，双方掌握的信息已经足够充分且对称。这一阶段该由甲做出行动选择，此时甲已经能够对两种行动所带来的期望效用水平有明确无疑的评估。甲认为，此时若选择行动 A2，获得的期望效用水平为 0；若选择行动 A1，获得的期望效用水平为 -1。经过慎重比较和评估，甲最终决定选择行动 A2。甲和乙的博弈结果实现了均衡，本次博弈结束。最终博弈结果如图 8-2 所示。途中的箭头方向所示，就是这次博弈的最终均衡行动路线图。

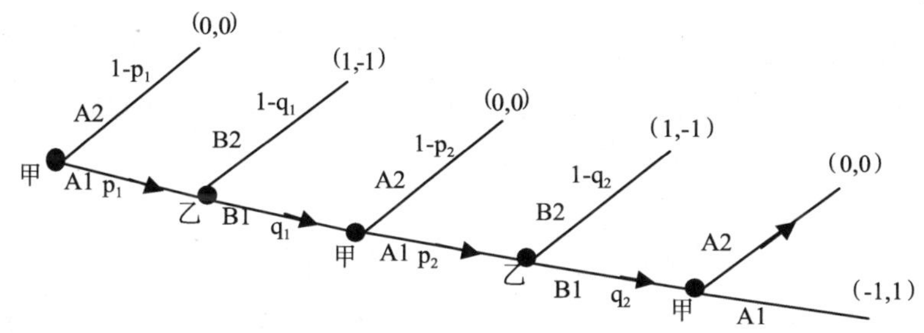

图 8-2　博弈路径及均衡博弈结果

8.3　北洋政府与商会博弈过程的理论分析

结合上述信息递增的动态博弈模型，我们可以对北洋政府与商会就开征所得税而开展的博弈过程进行理论分析。

8.3.1　博弈基本要素的说明

（1）博弈参与人

在本次博弈中，存在三个博弈参与人：北洋政府与各省军民长官、财政厅等组成的征税联盟（以下简称北洋政府）；商会与各省议会、其他社团组成的反对征税的联盟（以下简称商会）；虚拟参与人“自然”。“自然”是社会上除两个联盟以外的其他一切外生要素的组合。参与人是理性的和智能的。

（2）参与人可供选择的行动

北洋政府有两个可供选择行动：开征所得税（在模型中简称为征税）、

不开征所得税（在模型中简称为不征税）；商会也有两个可供选择的行动：反对开征所得税（在模型中简称为反对）、不反对开征所得税（在模型中简称为不反对）。

（3）行动顺序

在最后一阶段重博弈之前的重复博弈中，北洋政府先采取行动，然后由商会采取行动，按照这个顺序由北洋政府和商会轮流采取行动，最后一阶段博弈中，由政府来采取行动。

（4）信息

北洋政府和商会联盟均对己方信息掌握完全，而对对方信息掌握不够充分。双方参与人均具有信息补充能力，能够通过有限次重复博弈后，将信息补充完全，博弈最终为完全信息博弈。

（5）博弈规则

本次博弈的博弈规则如第 4 章所分析，包括如下几个方面：

①经过戊戌变法、洋务运动以及西学东渐等，民智已经开化，资产阶级开始重视运用民主与民权思想来维护本身利益。

②自治思想的传播与自治运动的开展，各地重视对本地区各项权益的保护，中央政府与地方政府矛盾加大。

③军阀割据，中央政府权威下降，中央政府政令难以通行地方。

④中央与地方财政均陷入困境，苦无解决财政困难的良方。

⑤经过立宪运动，宪政思想深入人心，资产阶级重视民国临时约法与合法国会的作用。

⑥资产阶级商会重视参与政治，热衷追求政治权利，以维护本阶层政治经济利益。

⑦合法国会被解散，立法权缺位，北洋政府征收所得税的相关文件无法取得“法律”身份。

⑧帝国主义为维护自身在华利益，推行殖民政治，列强扶持各地军阀作为自己在华利益的代言人，进一步加剧了地方与中央的对立。

以上的博弈规则，决定了参与人在本次博弈中的行动选择及其博弈策略。

（6）参与人行动成功的几率

在每一博弈阶段，当参与人要选择行动时，虚拟参与人“自然”会根据参与人的行动理由给出参与人选择该行动的成功几率。正在做决策的行动人可以感知这个几率，但后行动人不能获知这个几率，他只能事后观察先行动人的行动选择及其行动理由。万能的虚拟参与人“自然”是根据行动人陈述的行动理由，以及比较该理由与其他行动人先前的行动理由，来赋予该行动人的成功几率。

（7）博弈策略介入模型的机制

博弈参与人在反驳对方行动理由时，会选择一些策略，通过这些策略来强化自身的理由或者削弱对方理由的可信性，这就是博弈策略。博弈策略是借助于虚拟参与人“自然”来介入这个模型的。

虚拟参与人“自然”要在每一环节要听取正在做决策的行动人的行动理由，比较该理由与对手以前环节的理由，评估行动人的博弈策略，然后赋予该行动人相关的几率 p_i 和 q_t。虚拟参与人“自然”就像是万能的裁判一样，它能够准确无误地判断出在本阶段之前哪一方的反驳理由更有说服力，策略更比对方胜一筹，它就会赋予该方较高的成功几率。这个成功几率既有外生的成分，也有内生的成分，内生的成分就是参与人博弈策略的优劣在一定程度上决定了他所获得的几率。

8.3.2　第一阶段双方的博弈过程

在博弈第一阶段，北洋政府迫于财政困难以及苦无破解困难的良方，需要做出决定是否开征所得税。

（1）北洋政府决定开征所得税的决策过程

北洋政府财政赤字日益庞大，入不敷出。军阀割据状态下，中央政府权威低下，尤其是掌控中央政权的皖系军阀或者直系军阀自身也不愿意削减军费支出，更难以强令各地军阀削减军费支出。在无法压缩支出时，只能想方设法提高财政收入。而厘金、田赋、常关、关税等传统税种已经无法再提供更多的财政收入，新的税种印花税已经开征，新增的财政收入远远不能满足财政开支的需要，于是在中国讨论并酝酿筹备十余年的所得税成为政府扩大财源的首选。

征税需要让公众信服的由头，否则就有可能招致公众反对，导致征税失败。北洋政府清晰地认识到了这个问题。如果政府选择不征税，其期望效用水平为 0。政府觉得采取以下博弈策略，筹办成功的可能性会更大：第一，声明“为了筹措扶持教育和振兴实业的经费而开征所得税”，为征税找到一个获得公众支持的理由；第二，通过奖励筹办效果显著的各省财政厅、各县公署等征税机关，激励征税机关去消除可能存在的征税阻力。

虚拟参与人“自然”在听取完政府陈述的理由及拟采取的博弈策略后，赋予政府本环节的成功几率 p_1。需要指出的是：由于商会的激烈反对发生在政府宣布开征所得税之后，所以自然人在赋值 p_1时并没有考虑商会的后续激烈反对因素。

北洋政府感知到成功几率 p_1时，做出以下比较：①若政府选择不开征所得税，其所获得的期望效用水平为0；②若政府选择开征所得税，由于 $p_1 >> 0$，所获得的期望效用水平要远远高于0。因此，北洋政府做出开征所得税的决策。

(2) 商会决定反对政府开征所得税的决策过程

当获知北洋政府要开征所得税及其理由与策略的信息时，商会需要评估所获知的政府信息及自己所可能提出的反驳理由，进而才能决定是否反对政府征收所得税。

商会向虚拟参与人“自然”陈述自己反对政府开征所得税的理由及策略：第一，政府拟订的征收规则复杂，容易滋扰商人；第二，其他各税没有停征的前提下，开征所得税，会更进一步加重商人本已沉重的税收负担；第三，政府只知征税，却没有履行保护商业发展的义务；第四，联合各地商会共同反对开征所得税，增大己方力量；第五，采取通电方式，快速向社会各界传播己方的反对意见，意在获取更多的支持者。

商会联盟的反对理由和反驳策略尽管没有太多的说服力，但在当时社会背景下，民众反对专制、要求共和和民权以及反对军阀的呼声日益高涨，商会联盟反对北洋政府开征所得税的运动，能够契合一些政治团体用于反对北洋政府的要求，所以引起的社会反响相对来说还是比较高的。

所以，虚拟参与人“自然”听取了商会反对征税的理由及策略，并比较了政府与商会的理由及策略，然后赋予了商会成功几率 q_1。商会感知到 q_1后，做出以下比较：(1) 商会若选择不反对政府征税，获得的期望效用水平为 -1，这是最差的期望效用水平状态；(2) 商会若选择反对政府征税，成功几率为 q_1，$q_1 >> 0$，获得的期望效用水平要远远好于不反对政府征税。因此，商会选择反对政府征税。

8.3.3 第二阶段双方的博弈过程

(1) 北洋政府维持征税决定的决策过程

获知商会反对开征所得税的理由及策略后，北洋政府对商会的信息有了更多了解。政府需要对商会的反对理由及策略进行评估，审慎考虑己方应该如何应对对方，进而才能决定本环节政府应该做何决策。

北洋政府向虚拟参与人“自然”陈述自己应对商会的理由和策略：第一，采取怀柔策略，通过宣传和解释所得税优点，让商会认识到所得税是“良税”，藉此降低和消除商会的反对；第二，完善征税规定及相关文件，向商会传递征税势在必行的信号，迫使商会接受既成事实。

虚拟参与人“自然”听取了本环节政府的理由和策略，并比较了政府与商会上环节的理由及策略后，赋予了政府成功几率 p_2。由于北洋政府本环节是针对商会而采取的博弈策略，具有一定的针对性和有效性，所以成功几率 p_2 要高于 p_1。

北洋政府感知到 p_2 后，做出以下比较：①若选择不开征所得税，获得的期望效用水平为0；②若继续选择开征所得税，成功几率为 p_2，$p_2 >> 0$，获得的期望效用水平要远远高于0。因此，北洋政府继续做出维持征税决定的决策。

（2）商会继续反对征税的决策过程

获知政府维持征税决定及其反驳商会的理由后，商会对政府的信息掌握程度更高了。商会在评估政府信息及可供自己选择的理由与策略后，才能决定本环节自己的行动决策。

商会向虚拟参与人“自然”陈述自己反对政府征税的理由：第一，政府开征所得税的文件未经国会审议与批准，属于非法征税，从根本上否定政府征税的法理基础；第二，征税时机不成熟，应在停征阻碍商业发展的恶税和制订保护商业发展的政策后，再开征所得税；第三，公众无法监督政府所得税收入的用途；第四，征税技术条件不成熟，政府强行开征所得税会滋扰商民，更容易形成官吏贪腐、中饱私囊的弊端；第五，合纵策略，联合各省议会、社会团体组建广泛的反对征税联盟；第六，孤立策略，揭露巨额军费是导致财政困难和内战不止的根本原因，利用公众厌战和爱国的情绪，削弱政府的民意基础；第七，捆绑策略，将停征厘金与开征所得税捆绑一起，让政府陷入两难选择。

虚拟参与人“自然”听取了本环节商会的理由及策略，并比较政府与商会的理由及策略，赋予商会成功几率 q_2。商会在本环节的反对理由与策略，从法理基础、技术条件和民众情感等方面均击中了北洋政府的痛处，效果十分明显，民意支持大增，反对北洋政府开征所得税运动更加风起云涌。

因此，几率 q_2 的赋值比较高，相比于 p_1、p_2 和 q_1，q_2 的参数值上升速度更快。

商会感知到 q_2 后，做出以下比较：①若选择不反对征税，获得的期望效用水平为 -1，是最差的效用状态；②若选择反对征税，成功几率为 q_2，q_2 赋值也很高，获得的期望效用水平远远高于选择不反对征税。因此，商会选择继续反对政府开征所得税。

8.3.4 第三阶段双方的博弈过程

（1）北洋政府维持征税决定的决策过程

经过前两个阶段的博弈，北洋政府获得更多的商会博弈信息，政府深深地感受到了第二阶段商会联盟所提出的理由带给自己的压力和不利。经过慎重思考和比较，政府需要做出本环节的行动决策。

北洋政府向虚拟参与人“自然”陈述自己的理由和策略：第一，以退为进策略，宣布推迟三个月开征所得税，实际上有两方面目的：一方面是通过“推迟三个月开征所得税”的做法，缓解政府面临的陡然增加的压力和阻力，用时间来慢慢消磨商会联盟的反对声势；另一方面是通过这种做法，为北洋政府进一步完善开征所得税法规和筹办工作争取时间，使得开征所得税的准备工作更充分。第二，连横策略和分化策略。通过与各省军民两长、京师教育界建立联盟，达到增强己方阵营实力和分化反对阵营目的，具有连横和分化作用。第三，承诺策略和传递信号策略。政府通过制订《所得税征收支用监督办法》等相关文件，向反对阵营传递信号，承诺所得税收入真的被用于教育经费和实业经费。第四，游说策略。为减少各地商会的阻力，北洋政府及各省公署、财政厅纷纷派人游说各商会，希望各商会能够放弃反对意见，协助政府推行所得税。第五，榜样策略。通过先从官吏薪俸入手开征所得税，试图树立政府公平、公正开征所得税的良好形象。

虚拟参与人“自然”听取了本环节政府的理由和策略，并比较了政府与商会上环节的理由及策略后，赋予了政府成功几率 p_3。北洋政府在本环节反驳商会联盟的策略尽管很多，但相比于上阶段商会的反对征税理由而言，说服力不强，民意支持率也不如商会。因此，虚拟参与人“自然”赋予 p_3 的参数值要低于商会的 q_2。

由于北洋政府尚未完全掌握商会的信息，所以在获得成功几率 p_3 下，做出以下比较：（1）若选择不征税，获得的期望效用水平为0；（2）若选择征税，由于 $p_3 >> 0$，获得的期望效用水平要远远好于选择不征税。因此，北洋政府做出维持征税决定的决策。

（2）商会继续反对开征所得税的决策过程

获知政府继续维持开征所得税的决定及其策略后，商会对政府信息掌握得更为充分。在评估与比较了政府的信息后，商会需要做出本环节的行动决策。

第二阶段商会取得的优势很明显。商会向虚拟参与人“自然”陈述己方的理由与策略：第一，继续坚持上阶段己方的理由与策略；第二，威胁策略。吉林省议会、商会等团体的联合通电称，政府开征所得税之日就是各地停止向中央政府解缴各种款项之时；江西省总商会则威胁称，要组织商民大游行反对政府开征所得税。在军阀割据、中央政府权威低下的社会背景下，商会不可惧，但各省议会在地方行政上还具有较高影响力，中央政府不得不掂量给省议会威胁的可信性。第三，不合作策略。各地商会公开呼吁各商民不配合政府为开征所得税而进行的调查活动，不配合查账，公开对抗意味明显。

商会步步紧逼的反对策略，让中央政府开征所得税的信心扫地。万能的虚拟参与人“自然”在参考了前期的信息及本阶段双方的博弈策略后，赋予了参数 q_3 至少不低于参数 q_2 的数值，但这比较参数 p_3 而言，商会已经取得了非常显著的优势。

商会感知到参数 q_3 后，做出以下比较：①若选择不反对征税，获得的期望效用水平为 -1，依旧是最差的效用水平状态；②若选择反对征税，由于较高的成功几率 q_3，获得的期望效用水平要远远好于不反对征税。因此，商会做出继续反对征税的决策。

8.3.5　最后阶段北洋政府的决策

经过前面三个阶段的博弈，北洋政府与商会已经掌握了充足且对称的博弈信息。北洋政府在最后博弈阶段时，已经意识到在这样的博弈规则下，商会反对征税的意愿很强烈，反对策略深得人心，击中了政府的痛处。北洋政府如果依旧坚持开征所得税，其所付出的民意、声望、征收成本以及统治基础方面的代价，要远远高于所能获得的所得税收入。

最后博弈阶段已经成为了完全信息状态下的博弈，北洋政府行动决策所可能带来的期望效用水平已经完全确定：①若选择放弃开征所得税的决定，所获得的期望效用水平为 0；②若选择坚持开征所得税，所获得的期望效用水平为 -1。理性的北洋政府经过慎重的比较和评估，最终选择了放弃征税的主张。这场历时一年多的官商博弈事件，以北洋政府放弃征收所得税而告终。

北洋政府与商会的博弈路径及其均衡结果，可以用图 8-3 表示。

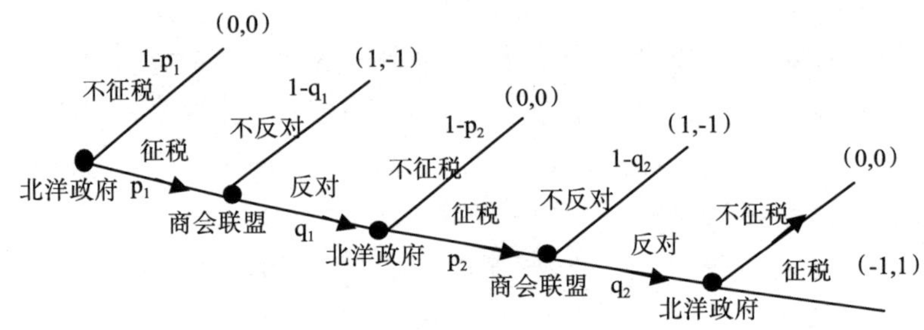

图 8-3　北洋政府与商会博弈的路径及均衡结果

8.4　博弈结果的进一步辨析

从博弈过程的理论分析来看，好像商会的坚决反对是北洋政府放弃开征所得税的根本原因，这种理解是错误的。事实上，商会的坚决反对是北洋政府放弃征税的表象及直接原因，而其根本原因则是当时不具备成功开征所得税思想基础、技术条件与政治条件，开征所得税的时机并不成熟。这些根本原因促成了商会选择反对征税的博弈行动，这是表与里的关系。因此，需要对博弈过程及博弈结果做出进一步的分析和说明。

8.4.1　商会的反对是政府放弃开征所得税的微观基础

北洋政府本次从决定开征所得税到最后阶段放弃征税的博弈过程，实质上所得税筹办过程中很多个博弈事件中的一个，可以说，所得税筹办过程的曲折性就由很多个这样的博弈事件所构成。本次博弈事件的研究，是撷取了所得税筹办过程中的一个片段进行详细的样本式研究，研究结果具有代表性和典型性。

在主流的经济问题研究中，非常重视当事人的决策及其行为，它决定了集体行动甚至是宏观层面行动的微观基础。所得税筹办过程也是如此，多次筹办失败的微观基础就是当事人的决策与行为。在本次博弈中，北洋政府和商会是博弈参与人，其行动决策和策略决定了博弈路径及其均衡结果，因此，商会的强烈反对只是所得税筹办失败的微观基础，并不是政府放弃征税的根本原因。

相反，促使政府放弃征税的根本原因，实际上也是促使商会强烈反对政府征税的原因。在博弈过程中，商会每一环节的反对理由与策略，帮助北洋政府逐步认识到了开征所得税的时机与条件不成熟，最终促使政府放弃征税。可以说，商会的反对是所得税筹办失败的表层原因，对商会反对征税的行为及理由进行深入挖掘和分析，才能找到所得税筹办失败的根本原因。

8.4.2　所得税筹办失败的根本原因分析

认真分析商会反对开征所得税的各种理由和策略，并研究商会在博弈过程中的具体决策行为，我们可以发现本次所得税筹办失败的根本原因包括以下几个方面。

（1）开征所得税的思想基础及民意基础还不成熟

任何成功的改革都具有成熟的思想基础和民意共识。北洋政府本次筹办所得税，所遇到的阻力和反对，恰恰说明了当时在中国开征所得税的思想基础和民意基础还不成熟。比如，很多商人还不了解所得税究竟为何种税收，还需要政府和舆论对所得税思想及原理进行解释与宣传，告诉公众所得税是举世公认的“良税”，其优点颇多。

每一次筹办所得税，都是一次所得税思想及知识的宣传与普及过程。晚清及北洋政府多次筹办所得税的过程，为南京国民政府成功开征所得税逐步奠定了成熟的思想基础和民意基础。

（2）开征所得税的时机还不成熟

开征新税，首先要求该税有充足的税源。经济与商业的大发展，是开征所得税的物质基础。

商业发达与商人收入富足，有三个基本条件：第一，政府有保护和促进商业发展的完善政策，充分履行保护商业发展的政府义务。第二，制约和阻碍商业发展的瓶颈因素能够被消除，商人投资的积极性被调动起来。第三，有比较活跃的社会生产力。

北洋政府时期，促进商业发展的基本条件并不具备：第一，军阀割据，内战不止，没有和平稳定的商业发展环境；第二，中央政府与地方政府均陷入财政困境，政府苛征厚敛的意愿很强烈，根本没有考虑保护和促进商业发展的意愿；第三，阻碍形成全国统一商品市场的厘金、常关等恶税依然存在，并为政府提供着大笔财政收入，政府根本没有裁厘的计划；第四，帝国主义列强在华掠夺和垄断式的经济投资，不断挤压国内商业发展的空间，而北洋政府为获得列强的巨额外债不惜出卖国家主权，毫无保护商业免受外国资本欺凌的本意。

由此可以看出，商业不发达，阻碍商业发展的厘金不裁撤，不能保护商业免受外国资本剥削，那么开征所得税的物质基础就不存在，自然难以成功开征所得税。

（3）开征所得税的技术条件不成熟

开征所得税需要具备成熟的技术条件，包括：第一，有完备的会计记账技术和财务核算技术，能够保证纳税人准确记录和核算经营成果，正确计算应纳税所得额；第二，有科学的调查技术与统计技术，能够确保政府充分掌握与估算纳税人的收入额和所得额，减少纳税人隐匿财产和瞒报收入的可能性；第三，有操守高尚和业务精炼的专业征税人员，能保证调查结果准确、科学，能保证仲裁结果公正及维护纳税人合法权益；第四，有完备的征收制度及合理的征收程序，确保征收过程中不累扰纳税人，不会产生偷税漏税现象。

北洋政府时期，并不具备这些成熟技术条件，近代会计记账制度和财务核算制度并未推广和普及，没有业务精炼和操守高尚的专业征税队伍，征收程序及制度不完善，所以难以成功开征所得税。

（4）开征所得税的政治条件不具备

若想成功开征所得税，需要具备以下政治条件：第一，有合法的立法机关，能够为开征所得税提供必须的法律文件；第二，中央政府权威较高，能保证中央政令通行地方；第三，有畅通的利益诉求渠道和机制，保证各方利益集团进行博弈时不会损害国家根本利益。

北洋政府时期，军阀割据，内战不止，中央政府权威低下，公信力丧失；国会屡次被解散，立法权缺失；没有畅通的利益诉求机制，各方利益集团往往会进行公开的暴力的非合作博弈，导致社会撕裂。因此，北洋政府时期不具备开征所得税的政治条件。

8.4.3　博弈过程中展现所得税筹办失败原因的方式

北洋政府筹办所得税失败的根本原因，主要借助于这几种方式展现在政府与商会的博弈过程中：第一，以商会反对开征所得税的理由的形式展现出来。比如，商会在反对所得税时，明确提出开征所得税的技术条件不成熟。第二，以社会现实及博弈规则的形式展现出来。比如，军阀割据和国会被解散是当时不可忽视的社会现实，构成了博弈规则的重要组成部分。第三，以相关参与人的行动决策形式展现出来。比如，政府和舆论都曾宣传和解释所得税原理及其优点，这说明开征所得税的思想基础还不成熟。

因此，笔者认为在本次官商博弈事件中，商会的强烈反对及其博弈行动是北洋政府筹办所得税失败的表象和直接原因，而根本原因则是征收条件和时机不成熟，这些同时也是促使商会参与博弈的根本原因。

第 9 章 本次博弈对我国当前税制改革的启示与借鉴

税制改革实质上是社会财富再分配的过程，会触动既得利益集团的利益，所以各方利益集团会围绕着税制改革进行系列的博弈。当前，我国正处于税制改革的关键时期。如何平衡各方利益？如何有效降低或消除来自反对阵营的阻力和压力？如何引导各利益团体形成改革共识？如何在改革中形成完善的制度保障？这些都是我们在当前税制改革中需要慎重研究的课题。

“以史为鉴，可以知兴替”。1920 年北洋政府筹办所得税所发生的官商博弈事件，也是税制改革中的一局博弈，它为现代税制改革提供了很多有益的启示。它证明：税制改革不能脱离经济社会发展现实，形成改革共识能减少阻力，依法治税是关键，维护强有力的中央政府权威是政治保障，等等。为减少税制改革过程中来自各方的阻力，减少税制改革的曲折过程，我们应该认真研究这次博弈事件及其特征，为决策层部署和推行税制改革提供借鉴。

9.1 启示与借鉴一：税制改革不能脱离经济社会发展现实

马克思唯物主义辩证思想始终强调，生产力决定生产关系，生产关系也反作用于生产力；经济基础决定上层建筑，上层建筑对经济基础也有反作用。生产力与生产关系，经济基础与上层建筑，构成了经济社会发展的现实基础。税收制度属于上层建筑范畴，税制改革必然因经济基础发展变化而开展。所以，税制改革不能脱离经济社会发展现实。

9.1.1 北洋政府税收体系与资本主义生产方式

中国资本主义萌芽于宋明时期，但由于封建主义生产关系依旧强大、封建政权对生产力和生产关系矛盾有一定的自我调节机制等原因，中国资本主义生产力和生产关系发展十分缓慢。鸦片战争后，帝国主义列强对清政府的打击，客观上从一定程度为中国近代资本主义生产力发展提供了一丝机遇。洋务运动的兴起，使得带有官僚资本主义性质的近代工业企业脱胎于封建政权内部，为资本主义生产力发展提供了一个保育箱。1861年，曾国藩在安庆成立安庆内军械所，是第一家洋务派企业。[①] 随后，李鸿章、左宗棠、丁葆贞、张之洞等封疆大吏纷纷设置制造局、机器局、船政局等近代军工企业，以及近代煤矿、钢铁厂、铁路等民用工业企业。这些清廷大臣以洋务运动为名，设置带有资本主义性质的近代工业企业，对这些企业的发展提供了一定的保护（或许，这些清廷大臣主观上没有发展和保护资本主义生产力的意愿，但客观上确实发生了这样的作用），资本主义生产关系在这些保护下也在缓慢发展。所以，笔者认为带有官僚资本主义性质的近代工业企业脱胎于封建政权体制内部。

而在这些封疆大吏筹办煤矿、钢铁厂、铁路以及纱厂等近代民用工业时，采取了官办、官督商办、官商合办等形式。[②] 而官督商办和官商合办的方式，也在一定程度上促进了民族资本主义的发展。由私人独资兴办民族资本主义近代企业，始于19世纪70年代。从1881—1911年设立的商办厂矿数及资本额统计表（表9-1），可以看出民族资本主义的发展情况。

表9-1　　1881—1911年新增商办厂矿数及资本额统计表

年份	厂矿数	资本额（元）	年份	厂矿数	资本额（元）
1881	2	159860	1885	1	30000
1882	1	32000	1886	2	66000
1883	2	136000	1887	2	129930
1884	3	385660	1888	5	140000

① 许涤新，吴承明．中国资本主义发展史（第二卷）［M］．北京：人民出版社，1985：333.

② 许涤新，吴承明．中国资本主义发展史（第二卷）［M］．北京：人民出版社，1985：434.

续表

年份	厂矿数	资本额（元）	年份	厂矿数	资本额（元）
1889	5	185930	1901	3	99960
1890	5	449650	1902	10	1191060
1891	5	329700	1903	6	432846
1892	5	206900	1904	21	4793040
1893	8	363750	1905	47	7810261
1894	6	2013040	1906	52	12987820
1895	15	3729918	1907	38	8259430
1896	10	1322910	1908	44	15352547
1897	13	4730360	1909	22	3972265
1898	13	2088330	1910	22	4289810
1899	8	1536740	1911	12	1238750
1900	9	3014060			

数据来源：严中平．中国近代经济史统计资料选辑［M］．北京：北京科学出版社，1955：93.

民国成立后，恰好第一次世界大战爆发，帝国主义列强忙于战事，而代表封建大地主阶级利益的清政府又被推翻，代表封建地主阶级和买办阶层的北洋政府统治力下降，给中国资本主义尤其是民族资本主义提供了发展机遇和空间。从 1915—1921 年铁路客运收入和货运收入对比表（表 9－2）可以看出，这一时期国内经济确实发展较快。

表 9－2　　1915—1921 年铁路客货运收入情况对比表

年份	客运		货运	
	运输量（万人公里）	收入（元）	运输量（万吨公里）	收入（元）
1915	99264	22044047	225077	33841148
1916	206448	25655825	262007	35878349
1917	212838	25749295	276684	36951002
1918	232080	30311193	342581	45945146
1919	251926	32612376	386310	48727508
1920	316153	36813742	454094	52450092
1921	316223	36101641	470994	57452749

数据来源：严中平．中国近代经济史统计资料选辑［M］．北京：北京科学出版社，1955：207，209.

尤其是从货物运输量和运输收入来看，增长速度十分惊人，1921 年货物运输量是 1917 年的 2.09 倍，增长高达 109.25%；1921 年货物运输收入是 1917 年的 1.7 倍，增长了 69.77%。货物运输量充分说明了这一时期生产力的高速发展。

然而，快速发展的资本主义生产力，并未伴生资本主义生产关系和上层建筑的大发展。代表地主阶级和大买办阶层利益的北洋军阀掌控了中央政府，阻挠了资本主义生产关系和上层建筑的更新，各地军阀割据也阻挠了建立符合资本主义生产力发展的大一统市场体系。从作为上层建筑构成部分的税收体系来看，符合资本主义生产力发展要求的税收体系尚未建立，税收仍旧在依赖间接税，阻碍商品流通的各种常关、厘金等税依旧存在。1917—1921 年北洋政府的中央税收情况（如表 9－3 所示），政府大宗收入依旧依赖田赋、关税、盐税。而地方政府依旧在依赖厘金、房屋税等筹集地方税收收入。

在本次官商博弈事件中，商会联盟提出裁撤厘金、统税等恶税后，方能承认所得税，将裁厘和开征所得税捆绑起来向政府施压。为什么商会要求裁撤厘金和统税呢？厘金、统税和常关税都是在封建主义自给自足的小农经济体制下产生的，不利于货物在国内各地的流通，不利于建立符合资本主义生产力要求的大一统市场，所以遭到资产阶级商会的激烈反对。厘金是在各地设卡，对通过本卡或者在本地销售的土产货物（不包括洋货）按照货物价值抽取约 1% 的税。对通过本地而不在本地销售的货物征收的厘金，被称为活厘，而对在本地销售的货物征收的厘金，被称为坐厘。常关税是指在国内水、陆要道或者关隘，设置关卡，对过往的货物征收常关税。常关税不同于关税，常关税是对国内流通的货物进行征收，而关税是对进出关境（也就是跨国流通）的货物进行征收的。统税是一种特殊的厘金，主要针对特殊货物而征收的，始于 1904 年，后来有很多地方将统税和厘金进行合并，统称为统捐。

相比于厘金、统税和常关税，商会更乐意缴纳所得税，这主要是因为所得税按照负税能力征收，征收公平，而且在核算所得额时准予扣除相应的经营成本和免征额，这些优点都符合资产阶级开展商品自由流通、积累资本的要求。可见，所得税之所以被西方称为“良税”，主要是符合资产阶级利益，所以也会被中国资产阶级乐意接纳。不过，为了不增加更多的税收负担，商会提出来政府以裁厘换取商会对所得税的承认。

表 9-3　1917—1921 年北洋政府中央税收情况统计表　单位：元

年份	田赋	关税	常关税	盐税	印花税	烟酒收入
1917		61103084		81213587	2520000	14000000
1918		58152070	6300000	89831108	2780000	12000000
1919	95000000	73614650	7000000	90237918	2740000	14000000
1920		79711816	7000000	89247537	2900000	14000000
1921		87140228	7000000	94280523	3200000	14000000

资料来源：财政部财政年鉴编纂处．财政年鉴［M］．上海：商务印书馆，1935：9—10.

注：(1) 原资料中提及 1919—1921 年常关税收入均为 700 万元以上，未有具体数值。

(2) 原资料中提及的烟酒收入包括烟酒税捐、烟酒公卖费和烟酒牌照税三项。其中 1919—1921 年烟酒收入只说均在 1400 万元左右。

因此，从资本主义生产力、生产关系和上层建筑的辩证关系看，资产阶级性质的商会之所以反对北洋政府开征所得税，要求裁撤厘金、统税和常关税等恶税，实际上是消除现有生产关系中阻碍资本主义生产力发展的不良因素，是尝试建立资本主义生产关系和上层建筑而进行的博弈和斗争。由于阶级立场和阶级利益的限制，北洋政府未考虑生产力发展和生产关系变革需求，而盲目要求开征所得税，其筹办失败是必然。

9.1.2　我国税制改革与经济社会发展现实

(1) 1994 年税制改革及其背景

1978 年党的十一届三中全会后，我国的工作中心逐步转向经济建设方面，实行改革开放，逐步推行市场经济体制，制约生产力发展的各种桎梏逐步被打破。1992 年党的十四大正式提出建立社会主义市场经济体制的目标后，经济开始走上快速发展的道路。然而，经济的快速发展，只是让走在改革开放前列的沿海地区的地方政府财政收入有较大增长，局限于财税体制制约，中央政府的财政收入增幅不大，税收收入增长速度与经济发展速度不匹配。20 世纪 80 年末期和 90 年初期，甚至还发生了中央财政向地方财政借钱的事情，并且借而不还。①

1993 年第一季度财政收入比上年同期下降 2.2%；上半年工商税收仅 1400 亿元，比上年同期增长 1.4%。但 1993 年上半年的经济增长速度为

① 十年回首“分税制”［N］.21 世纪经济报道，2004-11-14 (4).

14%，比1992年的12.8%高出很多，[①] 显然财政收入增长与经济增长明显不匹配。1993年上半年财政支出项目中，为重点建设项目拨付资金仅占全年重点建设项目预算资金的19.5%，而按照惯例这一比例应该达到40%，缺口很大，收支矛盾十分明显。

1993年党的十四届三中全会中，把税制改革问题列入了《关于社会主义市场经济若干重大问题的决议》，税制改革提上日程。1994年1月1日正式实行分税制改革，确保了中央与地方财政收支关系的匹配。从税收体系来看，将原来的工商税分为了增值税、营业税、消费税，开征了个人所得税、企业所得税、外商投资企业和外国企业所得税等税种，基本上适应了社会主义市场经济发展的需要，为我国后续二十年的经济高速发展和财政收入快速增加奠定了税收法律基础。

从生产力与生产关系、经济基础与上层建筑的辩证关系来看，当时的财税体制问题实际上也是上层建筑不适应经济基础发展要求的矛盾。1994年的分税制改革是社会主义上层建筑的一次主动的自我变革，变革的目的就是为了建立适应生产力发展要求的生产关系，建立适应社会主义市场经济体制的税收体系。

（2）当前税制改革与经济社会发展现实

经过三十余年的高速发展，我国经济总量不断增大，经济结构调整和增长方式转变的要求越来越迫切。产业结构深化调整、提高自主创新能力以驱动经济持续发展、保护环境和提高资源利用效率、促进人民共享社会发展成果、经济全球化带来的机遇与挑战等深层次矛盾日益彰显。这都表明生产力的高速发展，再次使得现有生产关系和上层建筑阻碍了生产力的继续发展，要求我们必须再次主动变革生产关系和上层建筑。作为上层建筑的构成部分，1994年的分税制以及税收体系，也不太适应现有的经济基础了，税制改革作为上层建筑变革的一部分，正在并将继续推进下去。当前我国经济社会发展的新特点包括：

①经济增长速度由高速增长变为了中高速增长，如图9－1所示。[②] 2000—2007年，经济增长率处于上升阶段，至2007年经济增长率高达14.2%；2008年

---

① 十年回首“分税制”［N］.21世纪经济报道，2004－11－14（4）.

② 数据来源：国家统计局数据查询中心，其中2016年的数据来自于《2016年国民经济与社会发展统计公报》。

金融危机爆发至2011年，经济处于调整阶段，经济增长率维持在10%左右；从2012年开始，经济增长速度放缓，增长率维持在6%—8%之间，处于中高速增长的新常态阶段。中高速经济增长速度成为新常态时，意味着我国三十年来依靠资源（包括人口红利）优势实行的粗放式发展方式遇到了瓶颈，迫切需要转变发展方式。

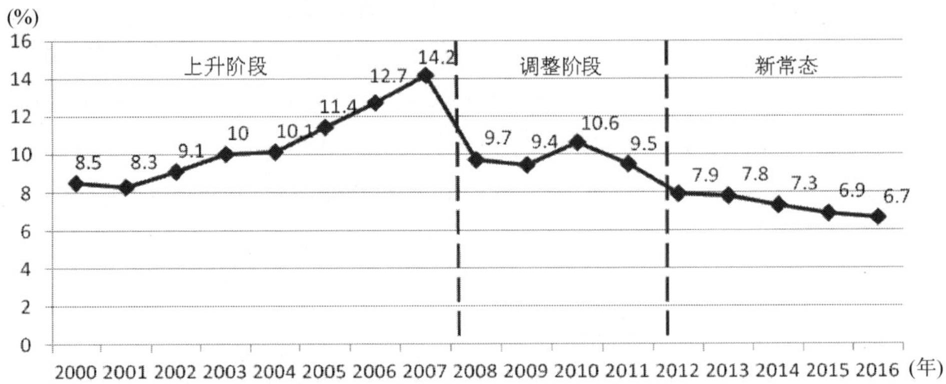

图9－1　2000—2016年经济增长速度示意图

②财政收入增长速度大幅度下降，而财政支出增长与财政收入增长出现了背离趋势，如图9－2所示。[①] 在2000—2007年之间，财政收入和财政支出都处于高速增长阶段，2007年财政收入增长速度高达32.4%；2008—2013年，财政收入和财政支出增长速度开始下降，但二者的基本发展趋势是保持一致的，未发生背离，财政支出增长速度在2008年达到最高点，为25.7%，这主要是受为应对金融危机国家提出4万亿投资计划影响。从2014年开始，财政收入和财政支出的增长速度开始发生背离，财政收入增长率继续下滑，而财政支出增长速度则又转向上升，这主要是由于财政支出刚性以及新公共需求不断增加导致的。2016财政支出增长速度也下降了，经济增长缓慢导致政府支出增长缓慢态势显现。

③产业结构发生变化，三十多年来的高速增长主要是依靠第二产业的快速发展带动的，而自2013年以来，第三产业的快速发展带动了经济的增长，

---

① 数据来源：国家统计局数据查询中心，其中2016年的数据来自于《2016年国民经济与社会发展统计公报》。

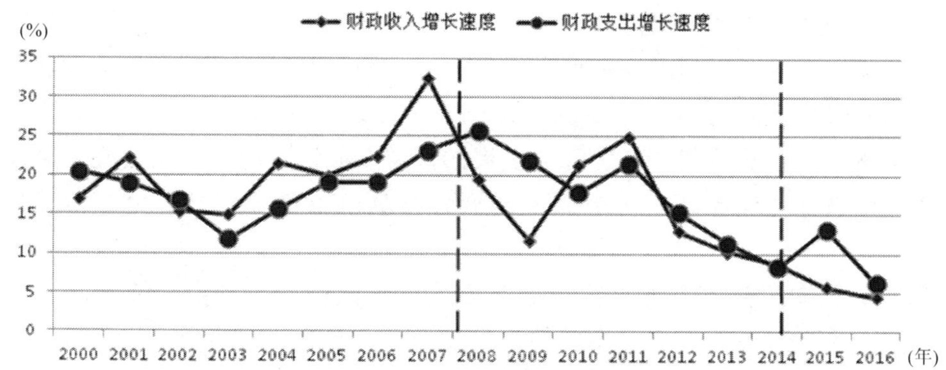

图9－2　2000—2016年财政收支增长速度示意图

第二产业对经济增长的带动作用有所放缓，如图9－3所示。①

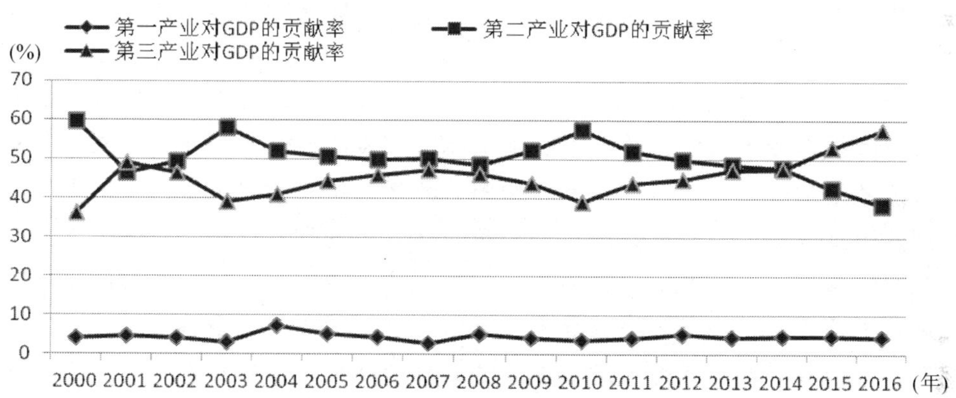

图9－3　三次产业对GDP的贡献率示意图

在经济社会发展的新常态下，优化税制结构，为企业减负，保证经济稳定增长成为重要任务，税制改革成为重要改革内容。它同样是为适应经济基础发展需要而进行的上层建筑范畴的改革。

9.1.3　税制改革不能脱离经济社会发展现实

对比1920年北洋政府推行所得税和我国税制改革的现实基础，笔者认为税制改革不能脱离经济社会发展现实。这主要体现在如下几个方面：

① 数据来源：国家统计局数据查询中心。其中2016年的数据来自于《2016年国民经济与社会发展统计公报》。三次产业拉动经济增长的贡献率主要由三次产业对GDP增长的拉动与GDP增长率的比值来决定。

（1）经济社会发展现实是税制结构的物质基础。北洋政府时期，中国资本主义生产方式得到了一定程度的发展，它需要取消阻碍资本主义发展的厘金和常关税；而北洋政府却试图在维持厘金和常关税的前提下增加所得税，这种做法显然违背了经济社会发展的现实基础。我国当前税制改革必须在尊重经济社会发展现实的基础上开展，改革内容要符合当前生产力发展要求。

（2）税制改革需要符合代表生产力发展方向的阶层利益。北洋政府时期，资产阶级是社会生产力发展的重要推动者，是当时代表生产力发展方向的先进阶层；而代表地主阶级和大买办阶层利益执政的北洋军阀集团，忽视资产阶级的利益诉求，只知道增加新税而不谋求取消阻碍生产力发展的“恶税”，最终招致开征所得税的努力失败。我国当前经济发展是为了更好地改善人民群众物质文化需求，税制改革需要因应这种趋势，代表人民群众的根本利益。

（3）经济社会现实是税制改革中不可回避的博弈规则。博弈各方只有认清经济社会发展现实，才能更好地运用规则围绕税制改革开展博弈，尽最大可能地维护己方利益，实现博弈均衡。北洋政府未能清晰认识到资本主义经济的迅猛发展以及资产阶级在经济政治活动中的利益诉求，也就未能完全熟悉博弈规则，在博弈中自然要处于劣势地位。我国当前税制改革的基本前提就是要研究清楚我国经济社会发展现状，熟悉税制改革中各方博弈的基本规则，政府在博弈中才能有的放矢，获取博弈优势，在寻找实现均衡的博弈中处于主导地位。

9.2 启示与借鉴二：税制改革前凝聚共识能有效减少改革阻力

当生产关系不适应生产力发展需要的时候，就会对生产力发展产生制约，这时候需要对生产关系中制约生产力发展的因素予以剔除，引进能够促进生产力发展的新因素。这种对不能适应生产力发展的旧生产关系或者旧上层建筑进行局部的或根本性的调整，就是改革。改革会触及到旧制度下既得利益集团利益，实质上也是利益再分配的过程。如果改革前不能形成共识，尽最大可能地获得绝大多数民众的支持，改革过程中就会形成很大阻力，阻滞改革进程甚至终止改革进程。所以，改革前凝聚共识是消除改革阻力的有效方法。税制改革就是将旧的税制体系中不适应经济发展形势需要的因素进行修正，重新建立新的税收体系。税制改革同样需要凝聚共识。

9.2.1 北洋政府筹办所得税时缺乏凝聚共识

北洋军阀在控制中央政府后，多次拟筹办所得税。但每次传出政府筹办所得税的信息时，总会招致群起反对。这么多的反对声音，意味着在开征所得税方面没有取得各阶级的共识。

（1）第一次筹办所得税的社会反响

1915 年 8 月 14 日《申报》第 6 版刊发《所得税已批准实行》的新闻。文中称，周学熙担任财政总长后，极力主张施行所得税，总统已经批准实行所得税。原文如下：

“财政部实行所得税消息早有所闻。此税为新税之一种，其所据理由则谓与近世学者主张赋税均平之原则颇为吻合，盖有多量之收入，方纳少数之税款，富者无所损，贫者不为扰也。周总长到任后即力主实行，曾将此案提交政事堂核议，先将大体议决。近闻已由财政部拟订施行细则，呈请总统鉴核，当奉批准实行。依部中预计，此税如能办理得法，每年至少可得伍佰万元之收入。”①

8 月 15 日，《申报》刊发北洋政府财政部颁布《所得税第一期施行细则》，拟订于 1916 年 1 月开始针对第一期征收范围进行征收所得税。

北洋政府筹办所得税的消息公布后，即招致很多反对。一方面，对于多数中国人而言，所得税仍是陌生，不知道是何种税；另一方面，认为征税时机不成熟，征税条件不具备，容易造成新的征税不公平现象。8 月 14 日《申报》第 7 版，同时刊发了一篇评论性文章《所得税将实行矣（默）》，具有很大的代表性。原文如下：

“所得税以生产所得之纯收入为标准，世界认为较公平之税法，若施于我国而独谓为不可行。我人固不忍出此，然而课征方法之不易亦为各国所公认，而于我国尤甚焉。

其一，多隐匿而不能确知其数也。我国富宦之所得每多不可告人，于是讳莫如深而有寄屯外国银行之一法，富民又群居租界，可隐匿于调查不及之

① 所得税已批准实行［N］. 申报，1915－08－14（6）.

处。且此种税法非若营业税之可以外标推定，苟其有心脱税，即穷于应付矣。倘姑舍富绅大贾之财产不论，而苛察职员教员杂业等劳力之所入，岂适当之法哉?!

其二，税率之不易公平也。课税不可不普及，而公平乃为财政上之原则。而所得税，则各人之来源不同，如勤劳所得与自财产而得之收入，额虽相同而纳税力已不等，此其间如何分别？又对于生活必需费而加以课税，是驱人民而使之益贫，更不合担负公平之原则，果均予以免除否？凡此种种而欲规划适宜，又岂非极难之事哉?!

如欲解免隐匿之弊而过度探索，则将邻于滋扰。如但计收入之丰而区分不当，则民力亦将不胜。各国课此税法，不外兼用查定法与申告法两种。然申告既虞不实，调查员与纳税者又易起纷争。法且有时而穷，我国今既决行此税，亦尝研究而得妥善之方法乎？倘未有把握而贸然以行，则流弊宁有穷尽耶。"①

这篇评论性文章指出，尽管世界各国都认为所得税是公平之税，然而征收方法复杂也是世界公认，在我国的特殊国情下，要想确保富人与普通职工负税公平、财产所得与劳动所得税率公平，是很难的。所以，我国暂时还不适宜征收所得税。

（2）第二次筹办所得税的社会反响

1918年7月11日《申报》第6版刊发《财部拟举办所得税》新闻称，为弥补财政不足，政府拟对议员、官吏、公吏三种人员的俸给所得征税。原文如下：

"某社消息。所得税条例颁布日久，迄未实行。近闻该部总次长以财政异常支绌，亟应推广各项新税藉资补助，因议举办所得税。仍按条例分期办理，第一期即先抽收议员官吏及各种公吏之所得，而以原布细则有盐商当商钱银商之属，亦得并归第一期办理者。现即拟将原细则略加修正，其范围仅先及于议员、官吏、公吏三种，而此外人物仍归下期，无非取其便于调查而易着手。按财部此举似较之借造孽外债，固高明多多也。"

这次开征所得税的消息依旧招致很多反对。《申报》上接连刊发几篇评论性文章，或明或暗地指责政府滥借外债，主权丧失殆尽，民众穷困，"当

① 默．所得税将实行矣［N］．申报，1915-08-14（7）．

局诸公疗贫无计，乃于无可腾挪之际，竟有多方搜刮之谋而所得税于严”,[①] 反对之意尽明。

（3）第三次筹办所得税的社会反响

1920 年北洋政府第三次筹办所得税，又引起商会的群起反对，各商会、省议会及其他团体公开发表通电反对所得税，为此不惜指责北洋政府毫无信用、不尊重约法、养兵为患甚至残害爱国学生等，让北洋政府形象大跌，最终筹办所得税失利。

北洋政府三次筹办所得税，三次引起较大反对，充分说明北洋政府没有意识到在推行所得税之前凝聚各阶层共识的重要性。总结三次反对开征所得税的理由，大致有以下几点：第一，筹办时机不成熟；第二，所得税征收方法确实有失公允；第三，百姓税收负担已是沉重，无法再认新税；第四，国家将更多财政支出投向军费，引起公愤；第五，政府外争国权无望，内部鱼肉民众，毫无保护民众权利的举措，所以民众不愿纳税。北洋政府要凝聚共识，不能只靠宣传和游说，更应落实在行动中，切实采取措施消除民众的不满，才能将获得民众支持开征所得税。

9.2.2　当前税制改革与凝聚共识

税收是国家治理的重要基础，税收制度是国家财政制度的重要组成部分。推动税制改革，必须凝聚共识，减少改革阻力。什么是改革共识呢？改革共识就是社会各阶层、各利益集团对改革的必要性、改革的目标、改革的路线和方向有大体一致或相近的看法。改革共识是改革行动的思想基础、民意基础和期望目标。

（1）1994 年税制改革的成果已经不能适应经济社会发展需要

1994 年税制改革的重要背景包括：

①刚刚确立建设社会主义市场经济体制目标，社会主义市场经济的各项制度处于探索和初步建立阶段，需要建立起适应社会主义市场经济体制要求的税收体系。1994 年税制改革调整了税制结构，取消了一些不适应市场经济发展的税种，开征了增值税、消费税等符合市场化改革的新税种。

②国家依旧处于对医疗、教育、上学和就业等民生项目实行计划管理体

---

① 拟请推广所得税提议案［N］．申报，1918－08－02（4）．该文章以讽刺口吻提议政府开征娼妓所得税、偷儿所得税、乞丐所得税、拆白党所得税等，以资助政府财政不足——笔者注。

制，国家财政负担沉重，财政困难异常。

③中央政府与地方政府财权与事权划分不清晰，中央财政收支严重不平衡。1994 年税制改革的重心就在于合理划分中央政府与地方政府的事权与财权，让各级政府都有相应的财力支持其完成所承担的公共事务。

④对社会主义市场经济体制下财税体制的认识还不够清晰，改革举措没有一步到位。在社会主义制度下建立市场经济体制，属于前所未有的一项创新，很多机制和做法需要逐步探索，社会主义市场经济体制下的财税体制应该如何建立、运作和逐步完善，也没有任何可供借鉴的经验，因此 1994 年的分税制改革只是构建社会主义市场经济体制财税体制的第一步。

所以，在这样的背景下，1994 年分税制改革的基本目标是建立起与社会主义市场经济体制相适应的财税制度，保障社会主义市场经济体制的顺利建立，并在此基础上构建符合国家经济建设发展需要的中央政府与地方政府财税分权制度，初步建立公共财政体系。

因此，经过二十余年的高速发展，当前的经济社会发展形势已经远不同于 1994 年税制改革时所面临的社会和经济发展局面。

（2）当前税制改革的重要经济社会背景

当前经济发展的主要特点包括：

①在改革开放过程中积累的深层次矛盾日益彰显，改革步入深水区和困难区，这涉及改革成败的关键。比如，中央政府和地方政府在财权分配上出现了与 1994 年税制改革前明显不同的现象，地方政府面临着严重的财政困难，而中央政府财力要相对宽裕。不合理解决中央政府与地方政府的财权分配上的新困难，地方政府在推进全面建设小康社会的进程中，就会面临无力兴办有利于百姓福祉的公共事务。

②国家经济已经步入中高速增长阶段，面临着新的困难和课题。比如，在经济增长速度放缓的同时，财政收入速度也相应放缓，而支出的刚性却使得财政支出不能立即放缓，这会在较长时间内出现财政收支不平衡的现象。如何解决这种由于经济转型而带来的财政收支失衡，是一项新课题。

③人民收入水平的提升，带来了对国家财政的新要求和新期望。人民收入水平持续上升，人民对公共服务的需求与期望就会上升到一个更高层次，它需要政府有更多的财力保证提供更广泛、更高水平的公共服务。当前财政收入放缓与潜在的公共服务需求上升，是一对急需解决的矛盾问题。显然，不能单纯依靠遏制人民的公共服务需求来解决这个矛盾，还需要政府在税制

改革方面做好配套工作。

④潜在的社会风险爆发有上升趋势。比如，地区发展不平衡及其带来的地区财政收支不平衡，是我国当前经济社会发展中一个比较突出的现象。中央政府当前是依靠财政转移支付来保障西部地区提供发展必需的公共事务，这种做法未必是一个可持续的科学做法，潜在的社会风险很大。解决这些不平衡问题，根本上还是需要依靠发展西部地区经济。

⑤收入分配制度已经开始制约改革的深入。随着改革开放和经济发展，收入分配不公平现象越来越突出，不仅使得人民开始出现不满，也制约了改革的深化。所以，优化收入分配制度，也是税制改革的重要内容之一。

这样的经济社会背景决定了我们新时期的财税体制改革的目标是服从全面深化改革的要求，实现国家治理体系和治理能力的现代化，[①] 重塑国家在财税体制方面的治理结构。

总之，当一个社会和经济经过较长时间的快速发展，特别是中国这样一个大国，经过三十多年的市场化改革，人们的价值观念也发生了巨大变化，必然形成诸多既得利益集团，甚至有些既得利益集团根深蒂固。而其改革中所滞留的深层次矛盾和所提升的民众期望，又迫切要求国家打破目前的这种利益格局，重塑公平、分享、持续、健康的新的利益分配格局。改革要触动既得利益集团，不改革要招致其他利益集团的不满，甚至会终止改革的深化，所以当前的税制改革需要凝聚共识，需要团结各阶层的意志和目标，采取各方都能接纳的改革方法和改革路径，减少来自反对方的阻力和压力。

9.2.3　税制改革前凝聚共识的方法和路径

笔者认为，任何税制改革，都应该在充分讨论和广泛调研的基础上力求形成改革共识。税收是国家再分配的重要手段，所以税制改革实质上是利益再分配范畴的改革，会触动到很多集团的利益。税制改革前理应进行充分讨论和广泛调研，让全社会大多数人都知晓改革的动机、目标、步骤与措施，营造人们积极参与税制改革的氛围，这样有利于形成改革共识。这样做有以下几方面作用：

（1）改革前进行充分讨论和广泛调研，可以认真听取各阶层、各集团的利益诉求，掌握各博弈主体的更多信息，以确保改革能够最大可能地兼顾

---

①　杜涛．刘尚希：凝聚财税改革共识［N］．经济观察报，2016－02－29（3）．

各方面的利益。当不能兼顾各方面利益时，政府可以藉此研判各博弈主体可能的博弈策略，限制和缩小博弈带来的消极影响。

（2）改革前进行充分讨论和广泛调研，为人民参与税制改革提供机会和营造范围，是保障人民依法参政议政的重要方式。政府提供人民依法参与税制改革的途径和机会，可以减少各方力量围绕税制改革开展博弈的几率。即便博弈不可避免，政府此举也能压缩反对者可用策略的空间。

（3）改革前进行充分讨论和广泛调研，实质上是一次政策普及和宣传的良好时机，也是为改革奠定思想基础的过程。经过充分的讨论和调研，人民会逐步知晓、接受和认可改革的动机和目标，改革遇到的压力和阻力就会相应减少。

（4）改革前的充分讨论和广泛调研，能为政府丰富和完善改革思路提供更坚实的群众智慧，保证改革准备工作更充分。比如：我国是否需要开征遗产税？政府应主动利用媒体在社会上发起充分讨论，广泛征集各阶层、各利益团体的意见。当然，政府作为利益团体的一员，也可以由相关代言人发表政府的看法和意见，藉此征询社会各界的反应等。

9.3 启示与借鉴三：维护中央政府权威是税制改革的政治保障

权威不同于威权。权威是指某主体由于出色业绩或者品德，获得超高的声誉或者威信，进而使人们自愿服从和支持该主体，它强调的是支持者是自愿和发自内心的支持。政府权威则是指政府在社会治理和公共服务中得到人民的认可和支持，从而形成的威信和影响力，这种威信和影响力能够让人民自觉支持和遵从政府法令。威权则专指政府依靠行政手段、暴力机关、法令等工具强制要求民众服从或顺从政府的意愿。威权强调的是强制性和对外在压力的屈服。

古今往来的任何国家，都存在着中央政府与地方政府的关系问题。中央政府权威不等同于中央集权。中央政府权威是指中央政府的各项法律、政策或者制度能够得到地方政府的执行和遵从，这种执行和遵从是地方政府出于对中央政府法律地位的认可，对其威望的尊重。在我国这种实行单一制国家中，税制改革必须维护中央政府的权威，才能做到全国上下一盘棋、中央政府政令通达全国，改革措施才能被深入贯彻执行。

9.3.1　北洋政府权威与公信力的丧失

北洋政府此次筹办所得税失败，与其权威及公信力丧失有着重要的关系。

中华民国政府在北京成立，实际上是当时全国各阶层和各政治势力妥协的产物。然而，北洋政府未能充分利用掌控中央政府的有利条件，积极化解国内矛盾，解决各地军阀割据问题，实现国家真正统一和自强，反而是背道驰行，激化国内矛盾，造成实质性分裂。袁世凯成为临时大总统后，无意实行真正的共和制，试图实行专制统治，招致南方各省以及主张共和制的资产阶级革命党反对，引爆二次革命。在二次革命中，北洋军事集团利用军事优势占领湖北、湖南、江西等诸省，没有借助这一胜利强化中央政府对这些地区的控制，反而是北洋军事集团内部发生分裂，形成了北洋势力内部的大小军阀，进一步削弱了中央政府权威。段祺瑞皖系军阀掌控中央政府后，拒不恢复民选国会，反而操纵成立被自己控制的安福国会；积极向日本借款，扩充军事实力，引爆直皖战争，再进一步削弱中央政府权威；直系军阀掌控中央政府后，又引发了直奉战争。如此反复数次，中央政府威信也就在历次军阀割据战争中被一再削弱。

表9-4　袁世凯政府所借大宗外债及其抵押统计表

借款名称	借款时间	债权人	借款数额	担保物
陇秦豫海铁路借款	1912年9月24日	比国铁路电车公司	400万英镑	陇海铁路财产及收入
善后借款	1913年4月26日	五国银行团	2500万英镑	盐税、海关税、中央税
中法实业借款	1913年10月5日	中法实业银行	1亿法郎	实业收入

资料来源：徐义生．中国近代外债史统计资料：1853—1927［M］．上海：中华书局．1962年．

表9-5　1912—1921年北洋政府主要内债统计表

年份	内债名称	金额
1912	军需公债	7371150元
	元年公债	12291320元
1914	三年公债	24926110元
	储蓄票	10000000元
1915	公债	20000000元以上

续表

年份	内债名称	金额
1916	公债	20000000 元以上
1918	长短期公债合计	93000000 元
1919	八年公债	56000000 元
1920	向本国银行借款	7500000 元
	整理金融公债	60000000 元
	赈灾公债	4000000 元
	库券	9000000 元
1921	向国内各银行借款	47000000 元
	七厘公债	67000000 元
	库券	14000000 元

数据来源：财政部财政年鉴编纂处．财政年鉴［M］．上海：商务印书馆，1935：7—12.

注：1915 年和 1916 年内债仅述及“各在二千万元以上”，未有明细资料。

在财政方面，北洋政府滥借外债，甚至不惜出让国家主权，更是让国人诟病。在滥借外债之时，还发行国内债券，但国内债券无法按时偿还，又进一步丧失了政府信用。表 9 - 4 显示了袁世凯政府在 1912—1913 年大宗外债及抵押物情况。1912—1921 年，有据可查的外债借款达到 426 笔，合计金额折合银元高达约 11. 32 亿元[①]。

表 9 - 5 显示了 1912—1921 年间北洋政府主要内债统计情况，合计金额高达 4. 52 亿元。如此高额的债务，一旦发生违约不能偿还，必将引起政府信用大幅度下降。在本次官商博弈事件中，商会就提出民国三年的储蓄票到 1921 年还尚未得到偿还。北洋政府的公信力由此可见一斑。

9. 3. 2　中央政府权威的建立

笔者认为，中央政府的权威，不仅仅需要公民的遵从和认可，更需要地方政府的遵从和认可。树立中央政府权威，可以从公民遵从与地方政府遵从两个方面来开展。

(1) 中央政府权威与地方政府遵从

我们前面述及，中央政府权威比较高的情况下，中央政府的政令会畅通

① 数据来源：许毅主编．北洋政府外债与封建复辟［M］．北京：经济科学出版社，2000：514—544. 根据原资料中的数据整理统计得到——笔者注。

地方，被地方政府自觉拥护和执行。然而，权威再高的中央政府，也会遇到一些对中央心怀不满的地方政府，他们可能对中央政令置若罔闻，甚至会阳奉阴违、歪曲中央政府政策；更何况当中央政府权威丧失时，地方政府更难做到政令通达。在这种情况下，需要中央政府传递信号给这些地方政府，拒不执行中央政府政令者将不可避免地受到中央政府惩戒，以此杜绝地方政府的背离行为，这种方式就是惩戒暗示。通过惩戒暗示，中央政府可以强迫地方政府遵从中央政府权威。

北洋政府在本次筹办所得税时，遭遇到各省议会的公开反对，为何不采取惩戒暗示的方式，以消除各省议会的反对呢？这与中华民国初期的政治体制有莫大关系。中华民国成立后，于1912年9月4日颁布《省议会议员选举法》，各省依法成立议会，然后由省议会选举国会议员，所以省议会成为地方自治的立法机关。1914年9月26日，袁世凯政府在解散国会的同时，也下令解散各省议会。袁世凯死后，北洋政府曾允许各省议会复会，但在军阀割据情况下，有的省恢复了省议会，有的省仍旧未恢复省议会。由此我们可以看出，各省议会与各省行政机关之间联系密切，而各省行政机关又基本上由当地军阀掌控。所以北洋政府难以对各地军阀治下的省议会进行惩戒，甚至连军事威胁也难以提出。

中国是单一制国家，中央政府与地方政府在事权和财权上有明确划分，确保财力和支出责任相匹配。中央政府不但能掌控各省级政府机关人事任免权，而且还能够通过纵向财政转移支付和省际间横向财政转移支付来确保区域平衡发展。在这样的体制下，如若有地方政府挑战中央权威，拒不执行中央政府政策和制度，中央政府只需通过人事调整和财政转移支付调整方法，就能让地方政府感受到来自中央政府的惩戒，这就限制了地方政府背离中央政府的倾向。所以，高权威的中央政府更能确保税制改革在各地被认真执行和贯彻下去。

在我国当前的税制改革中，我们需要确保中央权威，能够让中央政府税制改革措施被地方认真执行；也需要适当赋予地方政府一些自由裁量权，避免“一刀切”的方式限制地方政府积极性，使其无法根据本地实际情况在政策允许范围内进行适度调整。当然，在税制改革中，高权威的中央政府，更能震慑反对改革的既得利益集团，使其能够配合政府顺利推进税制改革措施。

（2）中央政府权威与公民遵从

在本次官商博弈事件中，商会拒绝遵从政府开征所得税的命令，显示出公民遵从中央政府政令的规则已经失效，而其重要原因之一，就是北洋政府举借内债而不能按时偿还本息，中央政府已无公信力可言。

保持较高的中央政府权威，可以提升公民遵从度，也是税制改革顺利推行的政治保障。从公民遵从角度看，树立中央政府权威可以从以下几个方面开展：

①言必行，行必果，中央政府要言行一致，方能在公民心中有较高的公信力，使得公民自觉主动遵从中央政府政令。政府与公民的博弈实际上是无限次的重复博弈，政府若不能兑现对民众的承诺，公民会失去对政府的信任，在后续的重复博弈中，公民会采取不合作态度甚至是报复措施。比如，北洋政府未能按时偿还民国三年发行的新华储蓄票本息，这种违背承诺的行为，失去了商会对中央政府的信任，最终驱使商会反对中央政府开征所得税。

②适度的惩戒暗示，以及必要时对违背政府政令的公民进行惩戒，可以提升中央政府承诺的可信度，提高公民遵从度。正如，政府颁布刑法的目的不是要惩罚民众，而是要通过刑法来威慑犯罪分子，让更多的民众自觉遵从政府法律法规，减少犯罪。中央政府的惩戒暗示，目的是震慑敢于公开违背政府政令者，保证政府政令畅通于民众之间。言行一致的中央政府，配合适度的惩戒暗示，会使税制改革措施的推行减少很多阻力。

9.4 启示与借鉴四：依法推进税制改革

税收法律体系是国家法制建设的重要组成部分，依法治税也是依法治国的重要体现。税制改革当以税法改革为前提。在依法治国和国家治理现代化的背景下，税法不只是用来约束和管理纳税人的，更是用来授予、规范和监督国家征税权的法律。在税制改革中，如果没有税收法律法规的变革，税制改革就没有法律保障。

9.4.1 立法权缺位与北洋政府筹办所得税失败

晚清时期，资产阶级改良派轰轰烈烈宣传立宪，欲以立宪制约皇权，推动国家自强革新。立宪的第一层含义就是要指导宪法制订和推动宪法实施，资产阶级法治思想就孕育其中。中华民国成立后，首要的就是成立临时参议院，制订具有临时宪法性质的《中华民国临时约法》，并在《中华民国临时约法》指导下选举成立南京临时政府。1912年2月15日，临时参议院选举袁世凯为临时大总统。8月10日，临时参议院制订《中华民国国会组织法》《参议院议员选举法》《众议院议员选举法》等，然后依法举办了第一届国会选举。1913年10月6日，国会选举袁世凯为第一任正式大总统。由此可以看出，以袁世凯为首的北洋政府的权力来自于国会授权，属于法定获得。然而，袁世凯正式掌控中央政府后，不满于国会对大总统权力的制约，并反感国民党等势力借助国会与中央政府进行博弈，于1914年1月10日宣布解散国会。国会的解散，导致了立法权缺位。袁世凯试图通过政治会议来弥补国会解散后立法权缺位的问题。

袁世凯死后，继任总统黎元洪宣布恢复国会。1916年8月1日，国会在北京复会。然而，1917年发生府院之争后，张勋以调解为名进京，6月13日逼迫黎元洪解散国会，立法权再度缺位。张勋复辟失败后，皖系军阀段祺瑞掌控中央政府，但他拒绝恢复国会，代之以重新选举“安福国会”，试图以此解决立法权缺位问题。而1917年7月，第一届国会的130多名议员南下广州，8月25日在广州召开非常国会。此时出现了一个名义上统一的国家，在南北对抗、军阀割据的情况下，竟然出现了南北两个国会，开始了立法权之争。但毕竟南方的非常国会是第一届正式民选出来的国会，其正统性不容置疑，所以北方的安福国会常常被冠以“非法国会”之名，其立法权的正当性就饱受质疑，成为各地政治势力口诛笔伐的对象。1920年7月爆发直皖战争，皖系军阀被击败。8月，安福国会解散。1922年4月第一直奉战争结束，直系军阀控制中央政府，第一届国会才于1922年8月1日第二次复会。

1920年北洋政府开征所得税时，恰逢安福国会被解散，而直系和奉系联合控制下的北洋政府不承认非常国会，也未宣布恢复第一届国会，立法权依旧缺位。北洋政府以大总统令宣布开征所得税，以财政部令形式颁布各种征税文件。在立法权缺位的条件下，开征所得税的政令和各种所得税文件均未经国会审议，无法完成变为法律的程序。所以，在本次官商博弈事件中，商会屡屡以未经国会授权即属于非法开征的理由反对北洋政府开征所得税。由此可以看出，在资本主义立宪和法治意识下，借助法律形式来推行新税还是十分必要的。

9.4.2 税制改革与依法治税

在我国以前的经济政治改革进程中，无论是自上而下的改革，还是自下而上的改革，最终都会形成法律制度的变革。这是因为：一方面，法律制度的变革会更好地保障经济政治改革的顺利推行；另一方面，法律制度变革也是经济政治改革的重要内容和成果。税制改革同样需要法律制度的保障，需要依法治税。

（1）当前税制改革以税收法律制度改革为先导

在依法治国的大局中，依法治税扮演着非常重要的角色。党的十八届三中全会提出“财政是国家治理的基础和重要支柱”，实际上是明确了财政在国家治理中的地位和作用，也提升了财税法律在国家法律体系中的地位和重要性。2014 年 6 月 30 日由中央政治局审议通过的《深化财税体制改革总体方案》则明确指出“财税体制在治国安邦中始终发挥着基础性、制度性、保障性作用”，算是对财税体制在国家治理中的重要性做了进一步的阐释。

2015 年 3 月 25 日，全国人大常委会法工委牵头起草的《贯彻落实税收法定原则的实施意见》获得中央审议通过。落实税收法定原则是建设社会主义法制国家、推进依法治税和依法推动税制改革的重要举措。在这份实施意见中明确规定，只有经过全国人大及其常委会颁布相应的新税法律，国家才能开征新税；全国人大及其常委会会在规定的时间内，将现行的 15 各税收条例修订后上升为法律，至少从形式上要完成依法征税。税收法定原则是我国宪法确定的一个重要原则，它实际上是规定了国家必须依法征税，要通过法律形式授予、规范和监督国家的征税权。

税收法律制度的改革，会为税制改革划定变革范围、变革内容及变革路径。国家要开征新税时，首先要颁布新税的税收法律制度，新税才能开征；国家要取缔旧税时，要通过废止旧税的税收法律制度，旧税才能被取缔。所以，税收法律制度变革是税制改革的先导。

（2）依法治税是税制改革的保障

事关国家治理大局的财税体制要进行变革，必须要依法进行。依法推动税制改革，首要的工作就是要对现有税收法律体系进行检查和修订，将不适应国家经济社会发展新形势要求的内容进行修改，让整套税收法律体系都能够支持和保障国家深化改革，各项工作都能顺利推进，促进社会生产力的发展。全国人大及其常委会在规定时间内要把现行15个税收条例进行修订，让其上升为法律，实际上就是依法推进税制改革的基础性工作。

全国人民代表大会及其常务委员会，是我国法定的立法机关，拥有立法权。它能为我国税制改革制订符合经济社会发展需要的法律法规，能够对旧的税收法律体系进行更新和修订，为税制改革提供法律保障。所以，在落实中央依法治国举措的背景下，落实依法治税，依法推动税制改革，是不可忽视的工作。

9.5　启示与借鉴五：推进税制改革必须讲究方法和策略

改革是消除生产关系中制约生产力发展的桎梏，为继续推动生产力发展扫除障碍。在我国当前的税制改革中，改革的方向和目标已经形成共识。目前税制改革中争议较大的实际上是方法论的问题。[①] 税制改革该怎么改，以什么样的路径改，这是方法论的问题。但很多改革中，改革目标既定的前提下，由于方法论的问题没有处理好，改革措施不得当，往往延长了改革的进程，甚至使改革归于失败。重视方法论，重视改革方法和处理技巧，是税制改革中的重要课题。

9.5.1　北洋政府博弈失利与博弈技巧选择失当

本书在研究北洋政府与商会的博弈过程时，曾经对双方的博弈策略进行了详细分析。我们可以看出，北洋政府之所以在本次博弈中失利，与其博弈策略失当有很大关系。这主要体现在以下几个方面：

（1）不能因时因势调整方法和策略，固守旧办法，最终导致博弈被动。在博弈中期，商会提出巨额军费开支才是导致财政困难的根本原因，以及商业凋敝、商民难以承受更多税收负担等反对理由时，北洋政府没有提出有利的反驳理由和措施，还是继续固守游说策略，最终导致博弈处处被动。实际上，中华民国成立后的1912—1927年，属于中国民族资本主义发展的“黄金时期”，各帝国主义列强忙于第一次世界大战及战后重建工作，无暇过多干预中国事务，给民族资产阶级提供了发展机遇，经济发展形势还是不错

① 杜涛．刘尚希：凝聚财税改革共识［N］．经济观察报，2016－02－29（3）．

的。但北洋政府没想到也没提出详实数据来反驳商会。

（2）未能区分合纵联盟中各方利益诉求，处理好主次矛盾，尽可能团结各政治势力团体，分化合纵联盟。在合纵联盟中，各省议会、各省商会的利益诉求不尽相同，他们是为了反对共同的对手——掌握中央政府权力的北洋军阀而临时组建的政商联盟。若北洋政府能够与各地军阀、各省议会等政治势力进行协商，搁置以前争议，共同推进所得税筹办工作，或许能够获得博弈胜利呢。毕竟商会在政治事务上的发言权还不够多，它们更多的还需要依赖于其他政治势力。

（3）商会联盟借助报纸与通电积极宣传己方主张，扩大了政府负面形象的传播范围；而北洋政府却试图借助于警察厅、教育厅、实业厅等机关向商会宣传所得税优势。传播媒介选择失当，使得政府很快失去了其他社会团体的支持。由本次官商博弈事件可以看出，当时北洋政府尚未认识到如何借助新传媒宣传与塑造政府形象。

9.5.2　当前税制改革的策略变通

我国当前税制改革已经在稳步推进，但在推进过程中也不断遇到新问题和新阻力。比如，房地产税改革提议已经在我国讨论多年，但开征房地产税困难重重，这些困难包括产权保护期、破解地方政府对土地财产的依赖、甄别基本住房需求与投机需求、降低和约束带来的消极影响等等。所以，对照北洋政府博弈策略选择失当，我国还需对当前的改革策略做进一步完善，尽可能减少改革阻力。

（1）区别对待改革中的地方政府私利问题

著名经济学者卫兴华和张宇曾提到，中国改革模式的一个重要特点是地方政府在改革与发展中发挥着特殊重要的作用，[①] 因为地方政府在改革与发展中有自己的利益诉求。地方政府会根据自身利益诉求，人为地加强或者弱化对中央政府改革政策的执行力度，这是一个普遍现象。

地方政府作为国家政治体系中的重要组成部分，是中央政府政策贯彻落实的重要环节，是国家治理的重要基石，其作用不可替代。然而，地方政府与中央政府在国家治理目标、治理方式以及公共服务供给方式等方面有很大差异，因此，中央政府不可忽视地方政府在国家治理体系中的私利诉求。税

---

① 卫兴华，张宇．社会主义市场经济理论［M］．北京：高等教育出版社，2010：130.

制改革作为国家上层建筑变革的重要组成部分，必然会触动地方政府利益。一般情况下，改革若能带来地方政府利益的增加，不用中央政府过多激励，地方政府就会主动加强改革政策的执行力度，稳步推动改革深入进行；若改革损害地方政府既得利益，即便是中央政府加强监管，地方政府也会消极对待改革，或多或少地弱化改革政策执行力度。所以，如何协调改革与地方政府利益冲突是税制改革中的重要课题。

以房地产税改革为例，改革的重要动机既包括完善地方税收体系，也包括要调控房地产市场，维持房地产市场的健康发展。而当下房地产市场过热的背后，一个重要推手就是地方政府。对土地财政的高度依赖，造就了很多地方政府内心不愿意对房地产市场进行严格调控，这是地方政府的私利所在。所以，中央政府在税制设计中应给予地方政府更多税收收入，弥补地方政府"土地财政"收入的损失，以避免地方政府阻挠税制改革。

总之，中央政府要根据地方政府在改革中的私利诉求，区别对待地方政府针对改革的博弈问题。对于能为地方政府带来红利的改革，中央政府要适度激励，由地方政府自发、主动地去推动改革。事实上，我国以往三十多年的改革中，很多卓有成效的改革措施都是由地方政府结合地区实际自主进行制度创新的结晶。对于为地方政府带来利益损失的改革，中央政府必须正视地方政府的博弈行为，在兼顾地方政府利益的基础上，灵活采取多种策略来消除来自地方的阻力。游说、利益置换、惩戒暗示甚至强硬威胁都应该成为中央政府的博弈选项。

（2）针对各方利益诉求，分清主次矛盾，有效化解改革阻力

税制改革中遇到既得利益阶层的抵制和阻挠，是不可避免的问题。然而，如何采取合理策略与方法，有效化解和消除改革阻力，是推进改革顺利深入的关键。笔者认为，需要分清主次矛盾，根据利益诉求而区别对待各利益集团。

①改革前与各方利益集团进行协商，寻求最大共识，团结大多数人，确保改革照顾大多数人利益。党的十八届五中全会上，中央提出要坚持共享发展，坚持发展为了人民，发展依靠人民，发展成果由人民共享。这实际上就是团结大多数人，照顾大多数人的利益。

②对于少数不顾大多数人民利益、对改革抱有抵触情绪且顽固不化的特殊利益集团，政府要敢于运用威慑力，压制他们的反对意见，不能由于少数顽固派的阻挠而使大多数人期盼的改革止步不前。

③化解改革阻力要讲究策略。对于少数关键的顽固派，可以采取先劝导和说服其外围利益群体，孤立其骨干成员，然后再有条件地逐步化解关键人员，从而逐步消除这些阻力。

④改革要分步推进，由易入难，由表及里，由浅入深，把能够尽快解决的改革先解决了，让多数人能够先分享到一部分改革红利，然后将改革向深入稳步推进。或许原来比较抵触改革的利益集团，看到其他人已经分享到改革红利时，这些集团也会软化立场，由反对与抵触改革转化为欢迎和支持改革。

比如，房地产税改革方面，中央政府首先要考虑如何化解地方政府对土地财政的高度依赖问题。一旦解决了这个问题，房地产税改革中的一个非常突出的矛盾就得以化解，以后的改革进程会减少很多阻力。

总之，在当前税制面临较大改革的形势下，切忌心急气躁，用行政命令等手段推进税制改革。只有从下到上，充分论证，稳步推进；依法、依规，实事求是面对改革难题，才能够力争使税制改革对经济发展带来的波动尽可能减小，让税制体系在逐步完善的基础上保持稳定。改革的推动者们只有做到两者相辅相成，才能够既坚持改革的方向，又减少税制改革中的阻力，使税制改革有序稳步进行。

第 10 章

研究结论与展望

以史为镜，可以知兴替，历史研究的根本目的是当前经济社会发展提供经验借鉴。财政是国家治理的基础和重要支柱。财政改革过程具有曲折性前进的特点，其前进性主要受经济、政治、技术、文化、社会和制度等诸多宏观因素影响和制约，其曲折性主要受改革中当事人及利益集团博弈行为的影响。财政改革实质上是利益再分配过程，会触动既得利益集团的利益，进而引发博弈。当财政改革符合既得利益集团和关键历史人物的利益诉求时，财政改革很大程度上能够取得成功；当财政改革损害既得利益集团和关键历史人物的利益诉求，且不能得到补偿时，财政改革很大程度上会归于失败。

本书针对 1920 年北洋政府筹办所得税中的官商博弈事件，主要从以下几个方面展开了研究：（1）从清末民初筹办所得税的历史进程中，撷取一个具有代表性意义的典型微观历史事件作为研究对象，展示了所得税筹办历史的艰难性与曲折性；（2）通过描述本次博弈事件的事态发展过程，复原了博弈双方矛盾的焦点及博弈策略的变换；（3）北洋政府执政时期社会背景及其政治现实，构成了本次博弈的重要战略，它决定了双方参与人在什么时候采取什么样的博弈策略；（4）借助于信息递增的不完全信息动态博弈模型，从理论上阐述了本次事件博弈结果的必然性，以及双方博弈策略发生作用的机理；（5）通过对英国政府、北洋政府和南京政府筹办所得税时各方利益集团博弈的分析，从深层次上进一步认识清楚本次官商博弈发生的必然性和特殊性；（6）结合我国当前税制改革情况，分析了本次博弈事件能给我们带来的启示。在本书的研究与分析中，作者尽可能地做到尊重客观史实，搜集更多的历史资料来复原这次博弈事件及其社会背景，以保证研究中的客观性。然而受制于作者研究能力、史料搜集的丰富程度等因素影响，本书研究中仍然存在很多不足，需要在以后研究中逐步予以廓清和深入。

10.1 研究结论

10.1.1 宏观研究结论

所得税在中国的成功推广，需要具备成熟的物质条件、思想条件、法律条件、技术条件和政治条件。从晚清筹议所得税到北洋政府筹征所得税，再到南京国民政府成功开征所得税，这一过程也是所得税所需具备的各项条件逐步成熟的过程。

（1）相对发达的资本主义工商业，为开征所得税奠定物质基础

晚清筹议所得税时期，官办工商业刚刚起步，民族工商业尚在襁褓之中，封建地主经济及士绅商业还占据统治地位。民国成立后，资本主义工商业尽管取得了较大发展，但由于内战频繁、政治不稳定、帝国主义列强欺凌、封建军阀及地主经济压迫、封建税赋桎梏等多种原因，使得资本主义工商业发展是在夹缝中生存，在不裁撤封建赋税的前提下，难以再承受新的税赋。到南京国民政府时期，官僚资本主义和民族工商业均有了大发展，国民政府裁撤厘金等恶税后，开征所得税的物质基础已经具备。

（2）西方所得税思想在中国大地广泛传播并被大众接受认可，开征所得税的思想条件逐步成熟

每一次筹征所得税，即是一次所得税思想的普及和宣传。自中国从西方引入所得税思想后，经过几十年的传播，“良税”形象深入人心，所得税思想也被广泛接受，为开征所得税奠定了思想条件。

（3）日益完善的所得税法律体系，使征收所得税有法可依，开征所得税的法律条件逐步具备

从晚清度支部起草《所得税章程》草案，到 1914 年袁世凯政府颁布中国第一部所得税法规《所得税条例》，再到 1929 年南京国民政府颁布新修订的《所得税条例》，1943 年国民政府将《所得税条例》再修订为《所得税法》，这一过程是所得税法律法规不断完善的过程。在这一完善过程中，征收细则、税目细化、核查办法、机构设置办法等一系列文件逐步建立和优化，使得所得税开征的法律条件逐步成熟。

（4）科学可行的调查方法、统计技术、会计记账技术和查账技术，使得开征所得税的技术条件逐步具备

科学的调查及统计技术可以较为客观地掌握和统计纳税人的企业经营情况，防止纳税人瞒报收入；现代会计记账技术和查账技术则能够便于查账征收和准确核算应税所得额，防止纳税人虚报经营成本及少报应税所得额，也能够提高税务稽查效率和准确性。

（5）强有力的中央政府，是开征所得税的政治条件

晚清中央政府式微，对各地督抚控制力衰弱，甚至在辛亥革命爆发前夕，各地督抚截留应解中央的赋税，《所得税章程》草案交付资政院审议，未有结果之时清政府即宣告灭亡。北洋政府统治时期，各地军阀林立，主要军阀之间争战不止，大小军阀名义维护中央政府，实际上拥兵自重，在此背景下中央政府更是难以驾驭地方，所以当北洋政府拟征所得税时，各地与中央政府背道而驰。南京国民政府成立后，国民党实行以党训政的党政体制，借助雄厚的军事实力消除了不少军阀，剩下的军阀也被收编，完成了实质上的统一，强有力的中央政府权威树立起来，为成功开征所得税提供了成熟的政治条件。

10.1.2 微观研究结论

本书对1920年北洋政府开征所得税期间各地商会与北洋政府之间的博弈事件进行深入研究后，认为财税改革本质上是既得利益的再分配，必然会引起各方利益集团的博弈。从微观上看，平衡各方利益、形成改革共识、选择有效策略、完善可行的法律法规、强有力的政治保障是成功推行财税改革的重要举措。

（1）建立适度的利益补偿机制，平衡各方利益，减少财税改革的阻力

财税改革本质上是利益再分配，既得利益集团的既得利益若受到损害，必然会采取各种手段阻挠财税改革；潜在利益集团若能从新的财税改革中获得新利益，必然会积极鼓吹和促进财税改革，所以财税改革会引发各方利益集团的博弈。政府必须正确识别利益集团的利益诉求，建立适度的合理的利益补偿机制，平衡各方利益，才能有效减少财税改革的阻力。

（2）广泛宣传，营造舆论氛围，形成全社会改革共识，减少改革阻力

财税改革开始前和改革过程中，政府必须利用媒介进行广泛宣传，营造舆论氛围，一方面可以形成全社会改革共识，避免由此造成的社会撕裂，另

一方面可以从舆论上给阻碍改革的利益集团制造压力，尤其是当财税改革能够给大多数人民群众带来利益时，利用社会舆论声讨阻挠改革的利益集团，效果会更显著。

（3）选择有效策略，分化改革过程中的反对势力，减少改革阻力

政府在与利益集团就财税改革问题进行博弈时，必须注重博弈策略的选择。博弈策略选择失误，可能会使政府在官商博弈中处于被动地位，本次博弈事件中北洋政府博弈策略选择失误，使得政府在整个博弈过程中处处处于被动地位，最终没能如愿成功开征所得税。若博弈选择有效策略，可以分化改革过程中的各种反对势力，可以让反对方处处处于被动地位，有效减少改革阻力。

（4）建立健全法律法规体系，提高法律法规的可执行性，减少改革阻力

社会文明进步的一个重要表现就是法律不断健全和完善，使得依法治国有法可依。依法治国中一个重要方面就是依法治税，若税收法律法规不完善，或者法律的可执行性差，就会使得税收工作难以有效进行。财税改革亦是如此。北洋政府的所得税法律法规不完善，征收细则过于粗糙，成为商会反对北洋政府开征所得税的重要借口。

（5）强有力的中央政府，统筹各项资源，减少改革阻力

刚才谈到，财税改革是利益再分配，各方利益集团都会围绕财税改革进行博弈。而且，财税改革是系统工程，涉及到法律、财税、统计调查、稽核、征纳等多方面工作，矛盾重重，这就需要一个强有力的中央政府，能够统筹各项资源，协调各方利益平衡问题，这样才能有效减少改革阻力。

10.2 未来研究展望

尽管本书研究中存在着史料收集不够丰富、史料观点辨析难度较大、模型构建过于简化等很多不足，但本书研究也具有一定的创新性。比如，把博弈论研究方法引入所得税开征历史事件的研究中，通过博弈论来挖掘参与人的决策过程及其行为理性程度。博弈论是研究存在利益关联下的参与人行为互动研究的，与历史唯物主义研究方法论相结合，能够更好地分析历史过程中关键历史事件的突变特征，尤其是历史事件中关键历史人物的行为特征。

然而，这毕竟只是博弈论在所得税开征历史事件研究中的一次尝试，存在着很多不足，希望后来的研究者，借鉴本书研究方法尤其是研究中的不足之处，将历史博弈论研究方法更加完善起来。

10.2.1　更深入的研究能揭示所得税开征过程的曲折性

我们以往研究中国所得税的开征历史时，只能从过程上看到所得税筹办的大致轨迹，而无法从细节上分析这种轨迹走向的必然性及其深层次原因。博弈论研究方法能够解决这一问题。因此，作者希望在未来的研究中，能够搜集到更多的微观史料，进行深入的探讨和分析，揭示出所得税开征过程曲折性背后深层次的原因，及其轨迹走向的必然性。

比如，我们以往看到1920年北洋政府曾经筹办所得税，只能看到它的筹办过程及筹办结果。至于北洋政府为什么会筹办失败，我们只能从生产力与生产关系辩证发展、社会背景下的政治必然性与偶然性等历史趋势角度来阐述，而没有深入到商会、各省议会等主体所发生的关键作用方面，本书就是试图在这方面的研究中有所突破。作者也相信，更多有智慧、有研究能力的学者介入这个研究课题后，所得税开征历史的更多细节性问题会被深入挖掘和分析，所得税开征历史将会更清晰、更完整和更客观。

10.2.2　更多的博弈论模型能够应用于历史研究领域

现有的博弈论模型多数是基于经济问题研究而建立的，建模过程中对参与人理性问题的研究更多的是针对经济利益开展的。经济问题不是历史研究中唯一的利益问题，所以现有博弈论模型需要结合历史研究的特点进行改造，才能在历史研究中应用并发挥更大作用。比如，在现有的不完全信息博弈模型中，只是单纯假定信息不完全，而没有考虑经过重复博弈使得信息出现递增的现象，这种信息递增对后续博弈产生的影响是不可忽视的，所以作者尝试构建了信息递增的不完全信息博弈模型。当然，现有的博弈论模型在应用于历史问题研究时，也肯定存在着很多未被发现的现象和特点，若能结合这些新现象和新特点来改造博弈论模型，不仅是对博弈论的丰富和发展，也是对历史研究方法论的丰富和发展。

未来会有更多的擅长博弈论建模和量化实证分析的学者加入到历史研究领域中，他们会对历史研究方法带来新的思想和理念，作者相信他们会对所得税开征历史的研究带来变革和新思路。

参考文献

[1] 白蕉．近代稗海（第 3 辑） [M]．成都：四川人民出版社，1985：38.

[2] 白彦锋．论中央与地方之间的税权博弈 [J]．税务研究，2008 (10)：46—48.

[3] 北京图书馆编写组．民国时期图书总目 [M]．北京：北京图书馆出版，1998 年．

[4] 蔡军．博弈均衡，和谐征纳——税收博弈视角下的和谐征纳关系及其构建 [J]．财贸经济，2007（增刊）：26—29.

[5] 中华民国财政部财政年鉴编纂处．财政年鉴 [M]．上海：商务印书馆，1935：1—12，1230—1231.

[6] 陈学徇，田正平．中国近代教育史资料汇编：留学教育 [M]．上海：上海教育出版社，1991：686—687.

[7] 大清宣统政纪（卷 28）[M]．中国第一历史档案馆藏．

[8] 大清光绪朝实录（卷 593）[M]．中国第一历史档案馆藏．

[9] 邓力平，安然．纳税人遵从的演化博弈分析 [J]．涉外税务，2006 (5)：12—15.

[10] 第二历史档案馆汇编．北洋政府公报 162 册（影印版）[M]．第二历史档案馆，1988：375.

[11] 第二历史档案馆汇编．北洋政府公报第 169 册（影印本）[M]．第二历史档案馆，1988：245—253.

[12] 第二历史档案馆．中华民国档案史料汇编（第五辑第一编）[M]．凤凰出版社，1991：200—201.

[13] 丁文江，赵丰田．梁启超年谱长编 [M]．上海：上海人民出版社，1983：848.

[14] 杜树章，汪彤．中国皇权社会“非法加派”失控的经济学解

释——基于演化博弈论的视角［J］. 财政研究，2011（5）：22—26.

［15］杜涛. 刘尚希：凝聚财税改革共识［N］. 经济观察报，2016-02-29（3）.

［16］杜恂诚. 民族资本主义与旧中国［M］. 上海：上海社会科学院出版社，1991：107.

［17］方前移. 20世纪二三十年代芜湖湖田垦务的群体博弈［J］. 中国经济史研究，2010（12）：50—55.

［18］冯剑. 义利之辨：民国时期天津市小本借贷处成立之初的官商博弈［J］. 中国社会经济史研究，2011（3）：79—91.

［19］龚振黄. 五四爱国运动资料［M］. 北京：科学出版社，1959：107—108，110—111.

［20］国家档案局明清档案部编. 戊戌变法档案史料［M］. 北京：中华书局，1958：389.

［21］国家图书馆. 东方杂志汇编［DB/OL］. 国家图书馆，2012.

［22］国家图书馆. 华商联合会报汇编［DB/OL］. 国家图书馆，2012.

［23］国家图书馆. 申报汇编［DB/OL］. 国家图书馆，2013.

［24］国家图书馆. 中华全国商会联合会会报［DB/OL］. 国家图书馆，2012.

［25］故宫博物院明清档案部汇编. 清末筹备立宪档案史料［M］. 台北：文海出版社，1981：10.

［26］胡松. 南京国民政府时期所得税之研究［D］. 武汉：华中师范大学，2009.

［27］胡毓杰. 我国创办所得税之理论与实施［M］. 上海：经济书局，1937：11，18.

［28］焦建华. 中华民国财政史［M］. 长沙：湖南人民出版社，2015：181，201，214，216.

［29］金国宝. 英国所得税论［M］. 上海：商务印书馆，1935：32.

［30］君武. 论赋税［N］. 新民丛报汇编，1903（227）.

［31］康有为撰，姜义华，张荣华编校. 康有为全集（第二卷）［M］. 北京：中国人民大学出版社，2007：40.

［32］李胜良. 中国所得税百年回眸［J］. 中国税务，2014（3）：76—77.

［33］李新，李宗一. 中华民国史：第三卷（1916—1920）［M］. 上海：

中华书局 . 2011：137—138，491—492.

[34] 梁启超 . 中国财政改革私案 [C]. 饮冰室合集文集之八 [M]，上海：中华书局，1989：13.

[35] 刘集林 . 20 世纪初晚清留欧教育特点与存在问题分析 [C]. 李喜所主编 . 留学生与中外文化 [M]. 天津：南开大学出版社，2005：241.

[36] 刘锦藻 . 清朝续文献通考（卷 68） [M]. 上海：商务印书馆，1955：考 8249.

[37] 刘玲玲，刘黎明 . 企业家与共享税——企业所得税博弈 [J]. 首都经济贸易大学学报，2005（6）：40—45.

[38] 刘伟忠，张宇 . 利益集团与公共政策制定 [J]. 山东社会科学，2006（10）：146—149.

[39] 刘锡鸿 . 英轺私记 [M]. 台北：文海出版社，1968：11—12.

[40] 刘英杰 . 中国教育大事典（1840—1949） [M]. 杭州：浙江教育出版社，1993：124.

[41] 刘宇聪 . 1915—1916 年救国储金运动研究 [D]. 天津：南开大学，2007.

[42] 刘佐 . 中国所得税制度起源 [J]. 中国财政，2010（16）：74—75.

[43] 刘佐 . 个税百年拾遗 [J]. 中国税务，2010（11）：14—17.

[44] 吕雪飞 . 东北三省咨议局、资政院及第一届国会、省议会议员选举考略 [D]，长春：吉林大学，2012.

[45] 马金华 . 民国财政研究：中国财政现代化的雏形 [M]. 北京：经济科学出版社，2009：41，76.

[46] 那力，臧韬 . 税收博弈论 [J]. 税务与经济，2008（1）：53—58.

[47] 潘序伦，李文杰 . 所得税原理及实务 [M]. 上海：商务印书馆，1937.

[48] 齐大芝，任安泰 . 北京商业纪事 [M]. 北京：北京出版社，2000：92.

[49] 全国财政会议秘书处 . 全国财政会议汇编 [M]. 上海：大东书局，1928：2.

[50] 邵玮楠，王敦琴 . 甘肃事变中地方实力派与中央政府的博弈 [J]. 历史档案，2010（2）：103—107.

[51] 沈桐生 . 光绪政要（卷 25）[M]. 台北：文海出版社，1969：1454.

[52] 沈予．日本东方会议和田中义一内阁对华政策——评《田中奏折》伪造说 [J]．近代史研究，1981 (1)：288—289.

[53] 盛宣怀．请设上海商业会议公所折，愚斋存稿（卷7）[M]．台北：文海出版社有限公司，1975.

[54] 四川联合大学经济研究所，中国第二历史档案馆编著．中国抗日战争时期物价史料汇编 [M]．1998：287—294.

[55] 孙璐．民国初年中国留学生群体考析——以1912—1925年留学生群体为对象 [J]．学术界，2014 (3)：195—205.

[56] 谈敏．中国经济学图书目录（1900—1949）[M]．中国财政经济出版社，1995.

[57] 王炳勋，鲍成麟．所得税 [M]．天津：光华印字社，1936.

[58] 汪太贤，晚清国外地方自治思想输入考论 [J]．湘潭大学学报（哲学社会科学版），2004 (5)：9—21.

[59] 王永生．论利益集团对公共政策的影响 [J]．贵州社会科学，2007 (7)：70—73.

[60] 卫兴华，张宇．社会主义市场经济理论 [M]．北京：高等教育出版社，2010.

[61] 吴广治．所得税 [M]．上海：中华书局，1936.

[62] 翁有为．北洋时期的军阀纷争与时代主体论略 [J]．吉林大学社会科学学报，2010 (2)：73—80.

[63] 夏国祥．中国近代税制改革思想研究 [D]．上海：上海财经大学，2003.

[64] 夏维奇．"政治利器"：通电与近代中国政治生态的变迁 [J]．历史教学（下半月），2014 (9)：39—46.

[65] 许涤新，吴承明．中国资本主义发展史（第二卷）[M]．北京：人民出版社，1985：333，434.

[66] 许毅主编．北洋政府外债与封建复辟 [M]．北京：经济科学出版社，2000：514—544.

[67] 徐义生．中国近代外债史统计资料：1853—1927 [M]．上海：中华书局，1962.

[68] 徐治道．历史博弈论之要义 [J]．学海．1998 (1)：96—100.

[69] 严中平．中国近代经济史统计资料选辑 [M]．北京：北京科学出

版社，1955：93，207，209.

[70] 杨荫溥. 民国财政史 [M]. 北京：中国财政经济出版社，1985：41—43，157.

[71] 杨昭智. 中国所得税 [M]. 上海：商务印书馆，1947：32，34—35，42.

[72] 姚轩鸽. 大革命何以因税收而起 [N]. 深圳特区报，2013-05-07 (D3).

[73] 佚名. 编订所得税法 [N]. 香港华字日报，1906-08-17 (3).

[74] 佚名. 工商部批 [J]. 历史档案，1982 (4)：46.

[75] 佚名. 论铁良拟创所得税法 [N]. 香港华字日报，1906-08-17 (3).

[76] 佚名. 十年回首"分税制" [N]. 21世纪经济报道，2004-11-14 (4).

[77] 佚名. 中国未立宪以前当以法律遍教国民论 [N]. 东方杂志，1905 (11)：221.

[78] 雨尘子. 近世欧人之三代主义 [N]. 新民丛报汇编，1903 (205—208).

[79] 虞和平. 商会与中国早期现代化 [M]. 上海：上海人民出版社，1993：89.

[80] 虞和平. 中华全国商会联合会的成立与中国资产阶级完整形态的形成 [J]. 历史档案，1986 (4)：114—119，129.

[81] 虞和平，朱英. 中国近代商会通史 (卷2) [M]. 北京：社会科学文献出版社，2014：630，666—694，744，882—885，906.

[82] 袁世凯. 直隶总督袁世凯奏请简大臣分赴德日两国考察宪法疏 [C]. 光绪政要 (卷33).

[83] 袁文伟. 论中国近代军阀政治产生的社会根源 [J]. 西北大学学报 (哲学社会科学版)，2009 (2)：59—63.

[84] 岳树民. "囚徒困境"、"囚徒梦想"与税制建设 [J]. 经济研究参考，2004 (38)：40—44.

[85] 岳树民，冯菱君. 税制优化的博弈分析 [J]. 税务与经济，2001 (1)：27—37.

[86] 载泽等. 出使各国考察政治大臣载泽等奏在英考察大概情形并再

赴英呈递国书折［C］. 清末筹备立宪档案史料［M］. 台北：文海出版社，1981：10.

［87］曾耀辉. 民国时期所得税制研究［D］. 南昌：江西财经大学，2012.

［88］曾耀辉. 民国推行所得税的成败得失及对当代的启示［J］. 税收经济研究，2014（1）：91—95.

［89］章伯峰，李宗一. 北洋军阀：1912—1928（第四卷）［M］. 武汉：武汉出版社，1990：513.

［90］张践明. 从“合力论”到“博弈论”［J］. 云南社会科学.2008（1）：57—61.

［91］章开沅. 辛亥革命与近代社会［M］. 天津：天津人民出版社，1985：137.

［92］章开沅，马敏，朱英. 辛亥革命前后的官绅商学［M］. 武汉：华中师范大学出版社，2011：286.

［93］张力. 试论南京国民政府所得税的创办［J］. 西华大学学报（哲学社会科学版），2013（5）：49—51.

［94］张卫东. 唐代中央与地方的博弈——以土贡为中心［J］. 江汉论坛，2007（5）：102—105.

［95］张维迎. 博弈与社会［M］. 北京：北京大学出版社，2013.

［96］张孝若. 政闻录（卷9），张季子九录［M］. 上海：中华书局，1931：20.

［97］张志樑. 所得税暂行条例详解［M］. 上海：商务印书馆，1937：5—6.

［98］赵秉钧. 临时工商会议章程. 工商会议报告录（第1编）［M］. 民国工商部刊本.1913：4.

［99］赵尔巽. 清史稿（卷439）［M］. 上海：中华书局出版社，1977.

［100］赵元成，胡荣明. 民国时期所得税法亲属伦理取舍与启示［J］. 浙江学刊.2014（1）：138—144.

［101］郑华章. 不完全信息税收博弈分析［J］. 经济与管理评论，2012（5）：118—125.

［102］中国社会科学院近代史资料编译室. 孙中山全集（卷2）［M］. 北京：中华书局，1981：340—341.

[103] 中国社会科学院近代史资料编译室. 五四爱国运动（上）[M]. 北京：中国社会科学出版社，1979：558.

[104] 周棉主编. 中国留学生大辞典 [M]. 南京：南京大学出版社，1999：590—591.

[105] 周铁军. 税收立法中的集团博弈 [J]，中共四川省委党校学报，2011（7）：74—76.

[106] 朱偰. 所得税发达史 [M]. 上海：正中书局，1947.

[107] [美] 费正清. 剑桥中国晚清史（下卷）[M]. 北京：中国社会科学出版社，2007：368.

[108] [美] 罗杰·B. 迈尔森著，于寅，费剑平译. 博弈论：矛盾冲突分析 [M]. 北京：中国人民大学出版社，2015：3.

[109] [美] 麦致远（Edward Mccord）著，陶宏开译. 近代军阀与辛亥革命 [J]. 华中师院学报，1982（5）：144—150.

[110] [美] 塞利格曼（E. R. A. Seligman）著. 王官彦，王官鼎译. 所得税论 [M]. 上海：中华经济学社，1921.

[111] [美] 塞利格曼（E. R. A. Seligman）著. 杜俊东译. 所得税论 [M]. 上海：商务印书馆，1933.

[112] [日] 井上清，铃木正四. 日本近代史（下册）[M]. 北京：商务印书馆，1972：344—345.

[113] [日] 铃木武雄监修. 西原借款资料研究 [M]. 东京：东京大学出版社，1972：245.

[114] [日] 汐见三郎著. 宁柏青译. 各国所得税制度论 [M]. 上海：商务印书馆，1936.

[115] [日] 原奎一郎.《原敬日记（第 9 卷）》[M]. 福村出版株式会社，1981：135—136.

[116] Arrow K. J. Social Choice and Individual Values [M], New York: John Wiley and Sons, 1963.

[117] Carioli Doggart. tax heaver [M], The Economist Publication. 1999.

[118] Daniel Friedman. On economic applications of evolutionary game theory [J], Journal of Evolutionary Economics, 1998 (8): 15 – 43.

[119] David Loades. Power in Tudor England [M], London: Macmillan Press, 1997: 12.

[120] David Truman. The Governmental Process: Political Interests and Public Opinion [M]. New York: Knopf, 1951.

[121] David J. Cooper, Carol Kraker Stockman. History Dependence and the Formation of Social Preference: An Experimental Study [J], Economic Inquiry, 2011 (2): 540 – 563.

[122] Drew Fudenberg, Jean Tirole. Game Thoery [M], MIT. Press, 1992.

[123] Easterly, William, Sergio Rebelo. Fiscal policy and Economic Growth: an Empirical Investigation [M], American Economic Review, 1992.

[124] Emerson, Kenneth Ronald. Denver Public School sand decentralization: An implementation game [J], University Denever, 1996: 3760.

[125] Eugene Bardach. The Implementation Game: what happens after a bill becomes a law [M], Cambridge: MIT. Press, 1977.

[126] Frank, A. Cowell. Cheating the government: the economies of tax evasion [M], MIT. Press, 1990.

[127] Graetz, Michael J., Jennifer F, Reinganum, Louis L., Wilde. The Tax Compliance Game: Toward an Interactive Theory of Law Enforcement [J], Economics and ranization, 1986 (2): 1 – 32.

[128] Hettich W., Henry. Simons on taxation and the economic system [J], National Tax Journal, 1979 (2).

[129] J. Von. Neumann, O. Morgenstern. Theory of Games and Economic Behavior [M]. Princeton: Princeton University Press, 1944.

[130] John C. Harsanyi. Bargaining in Ignorance of the Opponent' s Utility Function [J]. Journal of Conflict Resolution, 1962 (6): 29 – 38.

[131] John Forbes Nash Jr. Equilibrium points in N – person games [J]. Proceedings of the National Academy of Science of the United States of American, 1950 (36): 48 – 49.

[132] John Forbes Nash Jr., L. S. Sharpley. A simple three – person poker game, Annuals of Mathematics Study NO. 24, Princeton University Press, 1950.

[133] John Forbes Nash Jr. Non – cooperative games, Ann. of Mathematics Study NO. 54, Princeton University Press, 1951.

[134] Michael. G. Allingham, Agnar Sandmo. Income tax evasion: a theo-

retical analysis [J]. Journal of Public Economics, 1972 (1): 323 -338.

[135] Mitchell. Charles James Fox. The Oxford Dictionary of National Biography. 2007.

[136] Ramsey F. P. A Contribution to the Theory of Taxation [J], Economic Journal, 1927 (37): 47 -61.

[137] R J. Aumann, S. Hart. Handbook of Game Theory with Economic Applications, Volumn 1 [M]. North Holland, 1992: 12 -13.

[138] Smith, K. W. and K. A. Kinsey. Understanding Taxpaying Behavior: A Conceptual Framework with Implications for Research [J], Law and Society Review, 1987 (4): 639 -663.

[139] Sol Picciotto. Constructing Compliance: Game playing, Tax law, and the Regulatory State [J]. Law & Policy, 2007 (1): 11 -30.

[140] Srinivasan T. Tax evasion: A model [J], Journal of Public Economics, 1973 (4): 339 -346.

图书在版编目（CIP）数据

1920 年北洋政府开征所得税中的官商博弈：兼论财政改革的宏微观研究/梁长来著．—北京：中国财政经济出版社，2019. 1

ISBN 978 - 7 - 5095 - 8772 - 0

Ⅰ. ①1… Ⅱ. ①梁… Ⅲ. ①北洋军阀政府 - 所得税 - 税收制度 - 财政史 - 研究 - 1920 Ⅳ. ①F812. 96

中国版本图书馆 CIP 数据核字（2019）第 006384 号

责任编辑：洪　钢　　　　　　　　责任校对：李　丽

封面设计：孙俪铭

中国财政经济出版社 出版

URL：http：//www. cfeph. cn

E - mail：cfeph @ cfeph. cn

社址：北京市海淀区阜成路甲 28 号　邮政编码：100142

营销中心电话：010 - 88191537

北京财经印刷厂印刷　各地新华书店经销

787 × 1092 毫米　16 开　14. 75 印张　241 000 字

2019 年 1 月第 1 版　2019 年 1 月北京第 1 次印刷

定价：58. 00 元

ISBN 978 - 7 - 5095 - 8772 - 0

（图书出现印装问题，本社负责调换）

本社质量投诉电话：010 - 88190744

打击盗版举报热线：010 - 88191661　QQ：2242791300